Edition KWV

Die „Edition KWV" beinhaltet hochwertige Werke aus dem Bereich der Wirtschaftswissenschaften. Alle Werke in der Reihe erschienen ursprünglich im Kölner Wissenschaftsverlag, dessen Programm Springer Gabler 2018 übernommen hat.

Weitere Bände in der Reihe http://www.springer.com/series/16033

Türkan Ayan
(Hrsg.)

Anerkennung ausländischer Qualifikationen: Forschungsergebnisse und Praxisbeispiele

Hrsg.
Türkan Ayan
Springer Fachmedien Wiesbaden GmbH
Wiesbaden, Deutschland

Bis 2018 erschien der Titel im Kölner Wissenschaftsverlag, Köln

Edition KWV
ISBN 978-3-658-24675-4   ISBN 978-3-658-24676-1   (eBook)
https://doi.org/10.1007/978-3-658-24676-1

Die Deutsche Nationalbibliothek verzeichnet diese Publikation in der Deutschen Nationalbibliografie; detaillierte bibliografische Daten sind im Internet über http://dnb.d-nb.de abrufbar.

Springer Gabler
© Springer Fachmedien Wiesbaden GmbH, ein Teil von Springer Nature 2015, Nachdruck 2019
Ursprünglich erschienen bei Kölner Wissenschaftsverlag, Köln, 2015
Das Werk einschließlich aller seiner Teile ist urheberrechtlich geschützt. Jede Verwertung, die nicht ausdrücklich vom Urheberrechtsgesetz zugelassen ist, bedarf der vorherigen Zustimmung des Verlags. Das gilt insbesondere für Vervielfältigungen, Bearbeitungen, Übersetzungen, Mikroverfilmungen und die Einspeicherung und Verarbeitung in elektronischen Systemen.
Die Wiedergabe von Gebrauchsnamen, Handelsnamen, Warenbezeichnungen usw. in diesem Werk berechtigt auch ohne besondere Kennzeichnung nicht zu der Annahme, dass solche Namen im Sinne der Warenzeichen- und Markenschutz-Gesetzgebung als frei zu betrachten wären und daher von jedermann benutzt werden dürften.
Der Verlag, die Autoren und die Herausgeber gehen davon aus, dass die Angaben und Informationen in diesem Werk zum Zeitpunkt der Veröffentlichung vollständig und korrekt sind. Weder der Verlag, noch die Autoren oder die Herausgeber übernehmen, ausdrücklich oder implizit, Gewähr für den Inhalt des Werkes, etwaige Fehler oder Äußerungen. Der Verlag bleibt im Hinblick auf geografische Zuordnungen und Gebietsbezeichnungen in veröffentlichten Karten und Institutionsadressen neutral.

Springer Gabler ist ein Imprint der eingetragenen Gesellschaft Springer Fachmedien Wiesbaden GmbH und ist ein Teil von Springer Nature
Die Anschrift der Gesellschaft ist: Abraham-Lincoln-Str. 46, 65189 Wiesbaden, Germany

Vorwort

Wettbewerb "Aufstieg durch Bildung – offene Hochschulen"
"Aufstieg durch Bildung – offene Hochschulen" lautet der Titel eines durch das Bundesministerium für Bildung und Forschung im Jahr 2011 ausgeschriebenen Wettbewerbs, der Teil einer Qualifizierungsinitiative ist. Bund und Länder wollen mit dieser Initiative die Bildungschancen aller Bürgerinnen und Bürger steigern. Die Qualifizierungsinitiative umfasst sämtliche Lern- und Lebensphasen. Neben dem Abbau bestehender Hürden innerhalb des deutschen Bildungssystems – insbesondere für nicht-traditionelle Studierende (etwa beruflich Qualifizierte ohne schulische Hochschulzugangsberechtigung) und weitere besondere Zielgruppen (u.a. Personen mit Familienpflichten, Migranten) – ist auch die nachhaltige Konzeption berufsbegleitender Studiengänge bzw. Studienmodule Schwerpunkt der ersten Förderphase bis März 2015.

Seit Oktober 2011 gehört auch das Verbundvorhaben "Berufsintegrierte Studiengänge zur Weiterqualifizierung im Sozial- und Gesundheitswesen" – "BEST WSG" zu den 26 Förderprojekten bundesweit. BEST WSG setzt sich aus den Verbundpartnern Fachhochschule der Diakonie (FHdD) mit Sitz in Bielefeld und der Hochschule der Bundesagentur für Arbeit (HdBA) mit Sitz in Mannheim zusammen. Die Fachhochschule der Diakonie erarbeitet in der Trias Hochschule, Sozialunternehmen und Weiterbildungsträger innovative Konzepte für berufsbegleitende Studiengänge für Arbeitnehmer im Sozial- und Gesundheitswesen. Die Hochschule der Bundesagentur für Arbeit leistet in der Erforschung personen- und strukturbezogener Rahmenbedingungen die entsprechende Begleitforschung.

Forschungsarbeiten aus dem BEST WSG Projekt Mannheim
In einem *ersten Herausgeberband* „Einsteigen, Umsteigen, Aufsteigen – Personenbezogene und strukturelle Rahmenbedingungen für Berufe und Bildungschancen im Sozial- und Gesundheitssektor" aus dem Jahr 2013, wurden fünf Forschungsarbeiten des Verbundvorhabens vorgestellt. Eva Müller und Türkan Ayan (HdBA) stellen in ihrem dortigen Artikel "Die Anerkennung im Ausland erworbener Qualifikationen im Sozial- und Gesundheitswesen" die Ergebnisse einer qualitativen Befragung von Migrantinnen und Migranten vor, die ihren Berufs- oder Bildungsabschluss im Ausland erworben haben und diesen in Deutschland anerkennen lassen möchten. Daran knüpfte eine *weitere* Veröffentlichung als *Monografie* im Jahr 2014 an. In „Beratung von Migrantinnen und Migranten: Herausforderungen, Unterstützungsbedarfe, kulturelle Begegnungen" konnte ein explorativer Einblick in die Praxis der Migrationsberatung gegeben werden. Auf Basis von insgesamt 97 qualitativen Interviews – sowohl mit Beratungsfachkräften als auch mit Ratsuchenden – konnten Herausforderungen einer Beratung von Migrantinnen und Migranten, die Informationsweitergabe sowie die Netzwerkarbeit der Beraterinnen und Berater herausgearbeitet werden. Aufgrund vorhandener Wissensdefizite der Zielgruppe, scheint eine umfassende und migrati-

onsspezifische Beratung ein wichtiges Instrument, die arbeitsmarktrelevanten Gegebenheiten des Aufnahmelandes kennenzulernen und sich in diesem zurechtzufinden.

Der vorliegende Herausgeberband widmet sich nun abschließend dem Thema der Anerkennung ausländischer Qualifikationen. Neben der Bedeutung von Anerkennung im gesellschaftlichen Kontext werden auf struktureller Ebene der rechtliche Regelungsrahmen und die Anerkennungsberatung vorgestellt. Zudem werden anhand realer Anerkennungsbescheide Struktureffekte durch das Anerkennungsgesetz, die sprachliche Verständlichkeit sowie die inhaltliche Verwertbarkeit von Bescheiden explorativ analysiert. Ergänzend werden Arbeitsmarktchancen und Einflussfaktoren der Integration auf Basis einer quantitativen Befragung von Migrantinnen und Migranten ausgewertet. Einen Blick in die Praxis liefern Einschätzungen von Beratern zum Anerkennungsgesetz und Fallbeispiele aus der Anerkennungsberatung.

Die dargestellten Ergebnisse dienen in einer zweiten Förderphase (2015-2017) der Entwicklung, Implementierung und Erprobung von interkulturellen Schulungs- und migrationsspezifischen Beratungskonzepten. Denkbar ist ein Einsatz der entwickelten Instrumente in beratenden Einrichtungen, öffentlich-rechtlichen Institutionen aber auch an Hochschulen.

Unser Dank
Der vorliegende Herausgeberband ist als Kooperationsleistung zu verstehen. Wir danken unseren externen Autorinnen und Autoren für Ihre wertvollen Beiträge.

Darüber hinaus ist es Forschungsprojekten wie unserem ohne einen Feldzugang nicht möglich, Daten zu erheben. Unser ganz besonderer Dank gilt daher allen Einrichtungen und Befragten, die uns unterstützt haben.

Türkan Ayan, Projektleiterin an der HdBA

Mannheim im Juni 2015

Inhaltsverzeichnis

Teil 1: Die Bedeutung von Anerkennung in der Gesellschaft

1 Bedeutung von Anerkennung in der Gesellschaft
Martin Peuckert 3

Teil 2: Anerkennungsgesetz und Anerkennungsverfahren

2 Rechtlicher Rahmen der Anerkennung
Yasemin Körtek 13

3 Stand und Perspektiven der Anerkennungsberatung zu ausländischen Berufsabschlüssen
Ottmar Döring, Sara Hauck, Jana Hoffmann 25

4 Informell und non-formal erworbene Kompetenzen anerkennen: Das BQFG als Ansatzpunkt
Julia Behrens 39

Teil 3: Anerkennungsbescheide

5 Strukturelle und inhaltliche Veränderungen von Anerkennungsbescheiden vor und nach Inkrafttreten des BQFG
Lucia Mihali, Eva M. Müller, Türkan Ayan 55

6 Sprachliche Verständlichkeit von Anerkennungsbescheiden
Eva M. Müller, Türkan Ayan 75

7 Inhaltliche Verwertbarkeit von Anerkennungsbescheiden für Antragsteller und weitere interessierte Akteure
Lucia Mihali, Türkan Ayan 99

Teil 4: Erfahrungen aus der Praxis

8   Das Anerkennungsgesetz – Erfahrungen und Einschätzungen
    von Beratern
    Eva M. Müller, Türkan Ayan 125

9   Arbeitsmarktchancen in Abhängigkeit von Anerkennungsstatus von
    im Ausland erworbenen Qualifikationen
    Eva M. Müller, Türkan Ayan 151

10 Ausgewählte Einflussfaktoren der Integration: Wanderungsmotiv,
    Netzwerke, Sprache
    Eva M. Müller, Türkan Ayan 169

11 Berufsorientierte Integrationsberatung für Erwachsene mit
    Zuwanderungsgeschichte am Beispiel der AWO Düsseldorf
    Cornelia Jacobi 201

Teil 1

Die Bedeutung von Anerkennung in der Gesellschaft

1 Bedeutung von Anerkennung in der Gesellschaft

Martin Peuckert

1	Was bedeutet Anerkennung?	4
2	Anerkennung und Arbeit	6
3	Anerkennung ausländischer Qualifikationen	7
	Literaturverzeichnis	9

1 Was bedeutet Anerkennung?

Im Rahmen dieses Herausgeberbandes wird die Begrifflichkeit „Anerkennung" häufig in verschiedensten Verbindungen wie beispielsweise „Anerkennungsverfahren", „Anerkennungsgesetz", „berufliche Anerkennung" usw. genannt werden. Dabei wird der Begriff der Anerkennung in den Wissenschaftsdisziplinen Philosophie und Psychologie sowie im politischen und gesellschaftlichen Kontext ungleich gedeutet (vgl. Zentrale Auslands- und Fachvermittlung der Bundesagentur für Arbeit [ZAV], 2011, S. 4). Eine allgemeingültige Definition existiert somit nicht (vgl. Bollweg, 2012). Daher ist die schwierige Frage zu klären, was vorliegend unter Anerkennung verstanden werden soll. Hierzu wird zunächst versucht, durch terminologische Überlegungen den Begriff der Anerkennung zu präzisieren.

Zuerst wird das zugrunde liegende Verb „anerkennen" betrachtet. Dabei ist festzuhalten, dass die beurteilende Aussage „anerkennen" auf ein Verhältnis verweist, das wiederum auf einer Interaktionssituation beruht. Anerkennung verbindet somit mindestens zwei miteinander interagierende Subjekte: denjenigen, der jemandem Anerkennung gibt, und denjenigen, der diese Anerkennung erhält (vgl. Sichler, 2010, S. 4 f.). Voswinkel (2001, S. 31) formuliert diesbezüglich, dass sich die „Akteure mit dem Streben nach Anerkennung verbinden".

Zur weiteren Konkretisierung des Begriffes dient die Erkenntnis, dass das Verb „anerkennen" das Wort „erkennen", welches einen kognitiven Prozess kennzeichnet, in sich trägt (vgl. Sichler, 2010, S. 5). Setzt man diese Erkenntnis mit der exemplarischen Studie Paul Ricœurs (2006) „Wege der Anerkennung" in Verbindung, so lässt sich entnehmen, dass Anerkennung immer mit der Bestimmung und Zuschreibung von etwas als etwas einhergeht. Anerkennung richtet sich somit nicht einzig auf andere Interaktionspartner(innen), sondern sie beinhaltet zusätzlich einen Bezug auf einen Aspekt, woraufhin Anerkennung gegeben wird. Die Anerkennung von Arbeit beispielsweise bezieht sich auf eine bestimmte Leistung, die eine Person im Zusammenhang mit dem wirtschaftlichen Leistungsaustausch unserer Gesellschaft erbringt (vgl. Sichler, 2010, S. 5). Dieses Beispiel verdeutlicht, dass sich bereits im täglichen sozialen Austausch eine zwischenmenschliche Ebene der Anerkennung entfaltet. Anerkennung bezeichnet in dieser gesellschaftlichen Praxis einen Vorgang, in dem zum Ausdruck kommt, dass die andere Person Geltung erhalten soll und die Quelle berechtigter Ansprüche ist (vgl. Honneth, 2003, S. 14 ff.)

Aufgrund ihres intersubjektiven Wesens ist in gewöhnlichen Geschehnissen zwischenmenschlicher Anerkennung ein Zwang zum Prinzip der Gegenseitigkeit enthalten. Die einander begegnenden Personen fühlen sich ohne Gewalteinwirkung von außen dazu genötigt, ihr soziales Gegenüber in einer bestimmten Weise anzuerkennen, um sich durch dessen Reaktionen selbst anerkannt zu fühlen. Die Anerkennung des Gegenübers wird somit zur Kondition des eigenen Anerkanntseins (vgl. Honneth & Fraser, 2003, S. 204). Es ist jedoch nicht nur die Anerkennung aus dem persönlichen Umfeld, sondern auch die vonseiten verschiedener Dritter, die für die Identität der Gesellschaftsmitglieder und die Funktion des Gemeinwesens zentral ist (vgl. Voswinkel, 2009).

Versucht man, den Begriff inhaltlich näher zu beschreiben, so meint Anerkennung insbesondere im Kontext von Arbeit und Beruf eine wertschätzende Erwiderung zu einer gezeigten Verhaltensweise, einer Leistung, einer auszuführenden Rolle oder Ähnlichem. Dieser Prozess des Zustimmens schließt jedoch nicht das Involvement kritischer Elemente in die Rückkopplung aus. Es ist ein Grundmuster der menschlichen Kommunikation, dass die Nichtbeachtung einer Person, ihres Verhaltens oder ihrer Leistungen als deutlich herabwürdigender erfahren wird als explizite Ablehnung oder Kritik. Denn der mit einem Tadel verbundene Antagonismus schließt die Wahrnehmung und damit Anerkennung der betreffenden Leistung ein. Dieser in jeder Anerkennungsinteraktion enthaltene Pfad der Einsicht fördert somit auch die Selbsterkenntnis beim Adressaten und zwar insofern, als er über bekräftigende und entkräftende Prozesse der Anerkennung in den Zustand versetzt wird, das ihm dort Zugesprochene sich selbst zuzusprechen. Dies gilt spezifisch für den Fall der Entwicklung von Individuation. Anerkennung vermag somit ein Prozedere der Identitätsbildung in Gang zu setzen. Auch der Wirtschaftstheoretiker Adam Smith und der Sozialpsychologe Georg Herbert Mead verweisen auf eine lange sozialtheoretische und sozialpsychologische Tradition, der zufolge Anerkennung die Voraussetzung von Identitätsbildung ist (vgl. Holtgrewe, Voswinkel & Wagner, 2000, S. 11). Hierbei wird ein Bild verwandt, wonach sich der Mensch in anderen wie in einem Spiegel sieht. Dieser Spiegel ist auch von wertender Natur, es geht also um die Anerkennung oder auch Missbilligung der anderen. Erst wenn Menschen erleben, dass sie in einer Gemeinschaft wahrgenommen, aufgenommen und anerkannt werden, können sie ein Selbstwertgefühl und Selbstbewusstsein entwickeln (vgl. Voswinkel, 2009).

Aus der Deutung des Begriffs geht hervor, dass Anerkennung die positive Einstellung gegenüber einem anderen Subjekt, eine positive Bewertung seiner Eigenschaften und/oder Leistungen bezeichnet. Anerkennung stellt einerseits eine elementare Komponente der sozialen Integration dar, indem sie die Aufmerksamkeit auf gesellschaftskonformes Handeln lenkt, und sie bildet andererseits ein Medium gesellschaftlicher Entwicklung insofern, als Anerkennung als Äquivalent für immer neue Leistungen eingefordert wird. Ein gesellschaftliches Zusammenleben scheint ohne wechselseitige Anerkennung folglich kaum vorstellbar. Eine Fülle sozialer Austauschprozesse in den unterschiedlichsten Systemen unserer Gesellschaft wird unter anderem über Prozesse der Anerkennung reguliert. Auch als Gegenleistung im Sinne von Dankbarkeit kann Anerkennung dargeboten werden, weshalb selbst ein erfolgloses Bemühen durchaus mit Anerkennung verbunden sein kann. Anerkennung stellt dabei weder ein Attribut noch den Besitzstand eines Individuums dar. Sie ist eine aus der Interaktion zwischen Akteuren resultierende Beziehung, die in einem gegenwärtigen Stadium stets neu erzeugt werden muss. Daher kann auf die faktische Existenz von Anerkennung nur mittelbar über Erfahrungen der Missachtung, sprich der Negation von Anerkennung, geschlossen werden (vgl. Rettler & Göll, 2010; Voswinkel, 2001). In Anbetracht der mannigfaltigen Wirkung dieses Konstrukts auf das menschliche Sein erscheint es als nicht übertrieben, festzuhalten, dass der Mensch erst durch Anerkennung das wird, was er ist (vgl. Sichler, 2010, S. 6).

2 Anerkennung und Arbeit

Im Fall von Anerkennung im Bereich der Arbeit geht dies mit der Ausbildung beruflicher Kompetenzen und der damit verbundenen Professionalität sowie der Bildung beruflicher Identität und einer organisatorischen Rollenidentität einher (vgl. Sichler, 2010, S. 6). Kaum eine andere Facette des Lebens bestimmt die soziale Selbstwahrnehmung des modernen Menschen mehr als seine ausgeübte Erwerbsarbeit. Im Verlauf des 19. und 20. Jahrhunderts konkretisierte sich der Arbeitsbegriff. Hierbei wurde Arbeit zu Erwerbsarbeit und als solche zum Pfeiler der Gesellschaft, die demgemäß bisweilen als Arbeitsgesellschaft deklariert wird (vgl. Aßländer, 2005, S. 5–24). Denn neben der Ermöglichung materieller und sozialer Chancen bietet die Erwerbsarbeit dem Einzelnen über die Familie hinaus den wohl bedeutendsten Bereich sozialer Integration. In der gesellschaftlichen Wahrnehmung eines Menschen scheint nichts mehr über dessen Tüchtigkeit auszusagen als sein beruflicher Werdegang, nichts mehr über sein Verantwortungsbewusstsein zu berichten als seine verantwortliche Stellung im Beruf, mit nichts kann er eindringlicher seinen persönlichen Verdienst beweisen als mit seinem beruflichem Erfolg. Im Gegensatz dazu gilt Arbeitslosigkeit als persönliches Versagen, da ihr in der gesellschaftlichen Wahrnehmung ein Makel anhaftet, weshalb sie möglichst rasch zu beseitigen ist (vgl. Promberger, 2008). Bereits 1933 konnten Jahoda, Lazarsfeld und Zeisel in der Marienthalstudie aufzeigen, dass Erwerbsarbeit und Wertschätzung im familiären und gesellschaftlichen Umfeld miteinander korrelieren. Arbeit stellt mithin eine Prämisse für die Anerkennung in der modernen Gesellschaft und somit für die Identität der Menschen dar. Daher wird bei der Interaktion zweier sich bisher fremder Personen eher selten gefragt: „Wer sind Sie?" oder „Was sind Sie?", sondern meist: „Was machen Sie beruflich?" Dies impliziert, dass die berufliche Stellung eine gewisse stabile Identität verleiht. Wer auf die letzte Frage wahrheitsgemäß oder eines Experimentes wegen antwortet: „Ich bin arbeitslos" oder „Ich mache gar nichts", wird bei seinem Interaktionspartner irritierte Reaktionen beobachten können (vgl. Voswinkel, 2009).

Dies legt eine generelle Korrelation zwischen Bewunderung und Würdigung einerseits und Arbeit andererseits nahe. Hier ist jedoch eine differenzierte Betrachtung notwendig. Es stellt sich nämlich die Frage: Welche Arbeit ist gemeint bzw. welcher Aspekt von Arbeit vermittelt Anerkennung? In den westlichen Industriegesellschaften korreliert die Anerkennung einer Person in der Gesellschaft mit deren Leistungsfähigkeit. Als Gradmesser für die persönliche Leistungsfähigkeit gilt häufig die Höhe des erwirtschafteten Einkommens (vgl. Klügel, 2009, S. 3). Dementsprechend ist es zum einen der Reichtum, der infolge von Arbeit entsteht, und zum anderen der Erfolg im Berufsleben, der Anerkennung vermittelt. Arbeit per se vermittelt somit kein Prestige, keine Würdigung und keine Bewunderung. Allein Arbeit in Vebindung mit kulturellem und ökonomischem Kapital ist von Bedeutung (vgl. Voswinkel, 2001, S. 281). Voswinkel (2001, S. 42) hält hierbei fest: „Erfahren Subjekte nicht die Anerkennung, nach der sie streben und auf die sie Anspruch zu haben glauben, so kann man von ‚Nicht-Anerkennung' sprechen." Diese Form der Missachtung bedeutet für die betroffenen Individuen zunächst eine Desillusion.

3 Anerkennung ausländischer Qualifikationen

Formal meint die Anerkennung einer ausländischen Qualifikation die Zuordnung einer im Ausland absolvierten Ausbildung, eines Studiums oder eines erworbenen Schulabschlusses zu einer vergleichbaren deutschen Qualifikation mittels der Bewertung von Zeugnissen und beruflicher Erfahrung (vgl. Müller, 2007, S. 25). Diese Begriffsbestimmung nimmt indes keinen Bezug auf die Tragweite dieser Form der Anerkennung in der Praxis für jene Menschen, die einen Antrag auf Prüfung ihrer Qualifikationen stellen. Wie oben dargestellt, fasst die Dimension der Anerkennung weit mehr als die formale Einordnung und Bewertung von Qualifikationen. Mit der Anerkennung des Abschlusses ist auch eine Würdigung und Wertschätzung der Person und ihrer vorhandenen Qualifikationen verbunden. Sie bildet die Grundlage für alle weiteren Entscheidungen der beruflichen Integrationsplanung für die betroffenen Migrant(inn)en (vgl. Müller, 2007, S. 26). Ferner sind mit der Nichtanerkennung und Missachtung dieser Qualifikationen mannigfaltige Problematiken verbunden, die in anderen Kapiteln (vgl. z. B. Jacobi, 2015, in diesem Band) dieses Herausgeberbandes beleuchtet werden.

Problematik der Nichtanerkennung ausländischer Qualifikationen
Ein großer Teil der in Deutschland lebenden Migrant(inn)en hat nicht die gleichen Zugangschancen zum Arbeitsmarkt und partizipiert somit nicht im gleichen Umfang an den Prozessen im betrieblichen Alltag – wie dem Erhalt und Ausbau des eigenen Qualifikationsniveaus, dem Zugang zu Weiterbildungsmaßnahmen und der Entlohnung – wie die deutschen Kolleg(inn)en. Dementsprechend findet sich dieser Personenkreis häufig in prekären Beschäftigungsverhältnissen wie Leiharbeit und geringfügiger Beschäftigung wieder. Merkmale prekärer Beschäftigungsverhältnisse sind ein fehlendes existenzsicherndes Einkommen, fehlende Beteiligungsmöglichkeiten sowie eine Beschäftigungs- und Planungsunsicherheit (vgl. Mauer, 2009). Laut Mauer (2009) besteht eine Kausalität zwischen dieser prekären Arbeitssituation der Migrant(inn)en und den Hindernissen bei der Anerkennung ihrer ausländischen Bildungsabschlüsse. In einer Forschungsarbeit des IAQ aus dem Jahr 2009 wurde die Erwerbsintegration von ALG-II-Bezieher(inne)n mit Migrationshintergrund untersucht. Die Studie legt dar, dass deren Beschäftigungschancen davon abhingen, ob eine Ausbildung erfolgte, wo sie absolviert wurde und vor allem, ob ein im Ausland erworbener

Abschluss in Deutschland anerkannt wurde. Es zeigte sich, dass Personen, die im Ausland einen Berufsabschluss erworben hatten, der in Deutschland nicht anerkannt wurde, ebenso schlechte Integrationschancen hatten wie Personen ohne Berufsabschluss (vgl. Brussig, Dittmar & Knuth, 2009, S. 8).

Der Flüchtlingsrat Schleswig-Holstein e. V. (2007, S. 7) äußert sich in einem Leitfaden zur Anerkennung ausländischer Abschlüsse hierzu wie folgt: „Für Migrantinnen und Migranten ist die Anerkennung ihrer im Herkunftsland erworbenen Bildungs- und Berufsabschlüsse eine wesentliche Voraussetzung für die berufliche Integration in Deutschland. Häufig ist dies aber auch die größte Hürde." Folglich lässt sich eine Kohärenz zwischen der Nichtanerkennung eines Bildungsabschlusses und der mangelnden Anerkennung der Arbeit und des Berufes ableiten. Unter Berücksichtigung der bereits dargelegten mannigfaltigen Bedeutung der Arbeit im hiesigen Kulturkreis impliziert ein solches Vorgehen eine teilweise Exklusion der betroffenen Individuen aus der Gesellschaft. Zahlreiche Studien wie beispielsweise jene des Berlin-Instituts für Bevölkerung und Entwicklung (2009, S. 6) bescheinigen solch eine fragmentarische Integration: „Zugewanderte sind im Durchschnitt schlechter gebildet, häufiger arbeitslos und nehmen weniger am öffentlichen Leben teil als die Einheimischen."

Ausgehend von diesen äußeren Aspekten, die mit der Nichtanerkennung von Abschlüssen einhergehen, stellt sich unweigerlich die Frage, welche Folgen dies für die innere Haltung der Betroffenen hat. Mit Blick auf obige Ausführungen kann die Nichtanerkennung von Abschlüssen in Verbindung mit den entsprechenden Negativfolgen für die betroffene Person als besondere Form der Missachtung ihrer Situation wahrgenommen werden. Dies kann sich in Empörung und Wut gegenüber dem Rahmen, in dem sich die Person bewegt, äußern. Im schlimmsten Fall kann die Nichtanerkennung eine ablehnende Haltung des Migrierten gegenüber seiner neuen Heimat Deutschland zur Konsequenz haben.

Literaturverzeichnis

Aßländer, M. (2005). *Bedeutungswandel der Arbeit. Versuch einer historischen Rekonstruktion.* München: Hans Seidel Stiftung.

Berlin-Institut für Bevölkerung und Entwicklung (Hrsg.) (2009). *Ungenutzte Potenziale. Zur Lage der Integration in Deutschland.* Berlin.

Bollweg, T. (2012). Eine Einführung in den Begriff der Anerkennung. Zugriff am 04.02.2014 unter http://www.hausarbeiten.de/faecher/vorschau/206736.html.

Brussig, M., Dittmar, V. & Knuth, M. (2009). *Verschenkte Potenziale. Fehlende Anerkennung von Qualifikationsabschlüssen er-schwert die Erwerbsintegration von ALG II-Bezieher/innen mit Migrationshintergrund.* Institut Arbeit und Qualifikation-Report 2009-08. Duisburg.

Flüchtlingsrat Schleswig-Holstein e.V. (Hrsg.) (2007). *Leitfaden zur Anerkennung ausländischer Schul- Berufsabschlüsse in Schleswig-Holstein.* Kiel.

Holtgrewe, U., Voswinkel, S. & Wagner, G. (Hrsg.). (2000). *Anerkennung und Arbeit.* Konstanz: UVK Universitätsverlag Konstanz GmbH.

Honneth, A. (2003). *Unsichtbarkeit. Stationen einer Theorie der Intersubjektivität.* Frankfurt/M.: Suhrkamp.

Honneth, A. & Fraser N. (2003). *Umverteilung oder Anerkennung?.* Frankfurt/M.: Suhrkamp.

Jacobi, C. (2015). Berufsorientierte Integrationsberatung für Erwachsene mit Zuwanderungsgeschichte am Beispiel der AWO Düsseldorf. In: T. Ayan (Hrsg.): *Anerkennung ausländischer Qualifikationen: Forschungsergebnisse und Praxisbeispiele.* (203-227). Köln: Kölner Wissenschaftsverlag.

Jahoda, M., Lazarsfeld, P.F. & Zeisel, H. (1933). *Die Arbeitslosen von Marienthal. Ein soziographischer Versuch über die Wirkungen langandauernder Arbeitslosigkeit.* Frankfurt a. M.: Suhrkamp.

Klügel, C. (2009). *Integration von Migranten in den Arbeitsmarkt. Ein Ländervergleich zwischen Deutschland und Großbritannien.* Saarbrücken: VDM Verlag Dr. Müller.

Mauer, H. (2009). *Prekäre Beschäftigung und Arbeitnehmende mit Migrationshintergrund. Bildungsangebote zur Förderung der Gleichberechtigung im Betrieb.* Düsseldorf: Hans-Böckler-Stiftung.

Müller, M. (2007). Welches Zeugnis zählt? In Projekt access: Flüchtlingsrat Schleswig-Holstein e.V. (Hrsg.), *Vielfalt gestalten! Handbuch für Multiplikatoren, Berufliche Integration von Migrantinnen und Migranten* (25). Kiel.

Promberger, M. (2008). Arbeit, Arbeitslosigkeit und soziale Integration. Zugriff am 06.02.14 unter http://www.bpb.de/apuz/30941/arbeit-arbeitslosigkeit-und-soziale-integration?p=all.

Rettler, P. & Göll, S. (2010). Anerkennung und Kritik als Erfolgskriterium moderner Personalführung. Zugriff am 14.02.17 unter http://www.journal-fuer-psychologie.de/index.php/jfp/article/view/76/177.

Ricoeur, P. (2006). *Wege der Anerkennung.* Frankfurt/Main: Suhrkamp.

Sichler, R. (2010). Anerkennung im Kontext von Arbeit und Beruf. Zugriff am 17.02.14 unter http://www.journal-fuer-psychologie.de/index.php/jfp/article/view/71/197.

Voss, S. (2011). Zieldefinition. Zugriff am 27.02.14 unter http://www.projektmanagementhandbuch.de/projektinitiierung/zieldefinition/.

Voswinkel, S. (2001). *Anerkennung und Reputation. Die Dramaturgie industrieller Beziehungen. Mit einer Fallstudie zum „Bündnis für Arbeit".* Konstanz: UVK Verlagsgesellschaft GmbH.

Voswinkel, S. (2009). Anerkennung - was ist das? Vortrag auf der Tagung „Anerkennung und Vertrauen als Wettbewerbsfaktoren in unsicheren Zeiten" am 18./19.März 2009 in Frankfurt a.M. Zugriff am 18.02.14 unter http://www.bertelsmann-stiftung.de/cps/rde/xbcr/SID-C30ACE51-0611ED6D/bst/092_Stephan_Voswinkel_Skript.pdf.

Zentrale Auslands- und Fachvermittlung der Bundesagentur für Arbeit [ZAV] (Hrsg.) (2011). *Anerkennungsberatung der ZAV. Erfahrungsbericht 2009-2011.* Bonn.

Teil 2

Anerkennungsgesetz und Anerkennungsverfahren

2 Rechtlicher Rahmen der Anerkennung

Yasemin Körtek

1	Einleitung	14
2	Gesetz über die Feststellung der Gleichwertigkeit von Berufsqualifikationen	15
	2.1 Begriffsbestimmung: Reglementierte Berufe und nicht reglementierte Berufe	15
	2.2 Anwendungsbereich	16
	2.3 Feststellung der Gleichwertigkeit	17
	2.3.1 Nicht reglementierte Berufe	17
	2.3.2 Reglementierte Berufe	19
	2.3.3 Gemeinsame Vorschriften	21
3	Würdigung	22
	Literaturverzeichnis	24

© Springer Fachmedien Wiesbaden GmbH, ein Teil von Springer Nature 2015
T. Ayan (Hrsg.), *Anerkennung ausländischer Qualifikationen: Forschungsergebnisse und Praxisbeispiele*, Edition KWV, https://doi.org/10.1007/978-3-658-24676-1_2

1 Einleitung

Am 1. April 2012 ist das *Gesetz zur Feststellung und Anerkennung der im Ausland erworbener Berufsqualifikationen* in Kraft getreten.[1] Gegenstand dieses *Anerkennungsgesetzes* sind Regelungen zur Feststellung der Gleichwertigkeit ausländischer Ausbildungsnachweise mit Inländischen. Vor dem Hintergrund des Fachkräftemangels und zukünftiger demographischer Entwicklungen ist vorrangiges Ziel, die bessere Verwertung von im Ausland erworbener Berufsqualifikationen für den deutschen Arbeitsmarkt zu gewährleisten, indem Verfahren der Bewertung ausländischer Berufsabschlüsse sowie sonstiger berufsrelevanter Qualifikationen ausgeweitet, vereinfacht, verbessert und die maßgebenden Kriterien für die Bewertung ausländischer Abschlüsse weitestgehend vereinheitlicht werden.[2] Das Gesetz schafft einen allgemeinen Rechtsanspruch auf die Durchführung eines Anerkennungsverfahrens ohne Unterscheidung zwischen europäischen oder nichteuropäischen Qualifikationen ebenso unabhängig von der Staatsangehörigkeit der antragstellenden Person.[3] Der Anwendungsbereich des Gesetzes erfasst *bundesrechtlich* geregelte Berufe einschließlich der Ausbildungsberufe im dualen System, damit rund 600 Berufe.[4] Das Anerkennungsgesetz ist nicht anwendbar bei Berufen, die in die Gesetzgebungszuständigkeit der Länder fallen.[5] Die Ländergesetzgebung betreffend haben die einzelnen Bundesländer eigene Länder-Anerkennungsgesetze erlassen, die mittlerweile alle in Kraft getreten sind, zuletzt das Gesetz über die Anerkennung im Ausland erworbener Berufsqualifikationen im Land Sachsen-Anhalt vom 24.6.2014.[6] Nicht in den Anwendungsbereich des Gesetzes fallen schließlich die schulische und akademische Anerkennung.[7]

Das Anerkennungsgesetz ist als Artikelgesetz konzipiert. Diese Struktur wurde gewählt, um den bereits bestehenden rechtlichen Rahmen zu berücksichtigen, u. a. die Vorgaben der Richtlinie (RL) 2005/36/EG des Europäischen Parlaments und des Rates vom 7.9.2005 über die Anerkennung von Berufsqualifikationen[8], deren Anwendungsbereich reglementierte Berufe erfasst, oder die Vorgaben der einzelnen berufsrechtlichen Fachgesetze.[9] Während im

---

[1] Art. 62 I Gesetz zur Feststellung und Anerkennung der im Ausland erworbener Berufsqualifikationen vom 6.12.2011, BGBl. Teil I Nr. 63, S. 2515; vgl. aber Art. 62 II, III.
[2] BT-Drs. 17/6260, S. 39.
[3] Ausführlich zum Anerkennungsgesetz *Maier/Rupprecht*, Der Regierungsentwurf des Anerkennungsgesetzes, ZAR 2011, 201 ff.; *dies.*, Das Anerkennungsgesetz des Bundes, GewArch Beilage WiVerw Nr. 02/2012, 62 ff.; *BMBF*, Erläuterungen zum Anerkennungsgesetz des Bundes, 2012.
[4] Stand: 1.8.2013, siehe *BMBF*, Bericht zum Anerkennungsgesetz, 2014, S. 21.
[5] Beispielsweise Erzieher, Ingenieure und Lehrer.
[6] Die Liste der Länder-Anerkennungsgesetze kann entnommen werden unter: http://www.anerkennung-in-deutschland.de/html/de/laendergesetze.php (letzter Zugriff am 9.2.2015).
[7] Schulische Abschlüsse, Prüfungsleistungen, Hochschulzugangsberechtigung und akademische Grade, vgl. *BMBF*, Erläuterungen zum Anerkennungsgesetz des Bundes, 2012, S. 6 ff.
[8] ABl. L 255 v. 30.9.2005, S. 22. Mit der RL 2013/55/EU des Europäischen Parlaments und des Rates vom 20.11.2013 (ABl. L 354 v. 28.12.2013) ist die RL 2005/36/EG novelliert worden, die Umsetzungsfrist ist noch nicht abgelaufen. Vgl. hierzu *Stork*, Die Änderung der Richtlinie 2005/36/EG über die Anerkennung von Berufsqualifikationen, GewArch 2013, S. 338 ff.
[9] *BMBF*, Bericht zum Anerkennungsgesetz, 2014, S. 20. Im Vergleich mit der RL 2005/36/EG erstreckt das Anerkennungsgesetz seinen Anwendungsbereich auch auf die in Drittstaaten erworbenen Berufsabschlüsse, vgl. hierzu Erwägungsgrund 10 RL 2005/36/EG.

Artikel 2 die Änderung des Berufsbildungsgesetzes, in Artikel 3 die Änderung der Handwerksordnung und in den Artikeln 4 bis 61 Änderungen in einzelnen Fachgesetzen geregelt werden, wird mit Artikel 1 das „Gesetz über die Feststellung der Gleichwertigkeit von Berufsqualifikationen" (Berufsqualifikationsgesetz – BQFG)[10] eingeführt, dessen Regelungen Gegenstand der nachfolgenden Ausführungen sind.

2 Gesetz über die Feststellung der Gleichwertigkeit von Berufsqualifikationen

Allgemeine Kriterien für die Bewertung der Gleichwertigkeit von im Ausland erworbenen Berufsqualifikationen sind im BQFG geregelt. Gesetzeszweck ist es, die bessere Nutzung von im Ausland erworbenen Berufsqualifikationen zu ermöglichen (§ 1 BQFG). Der Begriff „Gleichwertigkeit" ist nicht im Sinne von „gleich" oder „gleichartig" zu verstehen; ausschlaggebend ist vielmehr, ob die im Ausland abgeschlossene Ausbildung die antragstellende Person in die Lage versetzt, den nach deutschem Recht an die Ausübung des jeweiligen Berufs gestellten Anforderungen zu genügen und damit von „gleichem Wert" ist.[11]

Das BQFG ist in drei Teile gegliedert und gibt die Voraussetzungen für die Anerkennung wie auch das einzuhaltende Verfahren bei – bundesrechtlich geregelten – reglementierten und nicht reglementierten Berufen vor. Hierbei hat sich der Gesetzgeber an den Vorgaben der RL 2005/36/EG und des sog. Lissabonner Anerkennungsübereinkommens[12] orientiert, zugleich Personen miteinbezogen, die nicht in den Anwendungsbereich dieser Rechtsakte fallen.[13]

2.1 Begriffsbestimmung: Reglementierte Berufe und nicht reglementierte Berufe

Gemäß § 3 IV BQFG umfassen bundesrechtlich geregelte Berufe nicht reglementierte und reglementierte Berufe. Bei der Feststellung der Gleichwertigkeit von im Ausland erworbenen Ausbildungsabschlüssen ist in der Folge nach nicht reglementierten und reglementierten Berufen zu unterscheiden.

Unter *reglementierten* Berufen sind gemäß § 3 V BQFG berufliche Tätigkeiten zu verstehen, deren Aufnahme oder Ausübung durch Rechts- oder Verwaltungsvorschriften an den Besitz bestimmter Berufsqualifikationen gebunden ist. Dabei ist die Führung einer Berufs-

---

[10] Zuletzt geändert durch Art. 23 des Gesetzes zur Förderung der elektronischen Verwaltung sowie zur Änderung weiterer Vorschriften vom 25.7.2013, BGBl. Teil I Nr. 43, S. 2749.
[11] BT-Drs. 17/6260, S. 40.
[12] Übereinkommen über die Anerkennung von Qualifikationen im Hochschulbereich in der europäischen Region vom 19.10.2007, BGBl. Teil II Nr. 36, S. 1711.
[13] BT-Drs. 17/6260, S. 46, 49 f.

bezeichnung, die durch Rechts- oder Verwaltungsvorschriften auf Personen beschränkt ist, die über bestimmte Berufsqualifikationen verfügen, eine Art der Ausübung.[14]

Die Ausbildungsberufe im dualen System gehören dagegen zu den *nicht reglementierten Berufen*. Ausbildungsberufe erfassen solche Tätigkeiten, die durch eine Ausbildungsordnung bundeseinheitlich geregelt sind und im dualen System – Betrieb und Berufsschule – erlernt werden.[15]

Während bei den reglementierten Berufen die Prüfung der Gleichwertigkeit Teil des Berufszulassungsverfahrens ist, bedarf es bei nicht reglementierten Berufen eines Verfahrens zur Feststellung der Gleichwertigkeit nicht zwingend. Vielmehr ist es auch ohne eine solche Feststellung möglich, sich mit der im Ausland erworbenen Qualifikation auf dem deutschen Arbeitsmarkt zu bewerben oder einer selbständigen Tätigkeit nachzugehen. Das Anerkennungsverfahren dient bei nicht reglementierten Berufen der Transparenz der ausländischen Qualifikation.[16]

2.2 Anwendungsbereich

Der sachliche und persönliche Anwendungsbereich des Gesetzes ist in seinem § 2 geregelt. Unter dem Vorbehalt, dass die berufsrechtlichen Fachgesetze keine anderen Regelungen enthalten, normiert das BQFG die Feststellung der Gleichwertigkeit im Ausland erworbener Ausbildungsnachweise, unter Berücksichtigung sonstiger nachgewiesener Berufsqualifikationen, und inländischer Ausbildungsnachweise für bundesrechtlich geregelte Berufe (§ 2 I 1 BQFG). Das Verhältnis des BQFG zu den beruflichen Fachgesetzen betreffend wird somit dessen subsidiäre Geltung bestimmt. Dem Vorrang abweichender Regelungen in den jeweiligen Berufsgesetzen liegen die Erwägungen zu Grunde, dass den unterschiedlichen Rechtsfolgen der Gleichwertigkeitsfeststellung in den Berufsgesetzen Rechnung zu tragen ist und durch die subsidiäre Anwendbarkeit des BQFG Regelungslücken vermieden werden.[17]

Im Verhältnis zu § 10 Bundesvertriebenengesetz (BVFG), in welchem die Anerkennung von Prüfungen oder Befähigungsnachweisen von Spätaussiedlern geregelt werden, ist das BQFG nicht subsidiär (§ 2 I 2 BQFG), beide Gesetze sind nebeneinander anwendbar. Betroffene Personen können zwischen den Anerkennungsverfahren nach dem BVFG oder nach dem BQFG wählen.[18]

Der persönliche Anwendungsbereich des Gesetzes umfasst Personen, die im Ausland einen Ausbildungsnachweis erworben haben und darlegen, in Deutschland eine ihrer Berufsquali-

---

[14] Vgl. auch Art. 3 I Buchst. a RL 2005/36/EG. Reglementierte Berufe in Deutschland finden sich unter: http://ec.europa.eu/internal_market/qualifications/regprof/index.cfm?action=regprofs (letzter Zugriff am 9.2.2015).

[15] Eine Übersicht zu den dualen Ausbildungsberufen kann entnommen werden unter: http://www.anerkennung-in-deutschland.de/media/liste_ausbildungsberufe.pdf (letzter Zugriff am 9.2.2015). Die Liste enthält insgesamt 329 duale Ausbildungsberufe (Stand: 1.8.2014).

[16] Vgl. *Maier/Rupprecht*, Das Anerkennungsgesetz des Bundes, GewArch Beilage WiVerw Nr. 02/2012, S. 64, 66; *BMBF*, Bericht zum Anerkennungsgesetz, 2014, S. 21, 22; *BMBF*, Erläuterungen zum Anerkennungsgesetz des Bundes, 2012, S. 10 f.

[17] BT-Drs. 17/6260, S. 45.

[18] BT-Drs. 17/6260, S. 45.

fikation entsprechende Erwerbstätigkeit ausüben zu wollen (§ 2 II BQFG). Gemäß § 3 II BQFG sind Ausbildungsnachweise Prüfungszeugnisse und Befähigungsnachweise, die von verantwortlichen Stellen für den Abschluss einer erfolgreich absolvierten Berufsbildung ausgestellt werden.

2.3 Feststellung der Gleichwertigkeit

Die Anforderungen bei der Anerkennung der Gleichwertigkeit einschließlich des Verfahrens von nicht reglementierten Berufen sind in den §§ 4-8 BQFG und von reglementierten Berufen in den §§ 9-13 BQFG geregelt. Die Regelungen in den jeweiligen Fachgesetzen haben Vorrang (§ 2 I 1 BQFG).

2.3.1 Nicht reglementierte Berufe

Das Anerkennungsverfahren wird durch einen Antrag bei der zuständigen Stelle eingeleitet (§ 6 I 2 BQFG), dem gesetzlich vorgegebene Unterlagen – in der Regel in Form von Originalen oder beglaubigten Kopien und in deutscher Übersetzung – beigefügt werden müssen. Dem Antrag ist auch die Erklärung beizufügen, dass bisher noch kein Antrag auf Feststellung der Gleichwertigkeit gestellt wurde (vgl. § 5 I, II BQFG). Wurde die Gleichwertigkeit bereits im Rahmen eines anderen Verfahrens oder durch Rechtsvorschrift festgestellt, soll der Antrag abgelehnt werden (§ 6 V BQFG). Zudem hat die antragstellende Person durch Vorlage geeigneter Unterlagen darzulegen, im Inland eine der Berufsqualifikation entsprechende Erwerbstätigkeit ausüben zu wollen. Bei Personen mit Wohnsitz innerhalb der EU, in einem EWR-Mitgliedstaat oder der Schweiz und bei Staatsangehörigen dieser Staaten ist hiervon auszugehen, sofern keine besonderen Gründe dagegen sprechen. Bei anderen Personen kann die geforderte Absicht beispielsweise durch den Nachweis der Beantragung eines Einreisevisums dargelegt werden (vgl. § 5 VI BQFG).

Das Erfordernis, den Antrag „schriftlich" zu stellen, wurde aufgehoben. Dadurch sollen Antragstellungen in anderer Form ermöglicht werden, wie beispielsweise per E-Mail.[19] Es liegt im Ermessen der zuständigen Stelle, die vorzulegenden Unterlagen auch in anderer Form zuzulassen, beispielsweise in Form von einfachen Kopien statt in Form von Originalen oder beglaubigten Kopien (§ 5 III BQFG). Zur Vereinfachung des Verfahrens sollen die zuständigen Stellen großzügig von dieser Möglichkeit Gebrauch machen.[20] Welche Stelle die „zuständige" Stelle ist, wird in § 8 BQFG näher erläutert. Hierbei wird auf die Regelungen des Berufsbildungsgesetzes und der Handwerksordnung Bezug genommen.

Innerhalb eines Monats hat die zuständige Stelle den Eingang des Antrags sowie der einzureichenden Unterlagen zu bestätigen und erforderlichenfalls mitzuteilen, welche Unterlagen fehlen, daher nachzureichen sind. Die Entscheidung über die Gleichwertigkeit hat innerhalb

---

[19] BT-Drs. 17/11473, S. 58; BR-Drs. 557/12, S. 91.
[20] BT-Drs. 17/6260, S. 47.

von drei Monaten zu erfolgen. Diese Frist läuft mit dem Eingang aller zur Prüfung erforderlichen Unterlagen. Hierüber ist die antragstellende Person zu belehren. Wenn Besonderheiten des zu beurteilenden Sachverhalts es erfordern, kann die Frist von drei Monaten einmalig angemessen verlängert werden.[21] Die Fristverlängerung ist zu begründen und der antragstellenden Person rechtzeitig mitzuteilen (vgl. § 6 II, III BQFG). Des Weiteren wird der Ablauf dieser Entscheidungsfrist in den Fällen gehemmt, in denen die zuständige Stelle nähere Informationen zur Bearbeitung des Antrags braucht sowie begründete Zweifel an der Echtheit oder inhaltlichen Richtigkeit der vorgelegten Unterlagen hat und entsprechende Ergänzungen oder Darlegungen von der antragstellenden Person innerhalb einer angemessenen Frist verlangt (vgl. § 6 IV iVm § 5 IV, V BQFG).

Bei der Feststellung der Gleichwertigkeit durch die zuständige Stelle ist zu prüfen, ob der im Ausland erworbene Ausbildungsnachweis zu vergleichbaren beruflichen Tätigkeiten wie der entsprechende inländische Ausbildungsnachweis befähigt und ob zwischen den nachgewiesenen Berufsqualifikationen sowie der entsprechenden inländischen Berufsbildung wesentliche Unterschiede bestehen (§ 4 I BQFG). Festgehalten werden kann zum einen, dass eine Feststellung der Gleichwertigkeit dann nicht in Betracht kommt, wenn die Berufsbilder bezüglich der Fertigkeiten, Kenntnisse und Fähigkeiten wegen offensichtlicher Unterschiede nicht vergleichbar sind. Bezugspunkt bei der Gleichwertigkeitsfeststellung ist dabei die aktuell geltende deutsche Berufsbildung als sog. *Referenzberuf*. Sollte die Wahl des Referenzberufes wegen der Vielfältigkeit der Ausbildungsberufe in Deutschland Schwierigkeiten bereiten, so ist dieser im Einvernehmen der zuständigen Stelle mit der betroffenen Person zu bestimmen, um die Ablehnung des Antrags zu vermeiden, weil ein falscher Referenzberuf gewählt wurde. Zum anderen wird durch das Erfordernis der „wesentlichen Unterschiede" sichergestellt, dass die Feststellung der Gleichwertigkeit eine hinreichende Übereinstimmung der ausländischen mit den inländischen Berufsqualifikationen erfordert und nicht an geringfügigen Unterschieden scheitert.[22] Da Gleichwertigkeit nicht Gleichheit bedeutet, wird eine vollständige Übereinstimmung mit dem Referenzberuf nicht gefordert.[23]

Gemäß § 4 II BQFG ist vom Vorliegen wesentlicher Unterschiede zwischen den nachgewiesenen Berufsqualifikationen und der entsprechenden inländischen Berufsbildung auszugehen, wenn „1. sich der im Ausland erworbene Ausbildungsnachweis auf Fertigkeiten, Kenntnisse und Fähigkeiten bezieht, die sich hinsichtlich der vermittelten Inhalte oder auf Grund der Ausbildungsdauer wesentlich von den Fertigkeiten, Kenntnissen und Fähigkeiten unterscheiden, auf die sich der entsprechende inländische Ausbildungsnachweis bezieht, 2. die nach Nummer 1 abweichenden Fertigkeiten, Kenntnisse und Fähigkeiten für die Ausübung des jeweiligen Berufs wesentlich sind und 3. die Antragstellerin oder der Antragsteller diese Unterschiede nicht durch sonstige Befähigungsnachweise oder nachgewiesene einschlägige Berufserfahrung ausgeglichen hat". So kann ein wesentlicher Unterschied im Hinblick der Ausbildungsdauer vorliegen, wenn die Dauer der ausländischen Regelausbil-

---

[21] Beispielsweise wegen erforderlichen externen Sachverstands, vgl. BT-Drs. 17/6260, S. 48.
[22] Vgl. BT-Drs. 17/6260, S. 46.
[23] *BMBF*, Erläuterungen zum Anerkennungsgesetz des Bundes, 2012, S. 24.

dungszeit mehr als 1/3 der entsprechenden inländischen Regelausbildungszeit unterschreitet.[24] Auch können wesentliche Unterschiede durch Berufserfahrung behoben werden, wenn bei dualen Ausbildungen Defizite hinsichtlich der praktischen Ausbildungsabschnitte festzustellen sind.[25]

Über den Antrag wird durch schriftlichen Bescheid entschieden, dem eine Rechtsbehelfsbelehrung beizufügen ist (§ 7 I, III BQFG).

Stellt die zuständige Stelle keine wesentlichen Unterschiede zwischen der im Ausland erworbenen Berufsqualifikation mit dem inländischen Referenzberuf fest, wird die Gleichwertigkeit bescheinigt. Damit wird die ausländische Berufsqualifikation einer bestandenen Aus- oder Fortbildung nach dem Berufsbildungsgesetz oder einer Gesellenprüfung nach der Handwerksordnung und der auf ihm beruhenden Rechtsverordnungen gleichgestellt (vgl. § 50a BBiG und § 40a HwO).

Scheitert die Feststellung der Gleichwertigkeit am Vorliegen von wesentlichen Unterschieden, ist der ablehnende Bescheid umfassend zu begründen. In der Begründung ist auch darzulegen, welche Fähigkeiten, Fertigkeiten sowie Kenntnisse die antragstellende Person hat und in welchen wesentlichen Punkten sich die ausländische von der inländischen Berufsbildung unterscheidet (§ 7 II BQFG). Dahinter steckt die Erwägung, dass nicht nur die antragstellende Person, sondern auch mögliche Arbeitgeber über die vorliegenden Berufsqualifikationen einschließlich der bestehenden wesentlichen Unterschiede mit dem deutschen Referenzberuf informiert werden, um gegebenenfalls Abhilfe durch Ausgleichsmaßnahmen schaffen zu können. Die konkrete Benennung der wesentlichen Unterschiede zum Referenzberuf dient auch dazu, den zielgerichteten und wirkungsvollen Einsatz von Fördermaßnahmen, sofern deren Voraussetzungen vorliegen, zu gewährleisten.[26]

2.3.2 Reglementierte Berufe

Die §§ 9-13 BQFG betreffen die reglementierten Berufe. Aus der Subsidiarität des BQFG folgt, dass diese Vorschriften nur dann zur Anwendung gelangen, wenn in den speziellen berufsrechtlichen Gesetzen keine Regelungen oder ein Verweis auf das BQFG enthalten sind (vgl. § 2 I BQFG). D.h. das Verfahren bei der Feststellung der Gleichwertigkeit bei reglementierten Berufen richtet sich vorrangig nach dem speziellen Berufsrecht.[27]

Das Verfahren nach dem BQFG betreffend sind im Vergleich mit den Regelungen bezüglich nicht reglementierter Berufe Unterschiede festzustellen, die sich aus dem Wesen der reglementierten Berufe ergeben.

So erfolgt die Gleichwertigkeitsprüfung im Rahmen der Entscheidung über die Befugnis zur Aufnahme und Ausübung eines im Inland reglementierten Berufs, damit im Rahmen des Berufszulassungsverfahrens (§ 13 I BQFG). D.h. neben der Feststellung der Gleichwertig-

---
[24] BT-Drs. 17/6260, S. 46.
[25] BT-Drs. 17/6260, S. 47.
[26] Vgl. BT-Drs. 17/6260, S. 49.
[27] In einigen Fachgesetzen wird die Anwendbarkeit des BQFG ausdrücklich ausgeschlossen.

keit der ausländischen Ausbildung, die in der Regel mit der Entscheidung über die Berufszulassung erfolgt, müssen auch alle sonstigen – im einschlägigen Fachrecht gesondert geregelten – Voraussetzungen zur Berufszulassung erfüllt werden, damit der anvisierte Beruf tatsächlich ausgeübt werden darf.[28] Für bestimmte Berufsgruppen wird ein gesonderter Bescheid gefordert, in welchem die wesentlichen Unterschiede festgestellt werden.[29]

Die Stelle, die für die Gleichwertigkeitsfeststellung zuständig ist, ergibt sich aus dem jeweils einschlägigen Fachrecht (§ 13 V BQFG).

Regelungen zu Unterlagen, die dem Antrag beizufügen sind, werden in § 12 BQFG normiert. Als Besonderheit ist festzustellen, dass die zuständige Stelle sich an die zuständigen Stellen des Ausbildungsstaats wenden kann, wenn die Berufsbildung in einem Mitgliedstaat der EU, einem Vertragsstaat des EWR oder der Schweiz absolviert wurde (§ 12 IV, 2, V, 2 BQFG). Die einzuhaltenden Fristen bei der Bearbeitung des Antrags im Rahmen der Berufszulassung entspricht den Fristen bei nicht reglementierten Berufen: Innerhalb eines Monats ist der Eingang des Antrags einschließlich der dem Antrag beizufügenden Unterlagen zu bestätigen. Sollten die zur Beurteilung der Gleichwertigkeit notwendigen Unterlagen nicht vollständig sein, ist der antragstellenden Person innerhalb dieser Frist mitzuteilen, welche Unterlagen nachzureichen sind. Innerhalb von drei Monaten ist über den Antrag zu entscheiden, wobei diese Entscheidungsfrist bei Eingang aller Unterlagen zu laufen beginnt, worüber die antragstellende Person zu informieren ist. Sofern besondere Umstände es erfordern, kann diese Frist einmal für einen angemessenen Zeitraum verlängert werden, was entsprechend zu begründen und rechtzeitig mitzuteilen ist. Im Anwendungsbereich der RL 2005/36/EG darf die Fristverlängerung höchstens einen Monat dauern. Werden Unterlagen nachgefordert oder bestehen Zweifel an der Echtheit oder Richtigkeit der vorgelegten Unterlagen, wird die Bearbeitungsfrist gehemmt (vgl. § 13 II, III, IV BQFG).

Die Kriterien zur Feststellung der Gleichwertigkeit bei reglementierten Berufen ähneln denen bei nicht reglementierten Berufen: Maßgebend ist, ob sich die im Ausland erworbene Berufsbildung wesentlich von dem vergleichbaren inländischen Berufsbild unterscheidet und eventuell vorliegende wesentliche Unterschiede sich durch sonstige Befähigungsnachweise oder einschlägige Berufserfahrung ausgleichen lassen (§ 9 BQFG).

Wird die Gleichwertigkeit wegen Vorliegens wesentlicher Unterschiede verneint, so werden die vorhandenen Berufsqualifikationen der antragstellenden Person im Rahmen der Entscheidung über die Befugnis zur Aufnahme oder Ausübung eines im Inland reglementierten Berufs sowie die ermittelten wesentlichen Unterschiede gegenüber der inländischen Berufsbildung seitens der zuständigen Stelle durch Bescheid festgestellt. Zugleich hat die zuständige Stelle festzustellen, ob die vorliegenden wesentlichen Unterschiede gegenüber dem erforderlichen inländischen Ausbildungsnachweis durch Maßnahmen nach § 11 BQFG –

---

[28] *Maier/Rupprecht*, Das Anerkennungsgesetz des Bundes, GewArch Beilage WiVerw Nr. 02/2012, S. 74. Beispielsweise verlangt § 3 I 1 der Bundesärzteordnung (BÄO) u.a., dass die antragstellende Person über die für die Ausübung der Berufstätigkeit erforderlichen Kenntnisse der deutschen Sprache verfügt (Nr. 5).
[29] Beispielsweise bei akademischen Heilberufen u.a. § 3 II 8 BÄO.

abhängig vom jeweiligen Beruf entweder ein Anpassungslehrgang oder eine Eignungsprüfung – ausgeglichen werden können (vgl. §§ 9, 10, 11 BQFG).
Der Ausgleich von Qualifikationsdefiziten durch gesetzlich vorgegebene Maßnahmen ist nur bei reglementierten Berufen vorgesehen und ermöglicht, dass der Berufszugang durch eine angemessene Anpassungsqualifizierung erfolgen kann. Dadurch setzt der Gesetzgeber die Vorgaben in Art. 14 RL 2005/36/EG um und erstreckt diese auf Personen mit Berufsabschlüssen aus Drittstaaten.[30] Gemäß der Begriffsbestimmungen der RL 2005/36/EG ist unter „Anpassungslehrgang" die Ausübung des reglementierten Berufs zu verstehen, die unter der Verantwortung eines qualifizierten Berufsangehörigen erfolgt, gegebenenfalls mit einer Zusatzausbildung einhergeht und Gegenstand der Bewertung ist (Art. 3 I Buchst. g), während „Eignungsprüfung" eine die beruflichen Kenntnisse, Fähigkeiten und Kompetenzen betreffende und von der zuständigen Behörde durchgeführte oder anerkannte Prüfung ist, mit der die Fähigkeit zur Ausübung des reglementierten Berufs beurteilt wird (Art. 3 I Buchst. h, in der Fassung der RL 2013/55/EU).

2.3.3 Gemeinsame Vorschriften

Regelungen, die sich sowohl auf die Gleichwertigkeitsprüfung bei nicht reglementierten als auch bei reglementierten Berufen beziehen, finden sich – wiederum unter Vorbehalt des Fachrechts – in den §§ 14-16 BQFG.
Bei Streitigkeiten ist der Rechtsweg zu den Verwaltungsgerichten eröffnet (§ 16 BQFG).[31]
In § 14 BQFG wird die Möglichkeit sonstiger geeigneter Verfahren zur Feststellung der Gleichwertigkeit geschaffen, wenn Personen, die zwar im Ausland erfolgreich eine Berufsbildung abgeschlossen haben, aber die erforderlichen Nachweise nicht oder teilweise vorlegen können oder die Vorlage der erforderlichen Unterlagen einen unangemessenen zeitlichen und sachlichen Aufwand zur Folge hätte. Der Zweck dieser Regelung ist es, auch diesem Personenkreis – z. B. Flüchtlinge – den Zugang zu den im BQFG geregelten Verfahren zu eröffnen.[32] Der fehlende oder unzureichende Nachweis darf nicht durch Umstände, die glaubhaft zu machen sind, bedingt sein, die die antragstellende Person zu verantworten hat, gegebenenfalls kann die zuständige Stelle eine eidesstattliche Versicherung verlangen und abnehmen (§ 14 I BQFG). Als sonstige geeignete Verfahren zur Ermittlung der beruflichen Fertigkeiten, Kenntnisse und Fähigkeiten sieht das Gesetz insbesondere Arbeitsproben, Fachgespräche, praktische und theoretische Prüfungen wie auch Sachverständigengutachten vor (§ 14 II BQFG). Diese sonstigen geeigneten Verfahren sind zur Grundlage der Bewertung der Gleichwertigkeit zu machen (§ 14 III BQFG).
Im Rahmen des Verfahrens zur Feststellung der Gleichwertigkeit treffen die antragstellende Person bestimmte Mitwirkungsobliegenheiten. Welche diese sind und welche Folgen bei

---

[30] Vgl. BT-Drs. 17/6260, S. 51.
[31] In Bayern und in Niedersachsen ist die Durchführung eines Widerspruchsverfahrens vor Klageerhebung nicht erforderlich, vgl. § 68 I 2 VwGO iVm § 15 I, II Bay. AGVwGO, § 8a Nds. AGVwGO.
[32] BT-Drs. 17/6260, S. 52.

Verletzung dieser Obliegenheiten eintreten, ist in § 15 BQFG näher normiert. Die antragstellende Person ist zur Vorlage aller zur Beurteilung der ausländischen Qualifikation erforderlichen Unterlagen sowie zur Erteilung aller dazu erforderlichen Auskünfte verpflichtet (§ 15 I BQFG). Wird diesen Pflichten nicht nachgekommen und wird dadurch die Aufklärung des Sachverhalts erschwert oder wird die Aufklärung des Sachverhalts durch andere Weise – wie beispielsweise durch wissentlich falsche Angaben oder Zurückhaltung von Informationen –[33] erschwert, kann die zuständige Stelle ohne weitere Ermittlungen entscheiden (§ 15 II BQFG). Jedoch muss im Vorfeld eine diesbezügliche schriftliche Rechtsfolgenbelehrung erfolgen und die zur Nachholung der Mitwirkung gesetzte angemessene Frist verstrichen sein (§ 15 III BQFG). Durch Landesrecht darf nicht von den Regelungen in §§ 14, 15 BQFG abgewichen werden (§ 19 BQFG).

3   Würdigung

Nach über zweijähriger Anwendung des Anerkennungsgesetzes ist zunächst positive Bilanz zu ziehen: Ausgehend von den Ergebnissen des Statistischen Bundesamtes für den Zeitraum April bis Dezember 2012 wurden von ca. 11.000 Verfahren ca. 8.000 entschieden, davon 82 % positiv. Auf die Anerkennung im Bereich der reglementierten Berufe entfielen ca. 80 % und im Bereich der nicht reglementierten Berufe entfielen ca. 20 % der Anträge.[34] Zu den häufigsten reglementierten Referenzberufen gehören Ärzte, Gesundheits-/Krankenpfleger und Zahnärzte, während Rumänien, die Russische Föderation, Polen und Österreich die Liste der häufigsten Ausbildungsstaaten anführen.[35] Nach den Zahlen bis Dezember 2013 sind ca. 26.500 Anträge mit dem Ziel der Anerkennung ausländischer Berufsqualifikationen gestellt, davon ca. 13.300 bereits entschieden.[36] Die Anträge auf Gleichwertigkeit betreffend ist damit im Vergleich mit den Zahlen für 2012 ein Anstieg um mehr als das Doppelte zu verzeichnen.[37]

Es bestehen umfangreiche Beratungs- und Informationsangebote für Personen, die ein Anerkennungsverfahren anstreben, was als ein Erfolgsfaktor angesehen werden kann.[38] Daneben besteht an einigen Punkten auch Verbesserungsbedarf. Im Koalitionsvertrag der Bundesregierung wird beispielsweise darauf hingewiesen, dass die Verfahrenskosten sozialver-

---

[33] BT-Drs. 17/6260, S. 52.
[34] Vgl. *BMBF*, Bericht zum Anerkennungsgesetz, 2014, S. 15. Siehe auch 10. Bericht der Beauftragten der Bundesregierung für Migration, Flüchtlinge und Integration über die Lage der Ausländerinnen und Ausländer in Deutschland, S. 129.
[35] Ausführlich zur Statistik für 2012 vgl. *BMBF*, Bericht zum Anerkennungsgesetz, 2014, S. 44 ff.
[36] *BMAS*, Fortschrittsbericht 2014 zum Fachkräftekonzept der Bundesregierung, S. 33.
[37] Über die Verfahren zur Gleichwertigkeitsfeststellung ist eine Bundesstatistik zu führen. Auf der Grundlage dieser Statistik hat die Bundesregierung nach Ablauf von vier Jahren ab Inkrafttreten des BQFG über dessen Anwendung und Auswirkung zu berichten. Vgl. §§ 17, 18 BQFG.
[38] Hierzu gehören das Internetportal „Anerkennung in Deutschland", die Telefonhotline des Bundesamts für Migration und Flüchtlinge sowie das Beratungsnetzwerk des Förderprogramms „Integration durch Qualifizierung". Vgl. *BMBF*, Bericht zum Anerkennungsgesetz, 2014, S. 9 f., 61 ff.

träglich gestaltet werden sollen.[39] Als eine Möglichkeit, sozialverträgliche Verfahrenskosten und zugleich aber auch für die zuständigen Stellen kostendeckende Anerkennungsverfahren zu gewährleisten, wird eine Vereinbarung der Länder über einen Gebührenkorridor im Bereich reglementierter Berufe gesehen.[40] Das Verfahren zur Anerkennung ausländischer Bildungsabschlüsse betreffend ist eine weitere Vereinheitlichung – u. a. durch Ausarbeitung gemeinsamer berufsspezifischer Standards – und Unterstützung der zuständigen Stellen bei der Gleichwertigkeitsprüfung – u. a. durch Vervollständigung, Modernisierung und besserer Verlinkung bestehender Datenbanken – anzustreben.[41]

---

[39] Koalitionsvertrag zwischen CDU, CSU und SPD, 18. Legislaturperiode, S. 38, 39.
[40] *BMBF*, Bericht zum Anerkennungsgesetz, 2014, S. 16, ausführlich S. 121 ff.
[41] *BMBF*, Bericht zum Anerkennungsgesetz, 2014, S. 12.

Literaturverzeichnis

Bundesministerium für Arbeit und Soziales (2015). Fortschrittsbericht 2014 zum Fachkräftekonzept der Bundesregierung. Zugriff am 01.06.2015 unter: http://www.bmas.de/SharedDocs/Downloads/DE/PDF-Publikationen/fortschrittsbericht-fachkraefte-fuer-2014.pdf?__blob=publicationFile

Bundesministerium für Bildung und Forschung (BMBF) (2012). Erläuterungen zum Anerkennungsgesetz des Bundes. Gesetz zur Verbesserung der Feststellung und Anerkennung im Ausland erworbener Berufsqualifikationen. Zugriff am 01.06.2015 unter: http://www.anerkennung-in-deutschland.de/media/20120320_erlaeuterungen_zum_anerkennungsg_bund.pdf

Bundesministerium für Bildung und Forschung (BMBF) (2014). Bericht zum Anerkennungsgesetz. Zugriff am 01.06.2015 unter: http://www.bmbf.de/pub/bericht_anerkennungsgesetz_2014.pdf

Die Beauftragte der Bundesregierung für Migration, Flüchtlinge und Integration (2014). 10. Bericht der Beauftragten der Bundesregierung für Migration, Flüchtlinge und Integration über die Lage der Ausländerinnen und Ausländer in Deutschland. Zugriff am 01.06.2015 unter: http://www.bundesregierung.de/Content/DE/_Anlagen/IB/2014-10-29-Lagebericht-lang.pdf?__blob=publicationFile&v=3

Maier, R. & Rupprecht, B. (2011). Der Regierungsentwurf des Anerkennungsgesetzes. *Zeitschrift für Ausländerrecht und Ausländerpolitik* 7, 201-240.

Maier, R. & Rupprecht, B. (2012). Das Anerkennungsgesetz des Bundes. *GewArch Beilage WiVerw* 2, 62-76.

Stork, S. (2013). Die Änderung der Richtlinie 2005/36/EG über die Anerkennung von Berufsqualifikation. *GewArch* 2013, 338-345.

3 Stand und Perspektiven der Anerkennungsberatung zu ausländischen Berufsabschlüssen

Ottmar Döring, Sara Hauck, Jana Hoffmann

1	Ausgangslage	26
2	Anerkennungsgesetz: Grundlagen und Gesetzesvollzug	27
3	Strukturen der Anerkennungsberatung	30
4	Stand der Anerkennungsberatung	33
5	Perspektiven der Anerkennungsberatung	35
	Literaturverzeichnis	38

1 Ausgangslage

Der demographische Wandel hat Auswirkungen auf die Erwerbsbevölkerung und damit auch auf den deutschen Arbeitsmarkt: Das inländische Erwerbspersonenpotenzial schrumpft tendenziell, was in einigen Berufen, Branchen und Regionen bereits jetzt zu Fachkräfteengpässen führt. Eine Möglichkeit, um dem entgegen zu wirken, besteht in der besseren Ausschöpfung des Potenzials der bisher vielfach ungenutzten Berufsqualifikationen aus dem Ausland, die bereits in Deutschland lebende Menschen mit Migrationshintergrund besitzen (vgl. Fohrbeck, 2012, S. 6f.). Diese Personen sind häufig nicht oder nicht qualifikationsadäquat in den deutschen Arbeitsmarkt integriert, sie sind überdurchschnittlich oft arbeitslos und haben allgemein ein höheres Arbeitslosigkeitsrisiko (vgl. Statistisches Bundesamt, 2013). Im Alter von 25 bis 65 sind sie etwa doppelt so häufig erwerbslos wie Personen ohne Migrationshintergrund (8,0 Prozent gegenüber 4,3 Prozent aller Erwerbstätigen). Sowohl für die Menschen mit Migrationshintergrund selbst als auch aus Sicht der Wirtschaft ist diese fehlende bzw. defizitäre Arbeitsmarktintegration unbefriedigend.

Dabei bringen viele Menschen mit Migrationshintergrund durchaus Berufsabschlüsse und Kompetenzen mit, die auf dem Arbeitsmarkt dringend benötigt werden: Menschen mit Migrationshintergrund verfügen beispielsweise über ein großes Potenzial an formalen Berufsqualifikationen aus dem Ausland. Unter einem *formalen Bildungsabschluss* wird ein Abschluss verstanden, der mit einem staatlichen Zeugnis oder einem staatlichen Zertifikat nachgewiesen werden kann. Laut der Sonderauswertung des Mikrozensus 2008 durch das Institut der deutschen Wirtschaft Köln (IW) besitzt fast die Hälfte der in Deutschland lebenden Menschen mit Migrationshintergrund einen Abschluss, den sie vor ihrer Einreise nach Deutschland erworben haben. Die meisten dieser beruflichen Abschlüsse entsprechen in Deutschland dem berufsqualifizierenden Bereich unterhalb des Hochschulniveaus. 1,8 Millionen Menschen im erwerbsfähigen Alter haben eine berufliche Erstausbildung im Ausland absolviert, ungefähr 200.000 Personen eine Meister- oder Technikerqualifikation und circa 800.000 Zugewanderte besitzen Hochschulqualifikationen (Riesen, Werner, Zetsche & Klempert, 2010, S. 4). Um das bislang ungenutzte Fachkräftepotenzial zu aktivieren, wurde mit dem am 1. April 2012 in Kraft getretenen „Gesetz zur Verbesserung der Feststellung und Anerkennung im Ausland erworbener Berufsqualifikationen", dem sogenannten Anerkennungsgesetz des Bundes, ein wichtiger Schritt zur Verbesserung der Erschließung ausländischer Berufsqualifikationen unternommen: Für Menschen mit Migrationshintergrund mit einem formal belegten ausländischen Berufsabschluss wurden seitdem die Möglichkeiten, ihre Qualifikation anerkennen zu lassen, um sich damit auf dem deutschen Arbeitsmarkt zu bewerben und somit die Chancen auf eine dem Qualifikationsniveau entsprechende Beschäftigung zu erhöhen, maßgeblich erweitert. Damit sollen zum einen die brachliegenden Qualifikationen im Inland nutzbar gemacht und zum anderen die Attraktivität Deutschlands für qualifizierte Zuwanderung gesteigert werden, da auch für Personen aus dem Ausland eine Antragstellung möglich ist.

Der vorliegende Beitrag gibt zunächst einen Überblick über das Verfahren zur Anerkennung ausländischer Berufsabschlüsse sowie über die hierfür bestehenden Beratungsstrukturen. Anschließend wird der aktuelle Stand der Anerkennungsberatung anhand empirischer Befunde dargestellt, um daraus Handlungsbedarfe abzuleiten.

2 Anerkennungsgesetz: Grundlagen und Gesetzesvollzug

Seit dem Inkrafttreten des Anerkennungsgesetzes haben neben EU-Bürgern/-innen und Spätaussiedlern/-innen, für die es bereits vorher gesetzliche Regelungen gab, auch Personen aus Drittstaaten die Möglichkeit, sich ihre Berufsqualifikationen anerkennen zu lassen. Somit kann jede Person ein Verfahren auf Gleichwertigkeit beantragen, die eine im Ausland abgeschlossene Berufsausbildung nachweisen kann und beabsichtigt, in Deutschland eine Erwerbstätigkeit auszuüben (BMBF, 2012, S. 17). Anträge können aus dem In- und Ausland gestellt werden, der Nachweis eines (gesicherten) Aufenthaltstitels ist nicht notwendig; auch Asylsuchende und „Geduldete" können also einen Antrag auf Gleichwertigkeitsprüfung stellen. Wird die Gleichwertigkeit bescheinigt, geht damit eine rechtliche Gleichstellung mit Personen mit einem entsprechenden deutschen Berufsabschluss einher (zum Beispiel in Bezug auf die Zulassung zu Fortbildungen). Sie wird dann festgestellt, wenn die Dokumente über den ausländischen Berufsabschluss eine Befähigung zu vergleichbaren beruflichen Tätigkeiten wie der entsprechende deutsche Referenzberuf bescheinigen und wenn es keine wesentlichen Unterschiede zwischen der im Ausland erworbenen und der deutschen Referenzqualifikation gibt (BMBF, 2012, S. 23).

Das Verfahren läuft folgendermaßen ab: Eine für das Prüfungsverfahren zuständige Stelle, zum Beispiel eine Kammer oder Landesbehörde, legt einen passenden deutschen Referenzberuf fest und vergleicht die aktuell gültige deutsche Ausbildungsordnung mit derjenigen aus dem Ausland, nach der der/die Antragssteller/-in seinen/ihren Abschluss erworben hat. Welches die zuständige Stelle ist, richtet sich nach dem jeweiligen Bundesland, in dem die Antragstellenden leben oder arbeiten wollen und dem Beruf, für den die Feststellung der Gleichwertigkeit beantragt wird. Das Anerkennungsgesetz des Bundes sowie entsprechende Gesetze der Bundesländer in deren Zuständigkeitsbereich geben dabei Kriterien und Verfahren vor, die bei einer Gleichwertigkeitsprüfung anzuwenden sind. Kriterien sind zum Beispiel die Ausbildungsdauer und -inhalte sowie die Frage, ob die unterschiedlichen Kenntnisse für die Ausübung des Berufs in Deutschland relevant sind. Ergänzend ist es möglich, erworbene Berufserfahrung des/der Antragstellers/-in hinzuzuziehen, falls durch die Ausbildung nicht ausreichend Praxiserfahrung nachgewiesen werden kann. Die Gleichwertigkeitsprüfung bezieht sich also auf formale, im Ausland erworbene Abschlüsse sowie auf Berufserfahrung, die ebenfalls formal, beispielsweise in Form eines Arbeitszeugnisses, nachgewiesen werden muss. Besitzt der/die Antragsteller/-in keine Nachweise über eine absolvierte Ausbildung, gibt es nach § 14 BQFG die Möglichkeit, *„sonstige Verfahren zur Feststellung der Gleichwertigkeit"* anzuwenden, um so trotz fehlender Nachweise den Erwerb eines formalen Abschlusses glaubhaft darlegen zu können. Geeignete Instrumente zur Feststellung der *„beruflichen Fertigkeiten, Kenntnisse und Fähigkeiten [...] sind insbesondere Arbeitsproben, Fachgespräche, praktische und theoretische Prüfungen sowie Gutachten von Sachverständigen"* (§ 14 Absatz 2 BQFG). Wenn ein positives Prüfergebnis vorliegt, also wenn *keine wesentlichen Unterschiede* bestehen, wird die vollständige Gleichwertigkeit bescheinigt und damit der ausländische Abschluss anerkannt (vgl. Abbildung 1).

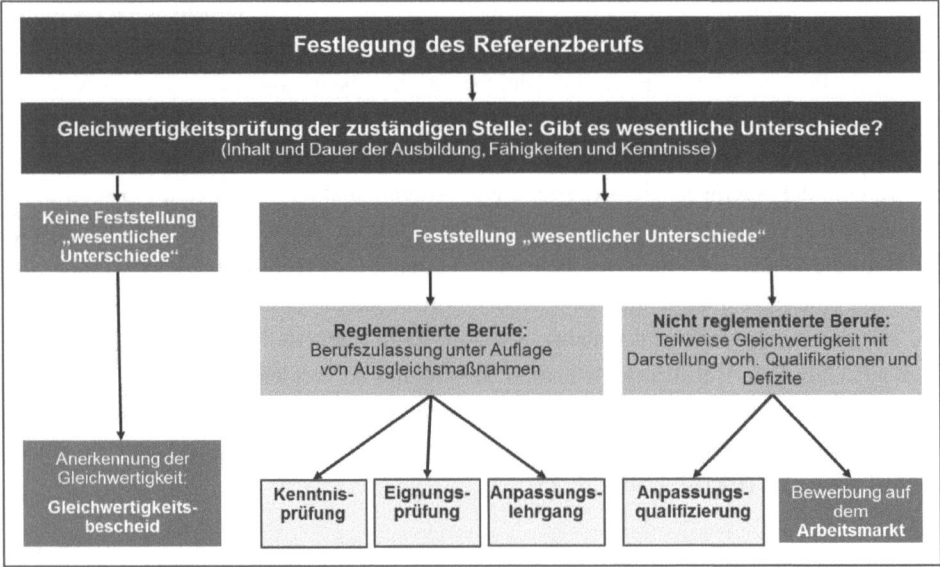

Abbildung 1: Anerkennungsverfahren für reglementierte und nicht reglementierte Berufe, Darstellung der IQ-Fachstelle „Anerkennung" 2013.

Werden infolge der Gleichwertigkeitsprüfung *wesentliche Unterschiede* festgestellt, unterscheiden sich die weitere Vorgehensweise und die möglichen Ergebnisse der Prüfung, je nachdem ob es sich um einen *reglementierten* oder *nicht reglementierten* Beruf handelt. Als *reglementierte Berufe* werden berufliche Tätigkeiten bezeichnet, deren Aufnahme oder Ausübung durch Rechts- oder Verwaltungsvorschriften an den Besitz bestimmter Berufsqualifikationen gebunden ist, wie zum Beispiel Berufe im medizinischen Bereich, Rechtsberufe, zahlreiche Meisterabschlüsse oder Lehrer/-innen an staatlichen Schulen sowie Berufe im öffentlichen Dienst. Bei *nicht reglementierten* Berufen ist der Berufszugang oder die Berufsausübung an keine bestimmten staatlichen Vorgaben geknüpft. Somit kann der Beruf ohne staatliche Zulassung ausgeübt werden (vgl. BMBF, 2012, S. 5). Die Gleichwertigkeitsprüfung dient in diesen Fällen hauptsächlich der Erhöhung der Transparenz und trägt damit dazu bei, die Chance einer erfolgreichen, qualifikationsadäquaten Arbeitsmarktintegration zu erhöhen. Der Bescheid einer zuständigen Stelle erleichtert es einem potenziellen Arbeitgeber, den vorliegenden Qualifikationsnachweis richtig einzuschätzen.

Der Verfahrensablauf im Bereich der reglementierten Berufe richtet sich nach den Regelungen im jeweiligen Fachrecht. Werden bei der Prüfung der eingereichten Unterlagen wesentliche Unterschiede hinsichtlich Ausbildungsdauer und -inhalten festgestellt, die nicht durch Berufserfahrung oder eine Zusatzausbildung ausgeglichen werden können, erfolgt eine *Berufszulassung unter Auflagen*. Für die Anerkennung der Gleichwertigkeit ist dann die Teilnahme an einer Ausgleichsmaßnahme erforderlich. Je nachdem, welche Ausgleichsmaßnahmen das Fachrecht vorsieht, kann es sich hierbei um eine Kenntnisprüfung, eine Eignungsprüfung oder einen Anpassungslehrgang handeln. Bei einer *Kenntnisprüfung* wird eine umfangreiche Abfrage der Inhalte, die im Rahmen der Staatsexamen geprüft werden können, vorgenommen; jedoch handelt es sich dabei nicht um ein volles Staatsexamen. Die von den zuständigen Behörden durchgeführte *Eignungsprüfung* – auch Defizitprüfung genannt – bezieht sich ausschließlich auf die beruflichen Kenntnisse des/der Antragsstellers/-in und somit lediglich auf die festgestellten Ausbildungsdefizite, da dem Umstand Rechnung getragen wird, dass der/die Antragsteller/-in im jeweiligen Herkunftsland über eine berufliche Qualifikation verfügt. Unter einem *Anpassungslehrgang* wird die Berufsausübung unter der Verantwortung eines qualifizierten Berufsangehörigen verstanden, die mit einer Zusatzausbildung einhergehen kann und Gegenstand einer Bewertung ist (vgl. BMBF, 2012, S. 30). Wenn die wesentlichen Unterschiede durch die entsprechende Ausgleichsmaßnahme behoben wurden, wird dem/der Anerkennungssuchenden die Gleichwertigkeit bescheinigt und damit der Berufszugang gewährt (vgl. Grau, 2012, S. 33).

Auch der Nachweis von Sprachkenntnissen kann im Rahmen einer Berufszulassung für einen reglementierten Beruf erforderlich sein. Allerdings muss die Überprüfung der für die Berufsausübung notwendigen Sprachkenntnisse getrennt von der Prüfung der Gleichwertigkeit der Berufsqualifikation erfolgen. Für einzelne reglementierte Berufe sind die Anforderungen an das Sprachniveau in den Fachgesetzen explizit geregelt (insbesondere als Voraussetzung zur Erteilung der Approbation für Ärzte/-innen). So hat beispielsweise die Gesundheitsministerkonferenz auf ihrer Sitzung am 26./27. Juni 2014 in Hamburg gemeinsame „Eckpunkte zur Überprüfung der für die Berufsausübung erforderlichen Deutschkenntnisse in den akademischen Heilberufen" festgelegt: Ärzte/-innen, Zahnärzte/-innen und Apotheker/-innen sollen über allgemeine Sprachkenntnisse auf dem Gemeinsamen Europäischen Referenzrahmen (GER)-Niveau B2 und fachspezifische Sprachkenntnisse auf C1 verfügen.

Bei den *nicht reglementierten Berufen* gestaltet sich das Verfahren zur Feststellung der Gleichwertigkeit anders: Werden hier *wesentliche Unterschiede* festgestellt, wird ein Bescheid der teilweisen Gleichwertigkeit ausgestellt, in welchem die Darstellung der vorhandenen Qualifikationen und Unterschiede zum deutschen Abschluss erfolgt. Die Antragstellenden können sich damit direkt bei einem potenziellen Arbeitgeber bewerben oder gezielt an einer Anpassungsqualifizierung teilnehmen. Eine gesetzlich vorgeschriebene Anpassungsmaßnahme ist bei den nicht reglementierten Berufen nicht vorgesehen (vgl. Grau, 2012, S. 33f.).

3   Strukturen der Anerkennungsberatung

Für die Betroffenen können sich zahlreiche Fragen hinsichtlich des Anerkennungsverfahrens ergeben, zum Beispiel hinsichtlich der Zuständigkeiten, dem Ablauf oder der für das Verfahren erforderlichen Unterlagen. Häufig beziehen sich diese auch auf alternative Wege zur Anerkennung, wie Existenzgründung sowie auf begleitende Angebote, wie zum Beispiel Sprachkurse oder ähnliches, wenn sie Beratungsinhalt werden. Um Ratsuchende bedarfsgerecht zu informieren, existieren daher zahlreiche Unterstützungsangebote, bei denen durch verschiedene Akteure in unterschiedlichen Institutionen zu diversen Fragen rund um das Anerkennungsverfahren beraten wird. So gibt es viele Beratungsstellen, die im Rahmen ihrer sonstigen Tätigkeiten das Thema „Anerkennung ausländischer Abschlüsse" tangieren können, und seit Inkrafttreten des Gesetzes Stellen, die speziell zum Anerkennungsgesetz informieren und beraten (vgl. Döring & Hoffmann, im Erscheinen). Im Folgenden werden die existierenden Stellen, die bei einer Gleichwertigkeitsprüfung in Anspruch genommen werden können, beschrieben und voneinander abgegrenzt, wobei hier vor allem Informations- von Beratungsangeboten zu unterscheiden sind (vgl. Baderschneider & Döring, 2012, S. 20f.):

Parallel zum Inkrafttreten des Anerkennungsgesetzes wurde die Internetseite www.anerkennung-in-deutschland.de, kurz *Anerkennungsportal*, aktiviert. Es dient Ratsuchenden aus dem In- und Ausland als Plattform, um sich über das Anerkennungsverfahren in Deutschland und damit zusammenhängenden Fragestellungen zu informieren. Mit dem sogenannten „Anerkennungsfinder" können die Nutzer/-innen des Portals – sofern sie den deutschen Referenzberuf bereits kennen – die für das Gleichwertigkeitsprüfungsverfahren zuständige Stelle ermitteln. Es wird zudem an weiterführende Informationsangebote und Beratungsstellen verwiesen (vgl. Döring & Hoffmann, im Erscheinen).

Ein Tag nach dem Inkrafttreten des Anerkennungsgesetzes im April 2012 startete die *bundesweite Hotline* des Bundesamts für Migration und Flüchtlinge (BAMF), um telefonische Erstberatung zum Thema Anerkennung ausländischer Berufsabschlüsse anzubieten. Seit dem 1. Dezember 2014 wurde die Hotline erweitert und umbenannt in „Arbeiten und Leben in Deutschland". Sie bietet nun ein zentrales telefonisches Beratungsangebot zu den Themen Jobsuche, Arbeit und Beruf, Einreise und Aufenthalt, Deutsch lernen und Anerkennung ausländischer Berufsabschlüsse. Das BAMF beantwortet Anfragen zum Anerkennungsverfahren von Personen aus dem In- und Ausland. Die Ratsuchenden werden bei weiterem Beratungsbedarf an eine vor Ort tätige Erstberatungsstelle verwiesen oder – sofern die deutsche Referenzqualifikation eindeutig identifiziert werden kann – direkt an die jeweils zuständige Stelle.

Im Rahmen des Förderprogramms „Integration durch Qualifizierung (IQ)" wurden seit 2011 bundesweit Beratungsstellen, sogenannte *IQ-Anlaufstellen*, eingerichtet, die (als Mindeststandard) Erstberatung zum Thema Anerkennung von ausländischen Berufsqualifikationen anbieten. Das Beratungsangebot ist je nach Bundesland unterschiedlich institutionell verortet. Beratungsstellen sind sowohl bei freien Trägern als auch bei Einrichtungen der Arbeitsverwaltung, bei Kammern oder Institutionen der Landes- oder Senatsverwaltungen angesiedelt. Das Leistungsspektrum unterscheidet sich hinsichtlich des Angebots von Verfahrensbegleitung und Qualifizierungsberatung.

Zuständige Stellen sind die Einrichtungen, die je nach Beruf für die Durchführung der Gleichwertigkeitsprüfung verantwortlich sind und eine Einstiegsberatung zum Antragsverfahren anbieten. Für Berufe im Kammerbereich sind dies die Industrie- und Handelskammern (IHK), die Handwerkskammern (HWK), die Landwirtschaftskammern sowie die Kammern der Freien Berufe. Zu letzteren zählen zum Beispiel Ärzte-, Rechtsanwalts- und Wirtschaftsprüferkammern (§ 8 BQFG). Für die Berufe im Zuständigkeitsbereich der IHK wurde die IHK FOSA (Foreign Skills Approval) gegründet, die grundsätzlich für die Gleichwertigkeitsprüfung verantwortlich ist; lediglich drei IHKs in Deutschland beteiligen sich nicht an diesem Zusammenschluss und führen das Verfahren selbst durch. Die Einstiegsberatung wird von den IHKs vor Ort, nicht von der IHK FOSA, erbracht (vgl. Döring & Hoffmann, im Erscheinen). Für die übrigen sowohl bundes- als auch landesrechtlich geregelten Berufe bestimmen die Länder, die für den Verwaltungsvollzug des Gesetzes verantwortlich sind, die zuständige Stelle (§ 8 BQFG). Dies sind in der Regel Länderbehörden, wie beispielsweise Landesämter oder Regierungspräsidien.

Neben den speziell zum Anerkennungsgesetz beratenden Einrichtungen geben auch andere Stellen *Erstinformationen* zur Anerkennung ausländischer Qualifikationen und verweisen die Ratsuchenden an Erstberatungsstellen oder direkt an die zuständige Stelle:

In der EU-Richtlinie 2005/36/EG wird der Zugang zu reglementierten Berufen in der Europäischen Union (EU), dem Europäischen Wirtschaftsraum und in der Schweiz geregelt. In jedem dieser Staaten gibt es eine Informationsstelle, die im Sinne der Richtlinie über Ausbildungen und berufliche Berechtigungen im eigenen Staat informiert. In Deutschland wurde die *Zentralstelle für ausländisches Bildungswesen* (ZAB) als Informationsstelle ernannt. Sie ist Service- und Beratungsinstanz zum einen direkt für Ratsuchende, zum anderen aber auch für Beratungseinrichtungen, zuständige Stellen und andere Institutionen. Sie informiert Ratsuchende über das Anerkennungsverfahren im Rahmen der EU-Richtlinie und gibt den Anerkennungsstellen Empfehlungen zur Anerkennung auf Grundlage der Richtlinie. Zudem führt die ZAB Zeugnisbewertungen ausländischer Hochschulqualifikationen auf Grundlage der „Lissabon-Konvention"[42] durch.

Jobcenter und *Agenturen für Arbeit* bieten ihren Kunden/-innen eine beschäftigungsorientierte Beratung mit dem Ziel der Arbeitsmarktintegration an. In diesem Zusammenhang kann die Anerkennung eines im Ausland erworbenen Berufsabschlusses ebenfalls eine Rolle spielen.

Außerdem können folgende Beratungseinrichtungen, die allgemein Anlaufstellen für Menschen mit Migrationshintergrund sind – je nach individueller Situation der Ratsuchenden – ebenfalls mit Fragen der Anerkennung ausländischer Berufsqualifikationen in Berührung kommen:

- *Migrationsberatung für erwachsene Zuwanderer (MBE):* Zielgruppe sind Zuwandernde über 27 Jahre. Auf Grundlage des Zuwanderungsgesetzes wird eine Grundberatung zur sozialen, sprachlichen und beruflichen bzw. schulischen Integration angeboten.
- *Jugendmigrationsdienste (JMD):* Sie stellen das Pendant zu MBEs für Zuwandernde bis 27 Jahre dar.
- *Bildungsberatung Garantiefonds Hochschule:* Spätaussiedler/-innen, Flüchtlinge und Asylberechtigte bis zum 30. Lebensjahr, die in Deutschland die Hochschulreife erwerben, ein Hochschulstudium aufnehmen oder eine akademische Laufbahn fortsetzen möchten, können sich hier beraten lassen.

Über die bereits dargestellten Beratungsangebote hinaus können weitere Stellen mit der Materie befasst sein, zum Beispiel Institutionen, die sich mit Fragen des Aufenthaltsrechts oder einer möglichen Qualifizierung in Deutschland auseinandersetzen. In diesem Kontext können sich die Ratsuchenden an andere Beratungsstellen wenden, die ein differenziertes Spektrum an Beratungsinhalten abdecken. Hierzu zählen beispielsweise Träger der Bildungs- und Weiterbildungsberatung, Rechtsberatungsstellen, Flüchtlingsberatungsstellen, kommunale Beratungsstellen zu Migration und Integration sowie Migrantenorganisationen (vgl. Döring & Hoffmann, im Erscheinen).

---

[42] Es handelt sich hierbei um ein Übereinkommen über die Anerkennung von Qualifikationen im Hochschulbereich in der europäischen Region, welches am 01.10.2007 in Kraft getreten ist.

Häufig stellt sich in der Beratung heraus, dass aufgrund von Zuständigkeiten oder dem individuellen Bedarf des/der Ratsuchenden ein Verweis an andere Stellen nötig ist (vgl. Döring & Hoffmann, im Erscheinen), wenn z.B. der/die Ratsuchende auch Jobcenter-Kunde ist, was eine Zusammenarbeit der einzelnen Institutionen erforderlich macht. Die Strukturen der Kooperation sind dabei je nach Bundesland unterschiedlich ausgeprägt und hängen unter anderem davon ab, bei welchen Trägern die Erstberatungsstellen angesiedelt sind (zum Beispiel bei einem Jobcenter, einer IHK oder einem freien Träger), wie kooperativ sich die einzelnen Akteure zeigen und letztendlich auch davon, wie groß das jeweilige Bundesland ist (beispielsweise Stadtstaat gegenüber Flächenland).

4 Stand der Anerkennungsberatung

Welche Personen die Möglichkeiten des Anerkennungsgesetzes und die begleitenden Maßnahmen bisher nutzen, zeigen Ergebnisse der IQ-Anlaufstellen über die quartalsweise ausgewertete Anerkennungsberatung[43] sowie die Zahlen des statistischen Bundesamts und der zuständigen Stellen: Im Zeitraum zwischen dem 1. August 2012 und dem 31. Dezember 2014 haben bundesweit 37.562 Personen eine IQ-Anlaufstelle zur Anerkennung ihrer ausländischen Berufsqualifikationen in Anspruch genommen. Häufig finden mehrere Beratungskontakte mit den Beratungsstellen statt, weswegen die gesamte Beratungsleistung mit 57.228 Kontakten über der Anzahl an ratsuchenden Personen liegt (vgl. Hoffmann & Tatarlieva, 2014, S. 12). Seit Inkrafttreten des Anerkennungsgesetzes im April 2012 bis Dezember 2013 wurden insgesamt 26.466 Anträge auf Gleichwertigkeitsprüfung nach dem Anerkennungsgesetz des Bundes gestellt, wobei bei lediglich vier Prozent der Bescheide keine Gleichwertigkeit (weder volle noch teilweise) festgestellt wurde (vgl. Statistisches Bundesamt, 2014).

Der Frauenanteil unter den Ratsuchenden liegt dabei mit 63,2 Prozent deutlich über dem Anteil der Männer (36,8 Prozent). Am häufigsten wurden Personen im erwerbsfähigen Alter, und hier vor allem Personen der mittleren Altersklassen zwischen 25 und 44 Jahren, beraten (75,8 Prozent) (vgl. Hoffmann & Tatarlieva, 2014, S. 17). Nahezu alle Anfragen (94,3 Prozent) stammen von Personen, die ihren Wohnsitz in Deutschland haben. Bei der BAMF-Hotline hat hingegen knapp ein Viertel der anrufenden Personen ihren Wohnsitz im Ausland (vgl. Hoffmann & Tatarlieva, 2014, S. 67). Die Hälfte der Antragstellenden (50,4 Prozent) hält sich erst seit höchstens zwei Jahren in Deutschland auf. Die mitgebrachten ausländischen Berufsqualifikationen stammen aus 165 verschiedenen Ländern und wurden zu über einem Viertel in der Russischen Föderation (11,0 Prozent), Polen (11,5 Prozent), der Ukraine (5,9 Prozent), Rumänien (5,1 Prozent) oder der Türkei (4,3 Prozent) erworben. Über ein

---

[43] Die IQ-Anlaufstellen dokumentieren ihre Beratungsleistungen in einer bundesweiten Datenbank, die quartalsweise durch die IQ-Fachstelle „Anerkennung" (seit 2015 Fachstelle „Beratung und Qualifizierung"), angesiedelt beim Forschungsinstitut Betriebliche Bildung (f-bb) in Nürnberg, ausgewertet wird.

Drittel der Abschlüsse stammt aus einem Staat der EU-28, ein Viertel wurde in einem GUS-Staat erworben (vgl. Hoffmann & Tatarlieva, 2014, S. 26).

Insgesamt wurden zu mehr als 400 verschiedenen Referenzberufen Beratungen durchgeführt. Dabei war der Beruf Lehrer/-in mit 11,9 Prozent am häufigsten vertreten (4.236 Abschlüsse). Darüber hinaus erfolgten häufig Beratungen zur Anerkennung von Ingenieursabschlüssen (2.766 Abschlüsse) sowie zu den Berufen Gesundheits- und Krankenpfleger/-in (1.535 Abschlüsse) und (staatlich anerkannte/-r) Erzieher/-in (1.216 Abschlüsse) (vgl. Hoffmann & Tatarlieva, 2014, S. 29). Die große Bedeutung des Bereichs Gesundheit, Soziales, Lehre und Erziehung gilt nicht nur für die Beratung, sondern auch für die Anzahl der Antragsverfahren: Ein großer Teil der Anträge wird im Gesundheitsbereich, insbesondere auf Erteilung der Approbation als Arzt/Ärztin sowie von Gesundheits- und Krankenpfleger/-innen gestellt (vgl. Abbildung 2).

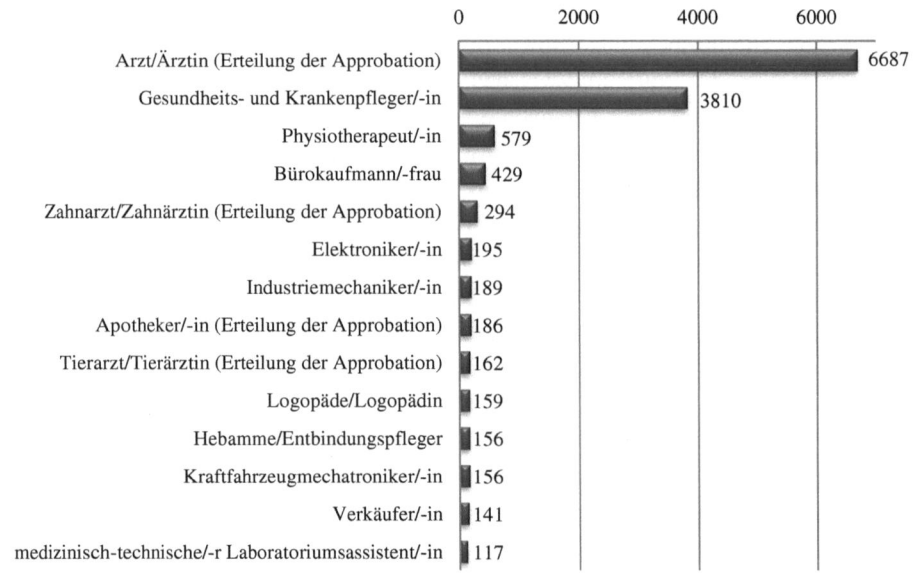

Abbildung 2: Antragstellungen zu den fünfzehn häufigsten Referenzberufen im Jahr 2013, Auswertungen des statistischen Bundesamts.

5 Perspektiven der Anerkennungsberatung

Durch die gesetzlichen Neuerungen sind bereits die Grundlagen gelegt für die Erreichung der eingangs beschriebenen Ziele, das inländische Qualifikationspotenzial besser zu nutzen und die Attraktivität Deutschlands für qualifizierte Fachkräfte aus dem Ausland zu erhöhen. Aus den Daten der Anerkennungsberatung geht hervor, dass das Anerkennungsgesetz des Bundes und seine begleitenden Maßnahmen vor allem Personen anspricht, deren Qualifikationspotenzial aktuell nicht optimal genutzt wird. So zeigen die statistischen Auswertungen, dass sich die mitgebrachten ausländischen Qualifikationen zum Teil tatsächlich mit den von der Bundesagentur für Arbeit identifizierten Fachkräftebedarfen decken: Fachkräfteengpässe werden gegenwärtig vor allem in technischen sowie Gesundheits- und Pflegeberufen konstatiert (vgl. Bundesagentur für Arbeit, 2014, S. 3). Auch dass Anerkennungsberatung häufiger von Frauen in Anspruch genommen wird, ist vor dem Hintergrund der geringen Erwerbsbeteiligung von Frauen mit Migrationshintergrund ein Indiz dafür, dass mit dem Anerkennungsgesetz bislang unerschlossene Qualifikationsreserven mobilisiert werden (vgl. Benzer & Hauck, 2014, S. 22). Denn nur etwa die Hälfte (52,8 Prozent) aller Frauen und 67,4 Prozent der Männer im erwerbsfähigen Alter mit Migrationshintergrund sind erwerbstätig, während 68,4 Prozent der Frauen und 77,2 Prozent der Männer ohne Migrationshintergrund einer Beschäftigung nachgehen (vgl. BAMF, 2011, S. 25). Von allen Personen, die bundesweit einen Antrag auf Anerkennung stellten, verfügt fast die Hälfte über eine Qualifikation aus einem Drittstaat, etwa 40 Prozent sind Staatsangehörige von Ländern außerhalb der EU, des EWR bzw. der Schweiz. Durch das Anerkennungsgesetz des Bundes wurden für diese Personengruppen die Möglichkeiten, ihre Qualifikation anerkennen zu lassen, ausgeweitet. Ein weiter Hinweis dafür, dass das Anerkennungsgesetz Personen anspricht, deren Potenzial aktuell nicht optimal genutzt wird, ist die Tatsache, dass über zwei Drittel (66,9 Prozent) der Anerkennungssuchenden angaben, zum Zeitpunkt der Beratung nicht erwerbstätig zu sein. Nur etwa jeder Sechste (12,7 Prozent) hat eine sozialversicherungspflichtige abhängige Beschäftigung (vgl. Hoffmann & Tatarlieva, 2014, S. 3). Das verdeutlicht ebenso, dass der Anteil derjenigen, die derzeit nicht in den deutschen Arbeitsmarkt integriert sind, beträchtlich ist. Die Anerkennung ihres ausländischen Abschlusses kann ihre qualifikationsadäquate Integration in den Arbeitsmarkt erleichtern.

Und doch bleibt weiterhin einiges zu tun, um die Potenziale des Gesetzes noch besser auszuschöpfen. Erfahrungen aus der Anerkennungsberatung zeigen vor allem drei Aspekte, aus denen sich Handlungsbedarf ergibt:

- **Qualitätsentwicklung:** Die Beratungsangebote sind institutionell unterschiedlich verankert und differieren hinsichtlich ihrer Beratungsdienstleistungen. Auch die Beratungsinhalte lassen sich häufig nicht klar voneinander trennen, da beispielsweise im Prozess der Anerkennung einer beruflichen Qualifikation sowohl eine Anerkennungsberatung als auch eine Weiterbildungsberatung erfolgen kann. Die Beratenden bedürfen demzufolge spezifischer Kompetenzen, um die Anliegen in der Beratung zielgerichtet bearbeiten zu können (vgl. Hauck & Hoffmann, im Erscheinen). Um diese Anforderung zu erfüllen, muss die Professionalisierung der Beratenden gefördert und eine kontinuierliche Personalentwicklung sichergestellt werden. Gegenwärtig gibt es noch keine allgemein anerkannten und verbreiteten Qualitätskriterien für Anerkennungsberatung: die Qualität wird nur teilweise über unterschiedliche Qualitätsmanagementsysteme abgesichert. Zukünftig muss demzufolge die Weiterentwicklung von Ansätzen und Instrumenten übergreifend vorangetrieben werden und eine stärkere Anbindung an bestehende Qualitätsmanagementsysteme erfolgen, da Anerkennungsberatung voraussichtlich auch künftig kein eigenständiges Beratungssegment werden wird.

- **Ausgleichsmaßnahmen:** Wie aus den Verfahrensabläufen und den möglichen Ergebnissen in der Anerkennungsberatung hervorgeht, wird im Rahmen eines Verfahrens der Qualifizierungsbedarf identifiziert, da nicht nur die vorhandenen Fertigkeiten und Kenntnisse, sondern auch die im Vergleich zur deutschen Qualifikation bestehenden Unterschiede transparent gemacht werden. Dadurch ist die Nachfrage nach Qualifizierungsmaßnahmen gestiegen, die die wesentlichen Unterschiede beheben sollen. Allerdings unterscheiden sich die Maßnahmen stark, was zum einen auf die Differenzen der Berufsausbildungen in den Herkunftsländern zurückzuführen ist und zum anderen auf die Unterschiede in der persönlichen Berufserfahrung, welche zur Prüfung der Gleichwertigkeit herangezogen wird. So divergierend die wesentlichen Unterschiede sind, so individuell unterschiedlich gestaltet sich auch der erforderliche Qualifizierungsbedarf. Damit zukünftig ein ausreichendes Angebot für alle Bedarfe zur Verfügung steht, müssen die Maßnahmen sowohl in quantitativer als auch in qualitativer Hinsicht weiterentwickelt werden. Dieser Aufgabe widmet sich seit Anfang 2015 das bundesweite Förderprogramm „Integration durch Qualifizierung (IQ)", indem schwerpunktmäßig Qualifizierungsmaßnahmen für Personen mit ausländischen Abschlüssen, z.B. für reglementierte medizinische und pädagogische Berufe oder auch Akademiker/-innen, konzipiert und durchgeführt werden sollen.

- **Potenzialanalysen:** Das Anerkennungsgesetz zielt ausschließlich auf formale Abschlüsse. Zwar wurden durch dieses Gesetz wichtige Veränderungen für eine Verbesserung der Situation von Menschen mit Migrationshintergrund auf dem Arbeitsmarkt in Deutschland angestoßen; jedoch können verschiedene Migrantengruppen – wie zum Beispiel Geringqualifizierte – von dieser Gesetzesänderung kaum profitieren, da diese Personengruppe oftmals keine formalen Abschlüsse nachweisen kann (vgl. Müller, im Erscheinen, S. 3). Dieses Problem betrifft außerdem Menschen mit Migrationshintergrund, deren Abschluss nicht oder nur teilweise anerkannt wird, die längere Zeit nicht in ihrem erlernten Beruf tätig waren oder Personen, die keine oder unzureichende Papiere zum Nachweis ihres Abschlusses bei sich haben. In diesen Fällen muss der Erfassung und Anerkennung informell und non-formal erworbener Kompetenzen durch Potenzialanalysen bzw. Kompetenzfeststellungsverfahren[44] eine größere Bedeutung beigemessen werden, um auch das Potenzial derjenigen ohne (nachweisbare) formale Abschlüsse nutzbar zu machen.

---

[44] Potenzialanalysen bzw. Kompetenzfeststellungen verfolgen das Ziel, unter Anwendung von geeigneten Verfahren Verhaltensweisen zu analysieren, die Menschen zur Bewältigung von Aufgaben in spezifischen Situationen an den Tag legen. Es wird sich bei den Verfahren aus diesem Grund auf die Analyse von Verhaltensweisen durch Interviews, Arbeitsproben, Testverfahren, Biografie-orientierte Methoden, Profiling oder Assessment-Center fokussiert, deren Auswertung als Selbst- oder Fremdeinschätzung vorgenommen werden kann (Kucher & Wacker, 2011, S. 164; IQ-Facharbeitskreis Kompetenzfeststellung, 2008, S. 9).

Literaturverzeichnis

Baderschneider, A. & Döring, O. (2012). Anerkennungsberatung und Vernetzung im Förderprogramm „Integration durch Qualifizierung (IQ)". *BWP 5/2012*, 19-22.

BAMF (Bundesamt für Migration und Flüchtlinge) (2011). Integrationsreport – Migranten am Arbeitsmarkt in Deutschland, *Working Paper 36.*

Benzer, U. & Hauck, S. (2014). Anerkennungsgesetz: Fachkräfte – eine erste Bilanz. *neue caritas*, 20-22.

BMBF (Bundesministerium für Bildung und Forschung) (2012). *Erläuterungen zum Anerkennungsgesetz des Bundes.* Berlin.

Bundesagentur für Arbeit (BA) (2014). *Der Arbeitsmarkt in Deutschland – Fachkräfteengpassanalyse.* Nürnberg.

Döring, O. & Hoffmann, J. (im Erscheinen). Anerkennungsberatung. In: W. Giesecke & D. Nittel (Hrsg.): *Pädagogische Beratung über die Lebensspanne. Ein Handbuch.*

Fohrbeck, D. (2012). Anerkennung ausländischer Berufsqualifikationen – das neue Anerkennungsgesetz des Bundes. *BWP 5/2012*, 6-10.

Grau, M. (2012). Wertschätzung im Ausland erworbener Kompetenzen – Das neue Anerkennungsgesetz und seine Umsetzung. *W&B – Wirtschaft und Beruf, 64 (3)*, 29-37.

Hauck, S. & Hoffmann, J. (im Erscheinen). Potenziale von Menschen mit Migrationshintergrund nutzen. Diversity-Kompetenz in der beschäftigungsorientierten Beratung. In: T. Ringeisen & P. Genkova (Hrsg.): *Gegenstandsbereiche der Diversity Kompetenz.*

Hoffmann, J. & Tatarlieva, A. (2014). *Jahresbericht 2014: Dokumentation der Anerkennungsberatung (NIQ-Datenbank).* Unveröffentlichtes Manuskript. Nürnberg.

IQ-Facharbeitskreis Kompetenzfeststellung (2008). *Praxishandreichung. Qualitätsstandards und migrationsspezifische Instrumente zur Kompetenzfeststellung und Profiling.* Augsburg.

Kucher, K. & Wacker, N. (2011). Kompetenzfeststellung für Migrantinnen und Migranten – Ansatzpunkte, Problemfelder und Handlungsperspektiven. In: Bundesinstitut für Berufsbildung (BIBB) (Hrsg.): *Migration als Chance. Ein Beitrag der beruflichen Bildung.* (161-174). Bielefeld: W. Bertelsmann Verlag.

Müller, B. (im Erscheinen). *Erfolgsfaktoren für eine Potenzialanalyse in der Bildungsberatung von Migranten/-innen. Im Auftrag der Bertelsmann-Stiftung.* Gütersloh.

Riesen, I., Werner, D., Zetsche, I. & Klempert, A. (2010). *Machbarkeitsstudie zum Aufbau eines berufs- und länderübergreifenden Informationsportals (Datenbank) zur Erschließung der Beschäftigungspotenziale von Migrantinnen und Migranten.* Köln.

Statistisches Bundesamt (2013). Bevölkerung und Erwerbstätigkeit. *Fachserie 1, Reihe 2.2.* Wiesbaden.

Statistisches Bundesamt (2014). Statistik zum Bundesgesetz. unter http://www.anerkennung-in-deutschland.de/html/de/statistik_zum_bundesgesetz.php. Letzter Zugriff am 11.02.2015

4 Informell und non-formal erworbene Kompetenzen anerkennen: Das BQFG als Ansatzpunkt

Julia Behrens

1 Einführung: Versuch einer Standortbestimmung 40
2 Die Qualifikationsanalyse als kompetenzorientiertes Verfahren im BQFG . 43
3 Kompetenzanerkennung in Europa – good practice Beispiele 45
4 Ansätze zur Kompetenzfeststellung in Deutschland 46
5 Kompetenzanerkennung im BQFG – Versuch einer Synthese 48
Literatur 50

1 Einführung: Versuch einer Standortbestimmung

Mit April 2012 ist das Bundesqualifikationsfeststellungsgesetz (BQFG), oder auch Anerkennungsgesetz genannt, in Kraft getreten. Das BQFG markiert einen Meilenstein und Wendepunkt in der Debatte um die Anerkennung ausländischer Qualifikationen. Erstmals besteht ein grundsätzlicher Rechtsanspruch auf ein Prüfungsverfahren, inwieweit ein ausländischer Bildungsabschluss in Deutschland vollständig oder in Teilen anerkannt werden kann. Ein großer Schritt in die richtige Richtung, wenngleich das BQFG keinen Anspruch auf Anerkennung, sondern lediglich auf ein Prüfungsverfahren zu einer möglichen Anerkennung regelt.

Um die Tragweite dieser Neuerung zu verstehen, ist ein Blick zurück notwendig. Vor in Kraft treten des BQFG war die Anerkennung eines ausländischen Abschlusses im Sinne einer Gleichwertigkeitsfeststellung einer ausländischen Berufsqualifikation rechtlich nicht vorgesehen. Zuwanderer hatten keine Möglichkeit, eine verbriefte und von offizieller Seite institutionell bestätigte Gleichwertigkeit ihrer Abschlüsse zu erwirken.

Freilich bestanden auch vormals Praktiken des Abgleichs ausländischer Abschlüsse mit den möglichen deutschen Pendants, sei es durch potentielle Arbeitgeber im Verlauf eines Bewerbungsprozesses oder durch die Übersetzung von Zeugnissen im Rahmen einer Beratung durch die Zentralstelle für ausländisches Bildungswesen (ZAB). Eine rechtliche Verbindlichkeit im Sinne einer staatlichen Anerkennung war damit aber nicht verbunden. Jedoch ein oft langwieriger, intransparenter Prozess, der hohe Eigeninitiative und Frustrationstoleranz bei den Betroffenen erforderte und sie ohne Unterstützung eines deutschen Muttersprachlers vor erhebliche Probleme stellen konnte. Verständlich also, wenn viele diesen Schritt scheuten.

Der deutsche Arbeitsmarkt ist jedoch sehr zertifikatsorientiert. Eine qualifizierte Tätigkeit ohne den entsprechenden Abschluss auszuüben mag theoretisch möglich sein. Faktisch ist das offizielle Abschlusszertifikat jedoch in der Regel das Ausschlusskriterium Nummer 1 bei der Besetzung von (qualifizierten) Stellen.

Das BQFG schließt hier – längst überfällig – eine wichtige Lücke, indem die Gleichwertigkeitsfeststellung als Prüfverfahren zu Grunde gelegt wird, dem bei positiver Bewertung eine vollständige Anerkennung des ausländischen Abschlusses folgt und damit etwa im Fall reglementierter Berufe die Erlaubnis, diese Berufe auch in Deutschland auszuüben. Teilanerkennungen können über entsprechende Nachqualifizierungen in vollwertig anerkannte berufliche Qualifikationen, die den deutschen Vorgaben entsprechen, überführt werden. Es ist anzunehmen, dass eine entsprechende staatliche Anerkennung auch den Einstieg in ein qualifiziertes Arbeitsverhältnis ebnet, selbst wenn es sich um eine nicht reglementierte Tätigkeit handelt, die prinzipiell keine staatliche Anerkennung erfordert.

Das BQFG ist damit ein arbeitsmarktpolitisches Instrument für jene, die einen qualifizierten Abschluss mitbringen, der in seiner Grundstruktur eine möglichst große Passung mit dem deutschen Referenzberuf mitbringt. Für diejenigen, die keinen formal anerkannten Abschluss aus ihrem Herkunftsland mitbringen, ist das BQFG jedoch noch keine Lösung. Denn diejenigen, die eine solche Qualifikation nicht mitbringen, fallen schlicht nicht in den Zuständigkeitsbereich des BQFG. Ohne Chance auf Anerkennung bleiben also all jene, die keine berufliche Ausbildung absolviert, aber viele Jahre gearbeitet und sich ihre beruflichen Kenntnisse „on-the-job" angeeignet haben. Eine Anerkennung bleibt aber auch Menschen mit einer Ausbildung verwehrt, nämlich dann, wenn diese nicht „staatlich" anerkannt ist. Dies trifft auf viele Herkunftsländer zu, die kein so ausdifferenziertes und institutionalisiertes staatliches System der (dualen) Berufsausbildung haben wie in Deutschland.

So sehr wir auch im Ausland für unsere duale Berufsausbildung bekannt sind, so gilt jedoch für die meisten Länder dieser Welt, dass es ein solches System dort nicht gibt. Hier offenbart sich eine potentielle Bruchstelle in der grundsätzlichen Anlage des BQFGs, die sich in der Bestimmung des Referenzberufs zuspitzt. Der Referenzberuf markiert die Ausgangsposition für den Prozess der Gleichwertigkeitsfeststellung. Die Prüfung erfolgt anhand des deutschen Äquivalenzcurriculums des Referenzberufs. Dabei wird deutlich, dass das BQFG in formalen Strukturen und Logiken agiert, die zertifikatsorientiert sind.

Was jemand aber tatsächlich kann, welche Kompetenzen er mitbringt, gerät in den Hintergrund. Migranten sind auch heute noch – unabhängig von ihrer Qualifikation – deutlich häufiger von Arbeitslosigkeit betroffen als Deutsche ohne Migrationshintergrund. 2014 verzeichnete die Arbeitslosenstatistik der Arbeitsagentur knapp 3 Mio. arbeitslose Menschen in Deutschland. Etwa 34,8% davon waren arbeitslose Menschen mit Migrationshintergrund. Das ist kein neues Problem. Menschen mit Migrationshintergrund sind schon lange doppelt so häufig von Arbeitslosigkeit betroffen wie Menschen ohne Migrationshintergrund.[45]

Etwa 64% dieser Personengruppe gelten als geringqualifiziert, da sie keinen formalen Berufsabschluss haben. Damit ist der Anteil der arbeitslosen geringqualifizierten Menschen mit Migrationshintergrund in Deutschland fast doppelt so hoch wie der Anteil arbeitsloser geringqualifizierter Menschen ohne Migrationshintergrund.[46] Von dieser Gruppe wiederum ist ein knappes Drittel im Alter zwischen 35 und 45, könnte also noch mindestens 20 bis 30 Jahre erwerbstätig sein. Ohne formale Qualifikation stehen ihnen in Deutschland meist nur unqualifizierte Tätigkeiten offen, wenn überhaupt.[47]

Die vorherrschende ausschließliche Fokussierung auf Zertifikate verkennt jedoch, dass auch Zeugnisse letztlich nur begrenzte Aussagekraft über die eigentlichen Kompetenzen einer

---

[45] vgl. BAMF, 2011.
[46] vgl. Bundesagentur für Arbeit, 2014.
[47] ebd.

Person besitzen. In den letzten Jahren ist viel über den Kompetenzbegriff und entsprechende Kompetenzmodelle geforscht und publiziert worden.[48] Auch, wenn definitorisch noch nicht abschließend geklärt ist, was als Kompetenz verstanden werden soll, so besteht doch sowohl in der Praxis als auch in der Forschung ein grundsätzlicher Konsens darüber, dass Kompetenzen im weitesten Sinne zu beschreiben sind als „die bei Individuen verfügbaren oder durch sie erlernbaren kognitiven Fähigkeiten und Fertigkeiten, um bestimmte Probleme zu lösen, sowie die damit verbundenen motivationalen, volitionalen und sozialen Bereitschaften und Fähigkeiten, um die Problemlösungen in variablen Situationen erfolgreich und verantwortungsvoll nutzen zu können."[49]

Unterschieden wird dabei häufig in Sozial-, Fach-, Methoden- und personale Kompetenzen. Der Blick auf Kompetenzen im Kontext von Bildung und Arbeit stellt damit einen fundamentalen Wandel in der Blickrichtung dar, weg vom inputorientierten Trichterdenken hin zum outputorientierten Performanzdenken: nicht was jemand für Zertifikate vorlegt ist wichtig, sondern was er wirklich kann. Nicht mehr wo jemand etwas gelernt hat ist relevant, sondern dass er es tatsächlich beherrscht. Grundsätzlich steht der Wandel in Richtung Kompetenzorientierung für eine veränderte Denkweise in Bezug auf Lehr-Lernprozesse zu Gunsten einer Lernzielorientierung, was vor allem wertschätzt, dass Menschen den Großteil ihres Wissens in nicht-organisierten Lernformen erwerben.

Insbesondere für Zuwanderer ist dies eine wichtige Entwicklung, etwa für diejenigen Menschen, die derzeit nicht unter die Regelungen des BQFG fallen, etwa weil sie keine formale Qualifikation mitbringen, aber auf non-formalem und informellem Weg Kompetenzen erworben haben, die sie beruflich einbringen möchten. Ohne ein formales Zertifikat haben sie in Deutschland kaum berufliche Chancen.

Die Europäische Kommission arbeitet seit den frühen 2000er Jahren deutlich auf die Möglichkeit der Anerkennung von Kompetenzen hin. Non-formal und informell erworbenes Wissen wurde bereits in verschiedenen Empfehlungen und Dokumenten der Europäischen Kommission wertgeschätzt.[50] Seit einigen Jahren ist die Anerkennung eben solch non-formal und informell erworbenen Wissens politisches Ziel. Anerkennung meint dabei eine entsprechend formale, institutionalisierte Anerkennung, die jemandem die eigenen Kompetenzen in einem bestimmten Bereich bestätigt und über diese Bestätigung in formalen und qualifikationsorientierten Kontexten nutzbar macht. Das ist nicht nur für die binneneuropäische Mobilität von großer Bedeutung, sondern auch für die Möglichkeit eines sozialen Aufstiegs im Sinne einer zweiten Bildungschance, geht damit doch eine Erhöhung der Durchlässigkeit innerhalb nationaler Bildungssysteme einher.

---

[48] vgl. z.B. Annen, 2012, Dehnbostel, 2011, Heisig/Solga, 2013.
[49] Weinert, 2001, S. 27f.
[50] vgl. z.B. Europäische Kommission, 2000.

Dabei besteht sowohl in Wissenschaft und Praxis als auch Politik weitgehend Einigkeit über die Relevanz und das Potential von Kompetenzanerkennung. Es sind jedoch noch viele Fragen offen, etwa wie die Kompetenzbeschreibung, die Feststellung und die Anerkennung operationalisiert werden können und zwar für jeden einzelnen Beruf. Entsprechende Projekte zur Kompetenzorientierung in Ausbildungsordnungen wurden bereits pilotiert.[51]

Die europäische Initiative ESCO[52] arbeitet an der Etablierung eines umfassenden Kompetenzkatalogs für verschiedenste Berufsbilder. Der weitreichendste politische Schritt in diesem Kontext dürfte jedoch die Empfehlung des Rats der Europäischen Union vom Dezember 2012 sein.[53] Bis 2018 ist die Anerkennung von Kompetenzen auf nationalstaatlicher Ebene in allen Mitgliedsstaaten rechtlich verbindlich einzuführen. Entsprechend sind alle Mitgliedsstaaten gehalten, analog zum Europäischen Qualifikationsrahmen, einen Rahmen für die Anerkennung von Kompetenzen zu entwickeln, der 2018 verbindlich in Kraft tritt.

Gerade für Menschen mit Migrationshintergrund, die keinen formalen Abschluss vorweisen können, stellt die Möglichkeit der Kompetenzanerkennung einen wichtigen Türöffner für den Zugang zum Arbeitsmarkt dar. Bleibt die Frage der rechtlichen Verankerung der Möglichkeit zur Kompetenzanerkennung. Das BQFG §14 bietet hier ggf. einen interessanten Ansatzpunkt.

2   Die Qualifikationsanalyse als kompetenzorientiertes Verfahren im BQFG

Der Paragraph 14 des BQFG sieht vor, dass die Feststellung der Gleichwertigkeit eines ausländischen Abschlusses im Vergleich zum deutschen Referenzberuf unter bestimmten Umständen auch ohne die normalerweise notwendigen Unterlagen wie Zeugnisse etc. erfolgen kann. Konkret bedeutet das: wenn jemand keine ausreichenden Unterlagen vorweisen kann, die seine Qualifikationen belegen, dann besteht unter bestimmten Voraussetzungen grundsätzlich die Möglichkeit eine praktische Prüfung zu absolvieren, um die Gleichwertigkeit festzustellen. Diese Möglichkeit der Qualifikationsanalyse ist z.B. für Menschen interessant, die aus Krisengebieten stammen und deshalb nicht die Möglichkeit haben, fehlende Unterlagen bei der ausstellenden Institution im Heimatland zu beantragen.

Der §14 des BQFG stellt also ein im Ansatz kompetenzbasiertes Verfahren zur Feststellung der Gleichwertigkeit eines ausländischen Abschlusses dar. Innerhalb dieses eng gesteckten Rahmens erlaubt das BQFG also auch in seiner jetzigen Form schon ein kompetenzorientiertes Vorgehen. Dieses Vorgehen steht jedoch nur für diejenigen Menschen offen, die glaubhaft nachweisen können, dass sie einen beruflichen Abschluss mit staatlicher Aner-

---
[51] vgl. BiBB, 2009.
[52] vgl. https://ec.europa.eu/esco/home.
[53] vgl. Rat der Europäischen Union, 2012.

kennung besitzen. Insofern schließt das BQFG derzeit all diejenigen aus, die zwar Kompetenzen in einem bestimmten beruflichen Feld nachweisen könnten, wenn man sie ließe, die das aber nicht im Rahmen des BQFG und mit dem Resultat einer Feststellung der Gleichwertigkeit dürfen, weil ihnen ein formaler Abschluss fehlt. Die Qualifikationsanalyse kann also als implizite Form der Kompetenzanerkennung bezeichnet werden.

Die Qualifikationsanalyse erfordert eine praktische Prüfung, die von den Kammern durchgeführt wird. Das vom Bundesbildungsministerium geförderte Projekt „Prototyping",[54] das von den Handwerkskammern durchgeführt wurde, hat ein Prüfverfahren entwickelt, das im Rahmen der Qualifikationsanalyse unabhängig vom konkreten Referenzberuf Anwendung finden soll. Im Pilotprojekt wurden Handreichungen für die Durchführung der praxisorientierten Prüfungen entwickelt. Dabei legen die von den Kammern gestellten Gutachter die Aufgaben für die praktische Prüfung sowie Umfang, Ort und Zeitpunkt fest. Ebenso wurden Kriterien für die Beurteilung des Prüflings als auch für die Auswahl der Gutachter entwickelt, die die Prüfungsleistung abnehmen.

Bisher sind die Verfahren zur Prüfung im Rahmen des §14 BQFG nicht einheitlich geregelt. Die Hoheit über die Prüfungsformate etc. liegt bei den zuständigen Stellen, also den jeweiligen Kammern, in deren Zuständigkeit der identifizierte deutsche Referenzberuf fällt. Entsprechend kann das Prüfungsverfahren theoretisch in jedem Einzelfall anders ausfallen. Die Handwerkskammern haben sich jedoch in ihrem gemeinsamen Pilotprojekt „Prototyping" auf ein Verfahren verständigt, das für alle Handwerkskammern verbindlich ist.

Die entwickelten Materialien wurden in einer Testphase praktisch getestet und stehen nun für den flächendeckenden Einsatz zur Verfügung. Inwieweit sich das Verfahren als Standard etabliert, bleibt abzuwarten, allerdings ist die Initiative positiv zu bewerten.

Nichts desto trotz bleit die Problematik, dass der §14 BQFG nur auf eine sehr kleine Personengruppe anwendbar bleibt. 2013 wurden nur 60 Verfahren durchgeführt[55] – eine verschwindend kleine Zahl angesichts der Zahl von 26.466 Anträgen auf Gleichwertigkeitsprüfung seit Einführung des BQFG 2012.[56] Dass das nicht so bleiben muss, zeigen im Folgenden Beispiele aus unseren europäischen Nachbarländern, in denen die Möglichkeit zur Kompetenzanerkennung bereits breit umgesetzt ist.

---

[54] http://www.handwerk-nrw.de/aus-und-weiterbildung/initiativen-des-whkt/prototyping.html.
[55] BMBF 2015, S. 28.
[56] BMBF 2015, S. 21.

3 Kompetenzanerkennung in Europa – good practice Beispiele

Dass Deutschland ein Einwanderungsland ist, wissen wir schon deutlich länger als es in der (politischen) Debatte thematisiert wird. Das gilt natürlich auch für viele andere europäische Länder. Entsprechend lohnt sich ein Blick in diejenigen Staaten, die die Anerkennung von non-formal und informell erworbenen Kompetenzen bereits etabliert haben und zwar gleichermaßen für Inländer wie für Zugewanderte.

Im Folgenden werden deshalb schlaglichtartig einige Verfahren im europäischen und außereuropäischen Ausland betrachtet, die die Anerkennung von non-formal und informell erworbenen Kompetenzen regeln.[57] Dabei ist keine erschöpfende Betrachtung möglich, es geht vielmehr darum, einzelne besondere Regelungen aufzugreifen und kurz darzulegen.

Frankreich: bilain des competences
In Frankreich etwa besteht seit 2002 durch das *Loi de modernisation sociale* eine gesetzliche Grundlage zur Anerkennung von non-formal und informell erworbenen Kompetenzen.[58] Demnach hat jede Person, die seit mindestens drei Jahren einer bezahlten, unbezahlten oder ehrenamtlichen Tätigkeit nachgeht, das Recht, sich im Rahmen einer Validation des Acquis de l'Expèrience (VAE) ihre Kompetenzen anerkennen zu lassen. Dabei ist es unerheblich, ob über die Validierung ein anerkanntes Zertifikat angestrebt wird oder es lediglich darum geht, die eigenen Kompetenzen in Form eines Portfolios bestätigen zu lassen. Prinzipiell aber führt das Verfahren zum Erwerb eines Zertifikats, das der Erstausbildung gleichartig ist. Auf diese Weise kann ein staatlich anerkannter, berufsqualifizierender Abschluss erlangt werden, ohne eine formale Ausbildungszeit durchlaufen zu müssen.

2014 wurde das Gesetz erweitert, so dass es nun auch möglich ist, non-formal und informell erworbene Kompetenzen auf einem Bildungskonto zu sammeln und so die Möglichkeit zu haben, formale Bildungszeiten zu verkürzen, wenn der Nachweis der Kompetenzen ausreichend belegt ist. Die Möglichkeit zur Kompetenzanerkennung besteht unabhängig vom Migrationsstatus. Frankreich ist damit auf der rechtlichen Ebene Deutschland einen großen Schritt voraus, als dass nicht nur ein Rechtsanspruch auf ein Verfahren im besteht, sondern auch ein Anspruch auf Anerkennung. Dabei darf das Verfahren nicht nur einmalig, sondern alle zwei Jahre wieder durchlaufen werden. Auf diese Weise wird dem kontinuierlichen Lernen Rechnung getragen.

---

[57] vgl. Bertelsmann Stiftung, 2015.
[58] http://legifrance.gouv.fr/affichTexte.do?cidTexte=JORFTEXT000000408905&dateTexte= &categorieLien=id.

Skandinavien: weitreichende rechtliche Regelungen

In Norwegen wurden mit dem Education Act von 1998[59] ähnlich weitreichende rechtliche Regelungen wie in Frankreich eingeführt. Auch in Dänemark besteht mit dem Act No. 556 (2007) „Development of the Recognition of prior learning in adult education and continuing training"[60] ein solches umfassendes Recht auf die Validierung informell erworbener Kompetenzen. Finnland hat mit dem „Vocational Education and Training Act" und dem „Adult Education Act" von 1998[61] umfassende gesetzliche Regelungen für die Validierung nonformal und informell erworbener Kompetenzen eingeführt. Zusätzlich zu dem rechtlichen Verfahren wird darin außerdem ein Anspruch auf eine entsprechende Beratung im Vorfeld des eigentlichen Prüfungs- und Anerkennungsverfahrens festgeschrieben. So können sich Interessenten bereits frühzeitig über ihre Chancen informieren, ebenso können sie in Erfahrung bringen, welche Unterlagen noch beizubringen sind oder wo noch Kenntnislücken bestehen, um diese bis zum vereinbarten Prüfungstermin zu schließen.

Zusätzlich gibt es finanzielle Unterstützung. Hier werden öffentliche Gelder zur Förderung eingesetzt.[62]

Finnland: competence-based qualifications

Das finnische Verfahren competence-based qualifications (cbq) führt ebenfalls wie das Französische zu einem formalen Zertifikat, das gleichartig zum regulären Berufsabschluss ist.[63] Eine weitere Besonderheit: es handelt sich um eine Praxisprüfung, die in der Regel in der Nähe des Wohnorts des Prüflings durchgeführt wird. Die Prüfungsabnahme erfolgt durch Fachexperten, die in Deutschland den Gutachtern bei einer IHK/HWK-Prüfung entsprechen würden. Das finnische Verfahren kommt damit den Bedürfnissen der potentiellen Nutzer stark entgegen und sorgt so dafür, dass die Anwendung für prinzipiell jeden unabhängig von seinem Wohnort oder seiner sozialen Situation möglich ist.

4   Ansätze zur Kompetenzfeststellung in Deutschland

Auch wenn es in Deutschland bisher keine so weitreichenden Ansätze zur Validierung nonformal und informell erworbener Kompetenzen gibt, so zeigen die obigen Beispiele aus dem Ausland doch gute Ansätze zur Etablierung. Deutlich wird dabei, dass es einerseits um eine rechtliche Verbindlichkeit und Verankerung gehen muss, die Sicherheit über Verfahren und Möglichkeiten und die spätere Verwertbarkeit von Zertifikaten gibt. Andererseits geht es um die Begleitung und Betreuung vor und während des Anerkennungsprozesses, der große Bedeutung für die erfolgreiche Absolvierung eines Prozesses zukommt. Insbesondere in der

---

[59] https://www.regjeringen.no/contentassets/b3b9e92cce6742c39581b661a019e504/education-act-norway-with-amendments-entered-2014-2.pdf.
[60] http://english.eva.dk/publications/validation-of-prior-learning-within-adult-education-in-denmark/download.
[61] http://www.oph.fi/download/131431_vocational_education_and_training_in_finland.pdf.
[62] http://www.oph.fi/download/156393_Competence-based_qualification_guide_2.pdf.
[63] vgl. Bertelsmann Stiftung, 2015, S. 47.

Arbeit mit Menschen mit Migrationshintergrund ist die Beratung essentiell, da hier keine detaillierten Kenntnisse über das deutsche Bildungssystem vorausgesetzt werden können.

Projekte wie Prototyping zahlen vor allem auf den Aspekt eines transparenten, kompetenzorientierten Prüfungsverfahrens ein, das dezentral von den entsprechenden Fachexperten abgenommen werden kann und – da es im §14 des BQFG verankert ist, einem formal anerkannten Zertifikat derzeit am nächsten kommt, auch wenn diese Regelung in ihrer Reichweite nicht mit den französischen oder skandinavischen Ansätzen vergleichbar ist.

Unterhalb rechtlicher Regelungen mit entsprechender Verbindlichkeit wird in der bildungs- und berufsbezogenen Beratung häufig mit sogenannten Kompetenzpässen gearbeitet, wenn es darum geht festzustellen, welche Kompetenzen ein Mensch im Verlauf seines Lebens auf non-formalem und informellem Weg erworben hat. Beispielhaft sei hier etwa auf den ProfilPass[64] als Instrument der Kompetenzfeststellung oder die KomBi-Laufbahnberatung[65] verwiesen, die speziell für die Arbeit mit Menschen mit Migrationshintergrund entwickelt wurden. Beide Ansätze zählen zu den Portfolioansätzen, die anhand von zu bearbeitenden Fragebögen, welche sich am Lebenslauf eines Menschen orientieren, ein auf Selbstreflektion basierendes Kompetenzportfolio erstellen.

Das große Verdienst solcher Instrumente besteht darin, die systematische, gebündelte und aufbereitete Darstellung von non-formal und informell erworbenen Kompetenzen überhaupt erst möglich gemacht zu haben. Leider verbleiben die Ansätze jedoch unterhalb jeder rechtlichen Verbindlichkeit. Da die Instrumente zumeist von sich unterscheidenden Kompetenzmodellen und Begrifflichkeiten ausgehen, besteht zudem leider auch keine Vergleichbarkeit zwischen den einzelnen Instrumenten. Zusätzlich basieren alle Einschätzungen auf reiner Selbstreflektion, eine Validierung der Einschätzung durch eine entsprechende Fachinstitution bleibt aus.

Ausgehend von den Bemühungen der europäischen Kommission hinsichtlich der Anerkennung von Kompetenzen auf formale Abschlüsse steht zu erwarten, dass in den nächsten Jahren hier vermehrt Bewegung entstehen wird. Sicher wird es weiterhin verschiedenste Instrumente geben, die zur Erfassung von Kompetenzen eingesetzt werden können. Grundlage für die Verbindlichkeit und Vergleichbarkeit muss jedoch ein Standard sein, der sich allgemeingültig etabliert. Entsprechende Ansätze wie DISCO[66] oder ESCO könnten in den nächsten Jahren einen Rahmen liefern, der hier einen weiten Schritt nach vorne bedeuten würde.

---

[64] http://www.profilpass.de/.
[65] http://kombi-laufbahnberatung.de/.
[66] http://disco-tools.eu/disco2_portal/.

Mit ESCO bemüht sich die Europäische Kommission seit 2010, eine solche Systematik zu erarbeiten und erstellt in einem umfassenden kollaborativen Prozess mit internationalen Fachexperten derzeit eine solche kompetenzbasierte Systematik für alle in Europa bestehenden Berufsfelder. Ziel ist damit nicht nur die eindeutige und vergleichbare Zuordnung von Kompetenzen zu Berufsprofilen, sondern auch die innereuropäische Vergleichbarkeit von Kompetenz- und Berufsprofilen zur Steigerung der Binnenmobilität. [67]

5 Kompetenzanerkennung im BQFG – Versuch einer Synthese

Die europäischen Beispiele haben gezeigt, dass es gute Praxen gibt, mit deren Hilfe die Möglichkeit der Kompetenzanerkennung umgesetzt und in einen rechtlich verbindlichen Rahmen gegossen wurde. Deutschland steht hier noch am Anfang. Der §14 des BQFG bietet einen guten Ansatzpunkt, um die grundsätzliche Option der Kompetenzanerkennung als Alternative zum formalen Berufsabschluss aufzunehmen. Das würde allerdings auch bedeuten, das BQFG breiter zu denken als es bisher angelegt ist und die Fokussierung auf einzig formal anerkannte Berufsqualifikationen sowie die Orientierung am Curriculum bei der Bestimmung des Referenzberufs zu überdenken. Die derzeitigen politischen Bestrebungen auf Ebene der Europäischen Union in Richtung Kompetenzanerkennung werden hier womöglich die entscheidenden Impulse liefern, um eine entsprechende Anpassung vorantreiben zu können. Dies bleibt jedoch abzuwarten.

Jenseits der benötigten rechtlichen Verankerung haben die internationalen Beispiele gezeigt, wie wichtig auch eine qualitativ hochwertige, niedrigschwellige und gut erreichbare Beratung und Betreuung vor und während des Prozesses der Kompetenzanerkennung ist. Mit dem IQ-Netzwerk[68] ist in Deutschland eine Beratungsstruktur geschaffen worden, die bei Fragen rund um die Anerkennung ausländischer Abschlüsse greift. In Deutschland jedoch ist die institutionelle Zuständigkeit in Bezug auf die Anerkennung von Abschlüssen stark ausdifferenziert, um nicht zu sagen zersplittert. Das macht es für Ratsuchende trotz Unterstützung häufig schwer zu erkennen, welche Stellen ihnen bei ihrem Anliegen behilflich sein können.

Hier wird deutlich, wie wichtig es ist, die Anerkennung von Abschlüssen ebenso wie die Anerkennung von Kompetenzen als Prozesskette zu denken. Das betrifft insbesondere die Verzahnung der Beratungsangebote. Schnittstellen entstehen, wo die Zuständigkeit einer Institution endet und die Zuständigkeit einer weiteren Institution beginnt. Bisweilen entstehen hier Grauzonen und Inkongruenzen. Um den Beratungs- und Anerkennungsprozess hier schlüssig gestalten zu können, ist eine Kenntnis dieser Schnittstellen ebenso wichtig wie die

---

[67] ec.europa.eu/social/BlobServlet?docId=13807&langId=en.
[68] http://www.netzwerk-iq.de/netzwerk-iq_start.html.

Verständigung auf ein gemeinsames Vorgehen darüber, wie Kompetenzen festzustellen und anzuerkennen sind. Dabei geht es keinesfalls um eine Gleichmacherei und die Einigung auf ein und dasselbe Instrumentarium für alle. Vielmehr geht es darum, ein Verständnis für die unterschiedlichen Logiken und Vorgehensweisen zu entwickeln.

Ob die Anerkennung von Kompetenzen zu einem Erfolgsmodell wird und ob es nachgefragt wird, wird auf der Ebene der praktischen Umsetzung maßgeblich von der Qualität der Beratung und der Feststellungsprozesse abhängen. Wichtig wird hier für die Beratung auch ein entsprechendes Instrumentarium, das kompetenzbasiert und praxistauglich ist.

Gerade Menschen mit Migrationshintergrund dürften von der Kompetenzanerkennung profitieren. Die Ausstellung eines gleichartigen Zertifikats als Ergebnis der Kompetenzfeststellung, wie es in vielen Ländern Europas bereits möglich ist, wird den Einstieg in den ersten Arbeitsmarkt erleichtern und Entwicklungsmöglichkeiten für eine dauerhafte berufliche Perspektive aufzeigen. Die Vermittlung in solide Arbeitsverhältnisse wird erleichtert werden, da Kompetenzanerkennung auch Menschen eine Chance eröffnet, deren Zertifikate nicht mit der Logik des deutschen Ausbildungswesens kompatibel sind. Insofern wird die Vermittlung nicht nur erleichtert, sondern auch qualitativ verbessert, was sowohl für die zu Vermittelnden als auch die potentiellen Arbeitgeber eine große Verbesserung darstellt.

Literatur

Annen, S. (2012). *Anerkennung von Kompetenzen. Kriterienorientierte Analyse ausgewählter Verfahren in Europa.* Bielefeld.

Bertelsmann Stiftung (Hrsg.) (2015). Wenn aus Kompetenzen berufliche Chancen werden. Wie europäische Nachbarn informelles und non-formales Lernen anerkennen und nutzen. Gütersloh. Online [Stand: 12.06.2015]: http://www.bertelsmann-stiftung.de/fileadmin/files/user_upload/LL_Wenn_aus_Kompetenzen_berufl._Chancen_werden_19.05.15.pdf

Bundesagentur für Arbeit (Hrsg.) (2014). Der Arbeitsmarkt in Deutschland – Menschen mit Migrationshintergrund auf dem deutschen Arbeitsmarkt. Arbeitsmarktberichterstattung, Juni 2014. Nürnberg. Online [Stand: 12.06.2015]: http://statistik.arbeitsagentur.de/Statischer-Content/Arbeitsmarktberichte/Personengruppen/generische-Publikationen/Broschuere-Migranten-2014-07.pdf

Bundesamt für Migration und Flüchtlinge (Hrsg.) (2011). Migranten am Arbeitsmarkt in Deutschland. Integrationsreport. Nürnberg. Online [Stand: 12.06.2015]: https://www.bamf.de/SharedDocs/Anlagen/DE/Publikationen/WorkingPapers/wp36-migranten-am-arbeitsmarkt-in-deutschland.pdf?__blob=publicationFile

Bundesinstitut für Berufsbildung (Hrsg.) (2009). Vorschlag für ein Konzept zur Gestaltung kompetenzbasierter Ausbildungsordnungen. Bonn. Online [Stand: 12.06.2015]: http://www.bibb.de/dokumente/pdf/gestaltungskonzept_kompetenzbasierte_ausbildungsordnungen.pdf

Bundesministerium für Bildung und Forschung (Hrsg.) (2015). Bericht zum Anerkennungsgesetz 2015. Berlin. Online [Stand: 12.06.2015]: http://www.bmbf.de/pub/bericht_zum_anerkennungsgesetz_2015.pdf

Bundesministerium für Bildung und Forschung (Hrsg.) (2014). Bericht zum Anerkennungsgesetz. Berlin. Online [Stand: 12.06.2015]: http://www.bmbf.de/pub/bericht_anerkennungsgesetz_2014.pdf

Dehnbostel, P. (2013). Anerkennung informell erworbener Kompetenzen. In: E. Severing & R. Weiß (Hrsg.): *Prüfungen und Zertifizierungen in der beruflichen Bildung.* Bielefeld. S. 99–113.

Heisig, J.P. & Solga, H. (2013). *Kompetenzen und Arbeitsmarktchancen von gering Qualifizierten in Deutschland.* Bielefeld.

Kommission der Europäischen Gemeinschaften (Hrsg.) (2000). Memorandum über Lebenslanges Lernen. Arbeitsdokument der Kommissionsdienststellen. Brüssel. Online [Stand: 12.06.2015]: http://www.die-frankfurt.de/esprid/dokumente/doc-2000/EU00_01.pdf

Rat der Europäischen Union (Hrsg.) (2012). Empfehlung des Rates vom 20. Dezember 2012 zur Validierung nichtformalen und informellen Lernens. Brüssel. Online [Stand: 12.02.2015]: http://eur-lex.europa.eu/LexUriServ/LexUriServ.do?uri=OJ:C:2012:398:0001:0005:DE:PDF

Weinert, F. E. (2001). Vergleichende Leistungsmessung in Schulen – eine umstrittene Selbstverständlichkeit. In: F.E. Weinert (Hrsg.): *Leistungsmessung in Schulen.* Weinheim/Basel.

Teil 3

Anerkennungsbescheide

5 Strukturelle und inhaltliche Veränderungen von Anerkennungsbescheiden vor und nach Inkrafttreten des BQFG: Eine explorative Analyse am Beispiel der Berufe des Erziehers sowie des Gesundheits- und Krankenpflegers

Lucia Mihali, Eva M. Müller, Türkan Ayan

1 Einleitung 56
2 Die Anerkennungsgesetze – Chancen für die Anerkennungspraxis 58
3 Methodisches Vorgehen 59
   3.1 Teilnehmerakquise 59
   3.2 Operationalisierung von Inhalten und Struktur der Anerkennungsbescheide 60
      3.2.1 Inhalt 61
      3.2.2 Struktur 63
4 **Aufbau und Gestaltung der Inhalte** **64**
   4.1 Zuordnung der Bescheide 64
   4.2 Vorhandene Inhalte 65
      4.2.1 Auffälligkeiten über beide Berufsgruppen 65
      4.2.2 Auffällige Unterschiede zwischen den Berufsgruppen und Bundesländern 66
   4.3 Vorhandene Inhaltskategorien und Struktur 66
      4.3.1 Inhaltskategorien 67
      4.3.2 Unterschiede vor und nach BQFG 68
5 **Diskussion und Fazit** **70**
Literaturverzeichnis **73**

1 Einleitung

In den vergangenen Jahren ist eine Zunahme der Mobilität und Wanderungsbewegungen der Arbeitskräfte festzustellen. Der OECD Migrationsbericht aus dem Jahr 2012 verzeichnet einen Anstieg der Immigrationszahlen in den meisten OECD-Ländern. Dieser war in Österreich und Deutschland mit 15 respektive 21 Prozent zwischen Januar und Juni 2011 am höchsten (vgl. OECD, 2012, S. 44 ff.). Auch das aktuelle Wanderungsmonitoring des Bundesamtes für Migration und Flüchtlinge (BAMF) zeigt für die letzten Jahre einen deutlichen Anstieg des Wanderungssaldos in Deutschland von 180.798 Personen im Jahr 2010 auf 517.660 im Jahr 2013 (BAMF, 2014, S. 5).

Mit Blick auf die demografische Entwicklung in Deutschland und die schrumpfenden Bevölkerungszahlen – vor allem für die Personengruppen im erwerbsfähigen Alter – (vgl. Börsch-Supan & Wilke, 2009; Fuchs, Söhnlein & Weber, 2011), ist ein Anstieg der Immigrationszahlen grundsätzlich begrüßenswert. Laut einer aktuellen Studie des Zentrums für Europäische Wirtschaftsforschung (ZEW) im Auftrag der Bertelsmann Stiftung sind die bereits hier lebenden Ausländerinnen und Ausländer sowie Neuzuwanderer allein aufgrund ihrer günstigen Altersstruktur langfristig gewinnbringend für den deutschen Staatshaushalt (vgl. Bonin, 2014). Die ausländischen Erwerbstätigen erwirtschafteten im Jahr 2012 nach Abzug aller Sozialleistungen inklusive Bildungsausgaben einen Gewinn an Steuern und Beiträgen in Höhe von 3.300 Euro pro Kopf, obwohl diese Bevölkerungsgruppe am Arbeitsmarkt mit Nachteilen zu kämpfen hat. „Würde jeder zweite Ausländer dieselben fiskalischen Merkmale wie der Durchschnitt der deutschen Wohnbevölkerung aufweisen, wäre der über den verbleibenden Lebensverlauf der aktuellen Generationen auflaufende Überschuss der Steuern und Beiträge über die Sozialleistungen annähernd viermal so groß" (Bonin, 2014, S. 53).

Der positive Effekt auf den Staatshaushalt kann sich langfristig verstärken, wenn die Neuzuwanderer mehrheitlich mittel und hoch qualifiziert sind. Die Qualifikationsstruktur der Neuzuwanderer hat sich bereits in den letzten Jahren verbessert: Zwischen den Jahren 2005 und 2009 hat sich der Anteil an hochqualifizierten Zuwanderern um mehr als zehn Prozentpunkte (von ca. 30% auf über 40%) erhöht, während sich der Anteil an niedrigqualifizierten im selben Zeitraum um gut 15 Prozentpunkte (von 40% auf ca. 25%) verringert hat (vgl. Bonin, 2014, S. 59). Diese verstärkte Zuwanderung gut und sehr gut Qualifizierter kann u. a. auf die seit 2008 bestehende Wirtschaftskrise zurückgeführt werden, von der vor allem die süd- und südosteuropäischen Länder betroffen sind (vgl. Die Beauftragte der Bundesregierung für Migration, Flüchtlinge und Integration, 2014, S. 149).

Obgleich viele Zuwanderinnen und Zuwanderer gute oder sehr gute Qualifikationen vorweisen, zeigt der aktuelle Bericht zur Lage der Ausländerinnen und Ausländer in Deutschland auch, „dass vorhandene Potenziale noch nicht in vollem Umfang genutzt werden" (Die Beauftragte der Bundesregierung für Migration, Flüchtlinge und Integration, 2014, S. 152). So haben Ausländer in Deutschland trotz eines leichten Rückgangs der Arbeitslosigkeit von

16,6% im Jahr 2009 auf 14,4% im Jahr 2013, nach wie vor ein doppelt so hohes Risiko wie Deutsche (6,2% im Jahr 2013), arbeitslos zu werden. Darüber hinaus sind Menschen mit Migrationshintergrund mit 26,8% doppelt so häufig armutsgefährdet wie Personen ohne Migrationshintergrund (12,3%) und dies unabhängig vom Bildungsstand (vgl. Die Beauftragte der Bundesregierung für Migration, Flüchtlinge und Integration, 2014, S. 30). Der Grund hierfür liegt in der Benachteiligung am Arbeitsmarkt. Diese macht sich u. a. beim beruflichen Status und in der Höhe des Einkommens bemerkbar, was auf eine „strukturelle Diskriminierung hin[deutet], da die Unterschiede nur zu einem Teil durch die Qualifikationsstruktur begründet sein können" (Die Beauftragte der Bundesregierung für Migration, Flüchtlinge und Integration, 2014, S. 161 f.)

In ihrer Studie über die Nutzung der Potenziale von im Ausland qualifizierten Migrantinnen und Migranten im Sozial- und Gesundheitssektor stellen Müller und Ayan fest, dass lediglich 20% der Befragten nach ihrer Einreise sozialversicherungspflichtig in ihrem erlernten Beruf beschäftigt waren. Die Chancen auf eine qualifikationsadäquate Beschäftigung im erlernten Beruf verbessern sich allerdings durch die volle Anerkennung der Qualifikationen (27,6% sozialversicherungspflichtig im erlernten Beruf) (vgl. Müller & Ayan, 2015a, S. 147 f., Beitrag in diesem Band).

Die Anerkennung der ausländischen Abschlüsse ist demnach ein notwendiger erster Schritt für eine schnelle und qualifikationsgerechte Integration in den Arbeitsmarkt. Vor allem für die reglementierten Berufe ist sie zwingend erforderlich. Zu den reglementierten Berufen zählen u. a. die Pflege- und Erziehungsberufe, die darüber hinaus stark „von Engpässen betroffen" sind (Die Beauftragte der Bundesregierung für Migration, Flüchtlinge und Integration, 2014, S. 178).

Um das Verfahren der Anerkennung ausländischer Berufs- und Bildungsabschlüsse zu vereinfachen und vereinheitlichen, trat am 1. April 2012 das „Gesetz zur Verbesserung der Feststellung und Anerkennung im Ausland erworbener Berufsqualifikationen", das sog. Anerkennungsgesetz des Bundes, in Kraft (vgl. BMBF, 2012, 2014). „Artikel 1 des Anerkennungsgesetzes ist das neue „Gesetz über die Feststellung der Gleichwertigkeit von Berufsqualifikationen" (Kurztitel: „Berufsqualifikationsfeststellungsgesetz" beziehungsweise BQFG. [...] Artikel 4 bis 61 beinhalten Anpassungen und Änderungen in den berufsrechtlichen Fachgesetzen, beispielsweise in der Bundesärzteordnung (BÄO) und dem Krankenpflegegesetz (KrPflG)"(BMBF, 2014, S. 20). Dementsprechend wurde im gleichen Zeitraum das Gesetz über die Berufe in der Krankenpflege (Krankenpflegegesetz – KrPflG) angepasst. Die Implementierung des Bundes-Anerkennungsgesetzes in die Ländergesetze, in denen u. a. die Berufe Erzieher und Lehrer reglementiert werden, wurde Mitte 2014 in allen Bundesländern abgeschlossen.

Die Umsetzung in die Praxis der zuständigen Stellen ist jedoch ein anhaltender Prozess, bei dem auf Transparenz und Einheitlichkeit geachtet werden sollte, um die erwünschten Effekte bei der Potenzialnutzung und Fachkräftesicherung zu erzielen (vgl. Die Beauftragte der Bundesregierung für Migration, Flüchtlinge und Integration, 2014, S. 179 ff.). Eine solche

Transparenz kann vor allem durch die Weitergabe relevanter Informationen, u. a. aber auch durch eine einheitliche und stringente Gliederung der Bescheide erreicht werden. Inwiefern sich die Anerkennungspraxis durch die geänderten gesetzlichen Bestimmungen entwickelt hat und ob ein transparentes und einheitliches Vorgehen praktiziert wird, soll nachfolgend beispielhaft für die Berufe des Erziehers sowie des Gesundheits- und Krankenpflegers analysiert werden.

Hierzu werden im nachfolgenden Kapitel die relevanten Entwicklungen der gesetzlichen Anerkennungsregelungen kurz erläutert (Kapitel 2). Im anschließenden dritten Kapitel wird das methodische Vorgehen beschrieben. Um mögliche Effekte des BQFG auf die Anerkennungspraxis zu identifizieren, werden 93 Anerkennungsbescheide vor und nach Inkrafttreten des Anerkennungsgesetzes auf struktureller und inhaltlicher Ebene miteinander verglichen (Kapitel 4). Der Artikel schließt mit einer Diskussion der Ergebnisse sowie einem Fazit (Kapitel 5).

2 Die Anerkennungsgesetze[69] – Chancen für die Anerkennungspraxis

Der Versuch der Vereinheitlichung gesetzlicher Anerkennungsbestimmungen auf europäischer Ebene hat zu wiederholten Reformierungen des Anerkennungsrechts geführt. So wurden u. a. einzelne bestehende Regelungen und Richtlinien in die Richtlinie des Europäischen Parlaments und des Rates vom 7. September 2005 (RL 2005/36/EG) zusammengefügt. Diese Richtlinie ist 2007 in Kraft getreten und diente bis zum Inkrafttreten des Anerkennungsgesetzes als Hauptgrundlage bei der Überprüfung und Bewertung der in den EU-Ländern erworbenen Abschlüsse, konnte allerdings auch für die sog. Drittlandabschlüsse verwendet werden (RL 2005/36/EG Abs. (10)).

Die Bestimmungen der Richtlinie 2005/36/EG sind nun in das Anerkennungsgesetz des Bundes übertragen worden, womit auch „einheitliche Kriterien und Verfahren" sowie ein allgemeiner Rechtsanspruch – d. h. auch für die sog. Drittlandabschlüsse – auf die Überprüfung und Bewertung der im Ausland erworbenen Abschlüsse geregelt werden (vgl. BMBF, 2012, S. 12). „Den für die Anerkennung zuständigen Stellen sollten damit ein einheitliches Vorgehen und ähnliche Prüfungsschritte ermöglicht werden, die vorrangig an der Qualität der im Ausland erworbenen Berufsqualifikationen anknüpfen" (Die Beauftragte der Bundesregierung für Migration, Flüchtlinge und Integration, 2014, S. 215 f.).

Die Berücksichtigung der Berufserfahrung bei der Gleichwertigkeitsprüfung und -bewertung wird als eine der bedeutenden Neuerungen des BQFG gesehen, wobei diese bereits in der Richtlinie 2005/36/EG besondere Beachtung erfuhr (vgl. BMBF, 2012, S. 6). So gehe es im Anerkennungsverfahren „[…] um eine systematische Erfassung der Qualität ausländischer Berufsabschlüsse unter Berücksichtigung anderer individuell erlangter Berufs-

---

[69] Für einen umfassenden Überblick über den rechtlichen Rahmen der Anerkennung siehe Körtek, 2015, in diesem Band.

qualifikationen, insbesondere der Berufspraxis. Diese wäre die Grundlage für die zügige Beantwortung der Frage, ob im Vergleich zur inländischen Berufsbildung wesentliche Unterschiede vorliegen" (Die Beauftragte der Bundesregierung für Migration, Flüchtlinge und Integration, 2014, S. 215).

Die Feststellung der mitgebrachten Qualifikationen soll in schriftlicher Form erfolgen. Das BQFG sieht demnach für reglementierte Berufe vor, dass bei einer nicht gegebenen Gleichwertigkeit „die vorhandenen Berufsqualifikationen und die wesentlichen Unterschiede gegenüber der entsprechenden inländischen Berufsbildung durch Bescheid festgestellt [werden]" (§ 10 (1) BQFG). Ferner heißt es in § 10 (2) BQFG: „In dem Bescheid wird zudem festgestellt, durch welche Maßnahmen nach § 11 die wesentlichen Unterschiede gegenüber dem erforderlichen inländischen Ausbildungsnachweis ausgeglichen werden können."

Die Regelungen des BQFG betreffen bundesrechtlich geregelte Berufe. Für Berufe, die unter spezielle Berufsgesetze (wie z. B. Gesundheits- und Krankenpfleger) oder landesrechtliche Regelungen (z. B. Erzieher) fallen, gilt das Subsidiaritätsprinzip. Dies bedeutet, dass die Berufs- resp. die Landesgesetze generell vorrangig – vor dem BQFG – anzuwenden sind. Ob und inwiefern sich gesetzliche Änderungen in den Bescheiden niederschlagen und Unterschiede zwischen den Berufsgruppen bzw. den Bundesländern identifiziert werden können, wird im Folgenden an den Berufen des Erziehers sowie des Gesundheits- und Krankenpflegers analysiert.

3 Methodisches Vorgehen

3.1 Teilnehmerakquise

Um einen Einblick in die Praxis der Anerkennung in Deutschland zu erhalten, wurden zwischen Juli 2013 und März 2014 mehrere Anerkennungsstellen für die Berufe Erzieher/innen, Gesundheits- und Krankenpfleger/innen sowie Altenpfleger/innen kontaktiert. Da im genannten Zeitraum jedoch noch nicht in allen Bundesländern die entsprechenden landesrechtlichen Regelungen umgesetzt waren, sind für die Untersuchung je zwei Bundesländer mit bzw. ohne Landesanerkennungsgesetz ausgewählt worden. Die Akquise von Anerkennungsstellen in den vier Bundesländern, die Einblick in die Verfahrenspraxis und die Anerkennungsunterlagen gewähren sollten, erwies sich hierbei als sehr schwierig.

Die Kontaktaufnahme erfolgte in jedem der vier Bundesländer in drei Schritten: Im ersten Schritt wurden die zuständigen Mitarbeiterinnen und Mitarbeiter telefonisch kontaktiert und erhielten eine schriftliche Beschreibung des Vorhabens. Dem Wunsch nach Einsichtnahme in anonymisierte Bescheide wurde jedoch aus Gründen erhöhter Arbeitsbelastung und datenschutzrechtlicher Bedenken sehr kritisch begegnet, sodass sich dieses Vorgehen als wenig erfolgreich erwies. Aus diesem Grund wurden in einer weiteren Akquise-Runde die zuständigen Abteilungs- bzw. Referatsleiterinnen und Referatsleiter zunächst schriftlich über das Projekt und die konkrete Anfrage informiert und anschließend telefonisch kontaktiert.

Die Unterstützungsbereitschaft der kontaktierten Anerkennungsstellen kann zusammenfassend als eher verhalten betrachtet werden. Diese von Reserviertheit bis klarer Ablehnung charakterisierte Haltung wurde mit dem höheren Arbeitsaufwand aufgrund der gesetzlichen Änderungen nach Inkrafttreten des BQFG sowie mit Unsicherheiten und Sorgen hinsichtlich möglicher Verletzungen des Datenschutzes begründet. Ferner berichteten die Kontaktpersonen über weitere Studien, für die sie zur Verfügung stehen müssten.

Drei angefragte Anerkennungsstellen waren dennoch bereit, unsere Studie zu unterstützen, sodass die ersten Besuche im vierten Quartal 2013 (Oktober-Dezember) und ein weiterer Anfang Dezember 2013 stattfinden konnten. Zwei der besuchten Stellen, die aus je einem Bundesland mit und ohne Landesanerkennungsgesetz stammen und für die Anerkennung von Erziehungsberufen zuständig sind, stellten insgesamt 39 anonymisierte Anerkennungsbescheide zur Verfügung. Diese Anerkennungsstellen werden den Bundesländern zugeordnet und in der Reihenfolge der erfolgten Besuche mit Bundesland 1 (ohne Landesanerkennungsgesetz) und Bundesland 2 (mit Landesanerkennungsgesetz) bezeichnet.

Um auch in die Bescheide für den Beruf des Gesundheits- und Krankenpflegers Einsicht zu erhalten, wurden in einem dritten Akquise-Schritt Anerkennungsberater, Migrationsberater und Migrantenorganisationen kontaktiert. So konnten über die angefragten Stellen aus denselben zwei Bundesländern insgesamt 54 Bescheide für Gesundheits- und Krankenpfleger direkt von den Antragstellern gewonnen werden.

Alle ausgehändigten Anerkennungsbescheide wurden vor Ausgabe an die wissenschaftlichen Mitarbeiterinnen anonymisiert, sodass sie keine Daten enthielten, die Einzelpersonen zuzuordnen sind. Tabelle 1 bietet eine Übersicht aller Bescheide nach Berufsgruppen und Bundesland.

Tabelle 1: Übersicht Anzahl Anerkennungsbescheide nach Bundesländern.

Anerkennungsbescheide	Bundesland 1 (BL1)	Bundesland 2 (BL2)	Total
Erzieher	13	26	**39**
Gesundheits- und Krankenpfleger	48	6	**54**
Gesamtanzahl	**61**	**32**	**93**

3.2 Operationalisierung von Inhalten und Struktur der Anerkennungsbescheide

Es gibt keine genauen und allgemeingültigen Vorgaben, was ein Anerkennungsbescheid beinhalten und wie er aufgebaut sein muss. Demnach war ein exploratives Vorgehen für die Datenauswertung und -analyse notwendig, um erste Erkenntnisse über vorhandene Inhalte und deren Gestaltung zu gewinnen. Der Auswertungsfokus lag auf Inhalt und Struktur, damit Ähnlichkeiten und Unterschiede zwischen den von verschiedenen Anerkennungsstellen zu unterschiedlichen Zeitpunkten erstellten Bescheiden sichtbar werden. Anhand dieser Vorgehensweise sollten ebenfalls mögliche Veränderungen der Anerkennungsbescheide über die Zeit und im Hinblick auf die gesetzlichen Neuerungen analysiert werden können. Es wurde demnach zwischen (1) Inhalt (Was wird in den Bescheiden festgehalten und mitgeteilt?) und (2) Struktur (Wie werden die Inhalte vermittelt?) unterschieden. Hierfür wurden die 93 Bescheide von zwei Personen unabhängig voneinander betrachtet und die Ergebnisse zu Inhalt und Struktur abgeglichen.

3.2.1 Inhalt

Für die Operationalisierung der Inhalte waren zwei Schritte erforderlich: Bei einer ersten Durchsicht der vorliegenden Bescheide wurden alle darin vorgefundenen Informationseinheiten bzw. Inhalte verzeichnet (siehe nachfolgend Analyseschritt 1). Diese Inhalte sollen darüber Auskunft geben, was (Abschluss/Qualifikation), wie und nach welchen Kriterien und auf welcher Grundlage in dem jeweiligen Bescheid überprüft und bewertet wurde. Die Aufzeichnung der in den Bescheiden vorhandenen Inhalte soll demnach einen ersten Einblick in den Prozess der Gleichwertigkeitsfeststellung geben. In einem weiteren Schritt (siehe nachfolgend Analyseschritt 2) werden diese Inhalte zwecks Komplexitätsreduktion in Inhaltskategorien geclustert. Diese inhaltliche Kategorisierung sollte die Basis für eine Analyse der Struktur der Bescheide bieten.

Analyseschritt 1

Die nachfolgende Liste bietet einen Überblick über die ermittelten Inhalte der 93 Bescheide. Hierbei ist zu beachten, dass nicht alle Bescheide zwingend alle genannten Inhalte aufweisen (müssen):

1. Referenzberuf,
2. bewertete/r Qualifizierung/Abschluss (ggf. Nachweise),
3. Berufserfahrung,
4. Beschreibung Ausbildung Herkunftsland vs. Deutschland,
5. Feststellung (wesentlicher) Unterschiede,
6. Benennung fehlender fachspezifischer Inhalte/Fächer,
7. Ergebnis der Bewertung/Entscheidung (Voll-, Teil- oder Nicht-Anerkennung),
8. gesetzliche Grundlagen,
9. Wahlmöglichkeit (Wahlrecht zwischen zwei Maßnahmen),
10. Informationen zu Ausgleichsmaßnahmen,
11. zuständige Stellen für Ausgleichsmaßnahmen (Anpassungsmaßnahmen),
12. Alternative Perspektiven (Qualifizierungsmaßnahmen im Fall einer Ablehnung),
13. zuständige Stellen für alternative Qualifizierungsmaßnahmen,
14. Bescheinigung schulischer allgemein bildender Inhalt und

15. Rechtsbehelfsbelehrung.

Analyseschritt 2
Die oben genannten Inhalte werden in einem zweiten Schritt zu Kategorien zusammengefasst, nach denen die Bescheide ausgewertet und verglichen werden. Dies ergab sechs Kategorien, deren Bildung und Reihenfolge einer inhaltlichen Logik folgt.

Kategorie 1: Zu bewertender Abschluss
Neben dem *im Ausland erworbenen Abschluss (b)* beinhaltet die erste Kategorie ebenfalls den *deutschen Referenzberuf (a)*, mit dem der vorhandene Abschluss auf Gleichwertigkeit geprüft wird.

Kategorie 2: Qualifikation
Zum Zwecke der Gleichwertigkeitsprüfung sollte die *im Herkunftsland absolvierte Ausbildung* den *deutschen Ausbildungsstandards und Inhalten (d)* gegenübergestellt werden. Dadurch können die ggf. auszugleichenden Defizite erkennbar werden. Die *Berufserfahrung (c)* sollte gemäß Anerkennungsgesetzen ebenfalls zum Ausgleich von Defiziten berücksichtigt werden.

Kategorie 3: Feststellung von Unterschieden
Auf die Gegenüberstellung der Ausbildungen folgt dementsprechend die *Feststellung wesentlicher Unterschiede (e)* bzw. die konkrete *Benennung fehlender fachspezifischer Inhalte/Fächer (f)*.

Kategorie 4: Ergebnis und Begründung der Gleichwertigkeitsprüfung
Dieser Kategorie werden neben *Bewertungsergebnis (g)* – Nicht-, Teil- oder Vollanerkennung – die Informationen über *gesetzliche Grundlagen (h)* zugeordnet und ggf. den Hinweis auf eine *Bescheinigung schulischer allgemein bildender Inhalte*[70] *(n)*. Die rechtlichen Bestimmungen dienen, wenn vorhanden, als Begründung des Verfahrens und dessen Ergebnis.

Kategorie 5: Informationen zum weiteren Vorgehen
Hierunter werden je nach Ergebnis der Gleichwertigkeitsprüfung Informationen zu Ausgleichmaßnahmen gruppiert: ggf. *Wahlmöglichkeit/Wahlrecht zwischen zwei Maßnahmen (i)*, *Beschreibung der Ausgleichsmaßnahmen (j)*, dafür *zuständige Stellen (k)*, und/oder *Informationen zu alternativen Perspektiven (l)*, d. h. weitere Qualifizierungsmöglichkeiten mit den entsprechenden *zuständigen Stellen (m)*, die zum Erwerb eines anerkannten Berufsabschlusses führen können.

---

[70] Die Bescheinigung schulischer allgemein bildender Inhalte, d. h. des höchsten Schulabschlusses, wird lediglich in drei Bescheiden für Erzieherberufe angeboten und hat für die vorliegende Auswertung wenig Relevanz. Sie wird demnach nicht weiter berücksichtigt.

Kategorie 6: Rechtsbehelfsbelehrung[71]

Diese Kategorie beinhaltet, falls vorhanden, Informationen hinsichtlich Fristen und Rechtsmittel (o), die zur Anfechtung der Entscheidung möglich sind.

Tabelle 2: Überblickstabelle Inhaltskategorien.

Nr.	Kategorie	Inhalte
1.	Zu bewertender Abschluss	Referenzberuf (a); erworbener Abschluss (b)
2.	Qualifikation	Ausbildung Herkunftsland vs. Deutschland (d); Berufserfahrung (c)
3.	Feststellung von Unterschieden	Feststellung wesentlicher Unterschiede (e); Benennung fehlender fachspezifischer Inhalte/Fächer (f)
4.	Ergebnis und Begründung der Gleichwertigkeitsprüfung	Ergebnis der Bewertung (Voll-, Teil- oder Nicht-Anerkennung) (g) gesetzliche Grundlagen (h);
5.	Informationen zum weiteren Vorgehen	Wahlrecht zwischen Maßnahmen (i); Beschreibung der Ausgleichsmaßnahmen (j); zuständige Stellen (k); Informationen zu alternativen Perspektiven (l); zuständige Alternativstellen (m)
6.	Rechtsbehelfsbelehrung	Rechtsbefehlsbelehrung (o)

3.2.2 Struktur

Schulz von Thun definiert die Gliederung als eine der charakterisierenden Dimensionen eines „Informationstextes", die die „äußere Übersichtlichkeit", die „Absätze, Überschriften, strukturierende Bemerkungen und die Hervorhebung wichtiger Stellen" beinhaltet (Schulz von Thun, 2010, S. 144). Diese Gliederung und die Platzierung der Absätze, d. h. die sog. „innere Folgerichtigkeit" bzw. die „Ordnung" (Schulz von Thun, 2010, S. 144) der Absätze/Inhalte werden in der vorliegenden Arbeit als Struktur definiert.

Mithilfe dieser Definition von Struktur soll analysiert werden, wie die vorhandenen Inhalte bzw. Inhaltskategorien in den Anerkennungsbescheiden platziert und ggf. wie umfangreich sie sind. Hierbei stellen sich die Fragen, welche grundsätzlichen Strukturen über alle Bescheide hinweg erkennbar sind, welche Faktoren die Struktur beeinflussen und wie die Struktur optimiert werden könnte. Um einen Überblick zu verschaffen, erfolgt in einem ersten Schritt eine allgemeine Darstellung bzw. Zuordnung der Bescheide nach Berufsgruppen und vor/nach BQFG.[72]

---

[71] S. o. Die Bedeutung einer Rechtsbefehlsbelehrung für Verwaltungsakte wird in der Diskussion kurz angesprochen.
[72] Die restlichen Bescheide sind entweder zu kurz, um von einer Struktur zu sprechen (N=12) oder beschreiben lediglich eine ausgewählte Anpassungsmaßnahme (N=3).

4 Aufbau und Gestaltung der Inhalte

4.1 Zuordnung der Bescheide

Die Stichprobe umfasst insgesamt 93 Anerkennungsbescheide, wobei aus Bundesland 1 fast doppelt so viele Bescheide (N=61) wie aus Bundesland 2 (N=32) vorliegen. So wurden für Gesundheits- und Krankenpfleger und für Erzieher 48 bzw. 13 Bescheide im Bundesland 1 und sechs respektive 26 Bescheide im Bundesland 2 gewonnen.

Tabelle 3 ist zu entnehmen, dass die Mehrheit (N=32; 82,1%) der für die Erzieher zwischen September 2008 und Oktober 2013 erstellten Anerkennungsbescheide Abschlüsse aus anderen EU-Ländern bewertet. Lediglich sieben Bescheide (17,9%) wurden infolge der Gleichwertigkeitsprüfung für sog. Drittlandabschlüsse erstellt. Dies ist dadurch zu erklären, dass aus Bundesland 2 nur EU-Abschlüsse betreffende Bescheide vorliegen.

Tabelle 3: Anerkennungsbescheide Erzieher.

Erzieher	Land 1	EU	Nicht-EU	Land 2	EU	Nicht-EU	Total
Vor BQFG	**5 (12,8%)**	4 (10,3%)	1 (2,5%)	**12 (30,8%)**	12 (30,8%)	0	17
Nach BQFG	**8 (20,5%)**	2 (5,1%)	6 (15,4%)	**14 (35,9%)**	14 (35,9%)	0	22
Gesamt	**13 (33,3%)**	6 (15,4%)	7 (17,9%)	**26 (66,7%)**	26 (66,7%)	0	39

Für die Berufsgruppe der Gesundheits- und Krankenpfleger (GuK) bewertet die Mehrzahl der zwischen Juli 2002 und Oktober 2013 verfassten Bescheide (N=43; 79,6%) Abschlüsse aus Nicht-EU-Ländern (vgl. Tabelle 4). Da fast zwei Drittel der Bescheide nach BQFG erstellt wurden, könnte dies darauf hindeuten, dass sich Migrantinnen und Migranten aus sog. Drittländern nach BQFG verstärkt um eine Anerkennung ihres Abschlusses bemühen, da nun für sie die gleichen Bedingungen und Maßnahmen wie für EU-Abschlüsse zur Verfügung stehen.

Tabelle 4: Anerkennungsbescheide Gesundheits- und Krankenpfleger.

Gesundheits- & Krankenpfleger	Land 1	EU	Nicht-EU	Land 2	EU	Nicht-EU	Total
Vor BQFG	**18 (33,3%)**	2 (3,7%)	16 (29,6%)	**1 (1,9%)**	0 (0,0%)	1 (1,9%)	19
Nach BQFG	**30 (55,6%)**	4 (7,4%)	23 (42,6%)	**5 (9,3%)**	2 (3,7%)	3 (7,8%)	35
Gesamt	**48 (88,9%)**	6 (11,1%)	39 (72,2%)	**6 (11,1%)**	2 (3,7%)	4 (7,4%)	54

4.2 Vorhandene Inhalte

Bei den folgenden tabellarischen Darstellungen und deren Auswertung werden elf Vollanerkennungsbescheide für Erzieherberufe nicht berücksichtigt. Diese beinhalten kaum Inhalte und würden die Ergebnisse der Auswertung verzerren. Es werden demnach 28 Bescheide für Erzieherberufe und alle Bescheide für Gesundheits- und Krankenpfleger analysiert. Somit können insgesamt N=82 Bescheide ausgewertet werden.

4.2.1 Auffälligkeiten über beide Berufsgruppen

Aus Tabelle 5 ist ersichtlich, dass einige Inhalte wie **Referenzberuf (a)**, **Ausbildung(en) (d)** und **Ergebnis (g)** fast immer für beide Berufsgruppen vorhanden sind. Ausnahmen sind hier die Bescheide, die infolge der Auswahl einer Anpassungsmaßnahme diese auch ausführlich beschreiben. Demgegenüber sind die einzelnen Inhalte, die zum weiteren Vorgehen gehören – **Wahlrecht (i)**, **Anpassungsmaßnahmen (j)**, **alternativen Perspektiven (l)** und entsprechende **Zuständigkeiten (k, m)**, nicht immer alle aufgeführt, da dies auch nicht notwendig ist. So sind bei Teilanerkennungen meistens keine Alternativen zum Anpassungslehrgang und zur Eignungs-/Kenntnisprüfung notwendig, es sei denn, ein weiterer Abschluss liegt vor oder ein alternativer Referenzberuf wird vorgeschlagen.

Auffallend ist zudem, dass Inhalte wie **Berufserfahrung (c)**, **Feststellung wesentlicher Unterschiede (e)** und **fehlende fachspezifische Inhalte (f)** sowie **gesetzliche Grundlagen (h)** nicht immer Erwähnung und/oder Berücksichtigung finden, obwohl sie laut gesetzlicher Regelungen besonders wichtig für eine qualifizierte und nachvollziehbare Bewertung von Abschlüssen sind. Anzumerken ist ferner, dass trotz einer relativ umfangreichen **Beschreibung der Ausbildung(en) (d)** – mittel bis lang[73] –, eher die deutsche Ausbildung mit ihren Standards beschrieben wird. Auf die Ausbildung im Herkunftsland wird kaum eingegangen, sodass vorhandene Qualifikationen anhand der Bescheide nicht unbedingt erkennbar sind.

Tabelle 5: Häufigkeiten der einzelnen Inhalte, nach Inhaltskategorien gruppiert.

Kategorie	Abschluss		Qualifikation		Unterschiede		Ergebnis & Begründung		Weiteres Vorgehen				
Inhalte	a	b	c	d	e	f	g	h	i	j	k	l	m
Gesamt	81	77	25	78	48	15	79	67	38	47	50	37	9
E BL1	13	13	8	13	9	1	13	8	7	9	6	5	4
E BL2	15	15	5	15	7	10	15	15	3	6	15	10	4
GuK BL1	47	43	7	44	32	3	45	43	28	30	24	18	1
GuK BL2	6	6	5	6	0	1	6	1	0	2	5	4	0

---

[73] Um die Ausführlichkeit der Informationen sowie mögliche Unterschiede und Veränderungen feststellen zu können, wurde die Länge der Inhalte in drei Gruppen unterteilt: Kurz: bis zu zehn Zeilen; mittel: mehr als zehn, bis 25 Zeilen; lang: mehr als 25 Zeilen.

4.2.2 Auffällige Unterschiede zwischen den Berufsgruppen und Bundesländern

Die **Berufserfahrung (c)** findet verhältnismäßig häufiger Erwähnung bzw. Berücksichtigung bei der Überprüfung der Erzieherabschlüsse (n=13; 46,4%) als bei den Gesundheits- und Krankenpflegerabschlüssen (n=12; 22,2%). Dies wird noch deutlicher, wenn die acht Vollanerkennungen aus Bundesland 2 hinzugezählt werden, die den Ausgleich von Defiziten durch die vorhandene Berufserfahrung begründen.

Die **Feststellung wesentlicher Unterschiede (e)** – bisweilen anders formuliert, z. B. als „erhebliche Defizite", „es bestehen [...] Unterschiede und z. T. auch Defizite" wird (in Relation) ungefähr gleich häufig in den beiden Berufsgruppen erwähnt, wobei dies in den Bescheiden für Gesundheits- und Krankenpfleger lediglich im Bundesland 1 vorkommt. Die konkreten Defizite, d. h. die **fehlenden fachspezifischen Inhalte/Fächer (f)**, die diese festgestellten Unterschiede untermauern könnten, werden in den meisten Fällen allerdings nicht aufgeführt. Lediglich vier Bescheide für Erzieherberufe aus Bundesland 2 und drei Bescheide für Gesundheits- und Krankenpfleger aus Bundesland 1 konkretisieren die wesentlichen Unterschiede und die defizitären Bereiche. Ansonsten überwiegen Formulierungen wie z. B. „nach Aktenlage", „nach unserem Kenntnisstand bestehen [...] Unterschiede [...]". Die gesetzliche Vorgabe, die eine Ablehnung der Anerkennung lediglich aufgrund wesentlicher Unterschiede zulässt (vgl. BMBF, 2012, S. 12), scheint hier grundsätzlich berücksichtigt worden zu sein. Eine konkrete Begründung der Feststellung wesentlicher Unterschiede ist aber meistens nicht gegeben.

Die **gesetzlichen Grundlagen (h)** werden in den Bescheiden für Erzieherberufe aus Bundesland 2 im Unterschied zu den anderen Bescheiden immer und relativ ausführlich dargestellt (lang). Hierbei ist zu vermerken, dass diese Bescheide EU-Abschlüsse bewerten, für die es klare, bindende Vorgaben gibt – spätestens seit der EU-Anerkennungsrichtlinie.

Die Informationen zu **Anpassungsmaßnahmen (j)** und **alternativen Perspektiven (l)** sind in den Bescheiden für Erzieherabschlüsse ausführlicher (eher lang) und konkreter als in den Bescheiden für Gesundheits- und Krankenpfleger. Wobei sie nach Inkrafttreten des BQFG auch in den Letzteren ausführlicher werden (von mittel bis knapp lang), da sie die zur Auswahl stehenden Anpassungsmaßnahmen benennen müssen und diese auch definieren.

Zusammenfassend ist zu konstatieren, dass Inhalte, die zur Nachvollziehbarkeit des bescheinigten Ergebnisses beitragen würden, in der Mehrzahl der Bescheide fehlen. Außerdem bestehen hinsichtlich des Vorhandenseins und der Ausführlichkeit der Inhalte Unterschiede zwischen den Berufsgruppen und/oder Bundesländern.

4.3 Vorhandene Inhaltskategorien und Struktur

Um einen besseren Vergleich zwischen Berufsgruppen und Bundesländern zu ermöglichen, wurden für die in Tabelle 6 berechneten Prozente jeweils die Anzahl der für jede dieser

Gruppen vorliegenden Bescheide berücksichtigt.[74] Hierbei ist zu bedenken, dass eine Kategorie auch dann fehlt, wenn aus zwei der ihr zugeordneten Inhalte lediglich einer vorhanden ist.

Tabelle 6: Häufigkeiten der Inhaltskategorien nach Berufsgruppen und Bundesländern getrennt.

Vorhandene Kategorien	1. Abschluss	2. Qualifikation	3. Unterschiede	4. Ergebnis & Begründung	5. Weitere Schritte[75]	Anzahl (100%)
Erzieher BL1	N=6 (46,2%)	N=2 (15,4%)	N=0 (0,0%)	N=5 (38,5%)	N=6 (46,2%)	13
Erzieher BL2	N=0 (0,0%)	N=5 (33,3%)	N=5 (33,3%)	N=0 (0,0%)	N=15 (100%)	15
GuK BL1	N=7 (14,6%)	N=6 (12,5%)	N=2 (4,2%)	N=40 (83,3%)	N=47 (97,9%)	48
GuK BL2	N=5 (83,3%)	N=4 (66,7%)	N=0 (0,0%)	N=1 (16,7%)	N=5 (83,3%)	6
Insgesamt	N=18 (22,0%)	N=17 (20,7%)	N=7 (8,5%)	N=46 (56 %)	N=73 (89,0%)	82

4.3.1 Inhaltskategorien

Es fällt auf, dass während die ersten drei der gebildeten Inhaltskategorien in den ausgewerteten Bescheiden selten oder nie vorkommen, Kategorie 4 in über der Hälfte der Bescheide (56%) und Kategorie 5 dagegen fast immer (89%) vorzufinden sind. Die fünf gebildeten Inhaltskategorien kommen allerdings in der unter 3.2 dargestellten Form und Reihenfolge in keinem der Bescheide gleichzeitig – d. h. als zusammenhängende Struktur – vor.

Kategorie 1 – *zu bewertender Abschluss* **–** ist in insgesamt 22 Prozent der Fälle vorhanden. In den sonstigen Fällen ist die abweichende Reihenfolge und Platzierung z. T. nachvollziehbar, bspw. wenn der Abschluss (b) gemeinsam mit der Ausbildung (d) genannt wird. Werden allerdings zwischen Referenzberuf und Abschluss die gesetzlichen Grundlagen (h) aufgeführt, wie im Bundesland 2 für die Gruppe der Erziehungsberufe der Fall, ist diese Platzierung nach inhaltlicher Logik weniger sinnvoll. Sie ist möglicherweise damit zu erklären, dass die Anerkennungsstelle aufgrund der EU-Herkunft der Abschlüsse die gesetzlichen EU-Vorgaben direkt am Anfang der Bescheide transparent machen möchte.

Kategorie 2 – *Qualifikation* **–** ist für das Bewertungsergebnis von erheblicher Bedeutung. Hierbei sollte die mitgebrachte Qualifikation (inklusive der erworbenen Berufserfahrung) den deutschen Ausbildungsstandards gegenübergestellt werden, um vorhandene Qualifikationen bzw. Kompetenzen und ggf. auszugleichende Bereiche festzustellen. Wie bereits erwähnt, findet die Berufserfahrung (h) jedoch in der Mehrheit der Bescheide (69,5%) keine Erwähnung. Dies erklärt u. a. das Vorhandensein der Kategorie 2 in lediglich 20,7% der Fälle. Wenn beide Inhalte vorhanden sind, sind sie allerdings fast immer im Zusammenhang – d. h. als Inhaltskategorie – vorzufinden, mit Ausnahme der Bescheide für Erzieherberufe

---

[74] Die Vollanerkennungsbescheide für Erzieher aus Bundesland 2 sind hierbei nicht berücksichtigt.
[75] Die Kategorie gilt als vorhanden, wenn mindestens zwei der Inhalte in zusammenhängenden Absätzen vorhanden sind.

aus Bundesland 1. Hier ist zunächst eine gewisse Beliebigkeit bei der Platzierung der Inhalte zu beobachten. Die Beliebigkeit ist nach einer strukturellen Umgestaltung der Bescheide weitgehend behoben und durch eine prägnante Struktur ersetzt worden (nach BQFG). Diese strukturelle Umgestaltung wird im Abschnitt über die Unterschiede vor und nach BQFG näher erläutert.

Die Inhalte für die **Kategorie 3** – *Feststellung von Unterschieden* – sind in den wenigen Fällen, in denen sie gleichzeitig vorhanden sind, immer als zusammenhängende Kategorie vorzufinden.

Kategorie 4 – *Ergebnis und Begründung* – ist für die Berufsgruppe der Gesundheits- und Krankenpfleger in der Mehrheit der Fälle vorhanden (N=41; 75,9%), es sei denn die gesetzlichen Grundlagen (h) fehlen. Dies ist z. B. im Bundesland 2 der Fall. Demgegenüber kommt diese Kategorie in der Berufsgruppe der Erzieher lediglich fünf Mal vor, da das Ergebnis (g) und die gesetzlichen Grundlangen (h) unterschiedlich platziert sind.

Wie aus Tabelle 6 ersichtlich, kommt **Kategorie 5** – *Informationen zum weiteren Vorgehen* – in fast 90 Prozent der Bescheide als einheitlicher Themenblock vor. Dieser wird am Ende der Bescheide platziert. Eine erwähnenswerte Abweichung gibt es für die Gruppe der Erzieher aus Bundesland 1 nach der bereits erwähnten strukturellen Umgestaltung der Bescheide. Die damit verbundene Zuordnung der Informationen bzgl. Anpassungsmaßnahmen[76] (j) zum Ergebnis der Bewertung (g) und getrennt vom Wahlrecht (i) und den weiteren Alternativen (l), ist positiv zu bewerten, da dies den Antragsstellern und weiteren interessierten Personen ermöglicht, Ergebnis und Konsequenzen bzw. Ausgleichsmöglichkeiten auf einen Blick zu erfassen.

Bei der Betrachtung der zusammenhängenden Inhalte und dem Vergleich zu den nach inhaltlicher Logik gebildeten Inhaltskategorien sind ebenfalls Unterschiede zwischen Berufsgruppen und/oder Bundesländern festzustellen. Wobei die letzten beiden Inhaltskategorien am häufigsten als zusammenhängende Themenblöcke vorkommen.

4.3.2 Unterschiede vor und nach BQFG

Werden die Inhalte und Strukturen der Bescheide über die Zeit mit dem Inkrafttreten des Anerkennungsgesetzes als Wendepunkt betrachtet, sind einige – wenn auch wenige und nicht sehr eindeutige – Änderungen zu erkennen. Diese Änderungen sind vergleichsweise stärker in den Bescheiden zur Bewertung von Erzieherabschlüssen zu bemerken.

(1) Unterschiede hinsichtlich Inhalte

Nach Inkrafttreten des BQFG wurden u. a. für die Erzieherabschlüsse im Bundesland 2 deutlich mehr Anerkennungen mit der Begründung eines Defizitausgleichs durch Berufser-

---

[76] Hier werden diese lediglich aufgezählt und erst in den Anlagen ausführlich beschrieben.

fahrung erteilt (23% vs. 7,7%). Zudem findet im Bundesland 1 die Berufserfahrung nach Inkrafttreten des BQFG etwas häufiger explizite Erwähnung (38,5% vs. 23,0% in Bundesland 2). Dies könnte auf eine stärkere Berücksichtigung der Berufserfahrung (h) nach Inkrafttreten des Anerkennungsgesetzes hindeuten.

Neben der Berufserfahrung scheint für die Erziehungsberufe im Bundesland 1 die Feststellung von (wesentlichen) Unterschieden (e) nach BQFG mehr Beachtung zu finden (46,2% vs. 23,0%). Ähnliches ist hinsichtlich der gesetzlichen Grundlagen (h) festzustellen, die hier ebenfalls etwas häufiger erwähnt und berücksichtigt werden (38,5% vs. 23,0%).

Im Zusammenhang mit der stärkeren Berücksichtigung gesetzlicher Vorgaben steht die vom BQFG vorgeschriebene Gleichbehandlung der Drittlandabschlüsse. Dies bedeutet u. a., dass unabhängig von der Herkunft eine Wahlmöglichkeit zwischen zwei Ausgleichsmaßnahmen zwecks Erwerbs eines anerkannten Abschlusses besteht. In den Bescheiden macht sich dies auch durch Unterschiede in Umfang und Art der Informationen zum weiteren Vorgehen (Kategorie 5) bemerkbar, da zusätzliche Informationen zu möglichen Ausgleichsmaßnahmen erforderlich sind. Diese gesetzliche Regelung, die das Wahlrecht zwischen Anpassungsmaßnahmen betrifft, wird für beide Berufsgruppen umgesetzt, wobei sie in den Bescheiden für Gesundheits- und Krankenpfleger aus Bundesland 2 nicht immer festzustellen ist. Es fällt außerdem auf, dass sich der Umfang dieser Informationen lediglich für Bescheide der Erzieherberufe aus Bundesland 1 eindeutig ändert. Hier werden die Informationen zu Ausgleichsmaßnahmen und alternativen Perspektiven ausführlicher dargestellt und in die Anlagen zum Anerkennungsbescheid ausgelagert. Die Bescheide für Erzieherabschlüsse aus Bundesland 2 bleiben diesbezüglich gleich umfangreich und bei den Gesundheits- und Krankenpflegern ändert sich der Umfang minimal durch den Hinweis auf das Wahlrecht und die Definitionen der Ausgleichsmaßnahmen. Dies führt zu der Frage, ob die gebotenen Informationen über Möglichkeiten zum Erwerb eines anerkannten Berufsabschlusses für diese Berufsgruppe ausreichend sind.

(2) Unterschiede hinsichtlich Struktur
Eine umfassende Veränderung der Struktur nach BQFG ist, lediglich in den Bescheiden für Erzieherabschlüsse aus Bundesland 1 erfolgt. So wird die anfangs festgestellte Beliebigkeit bei der Platzierung der Inhalte nach der Umgestaltung der Bescheide durch eine prägnante Struktur ersetzt, die eine deutliche Gliederung vorweist:

1. Einleitung und **Referenzberuf** (a)
2. **Entscheidung** – mit Ergebnis der Bewertung (g) und Anpassungsmaßnahmen (j) und
3. **Begründung** – die alle anderen Inhalte wie Abschluss (b), Berufserfahrung (c), Ausbildungen (d), Feststellung (wesentlicher) Unterschiede (e) etc. beinhaltet .

Entscheidung und **Begründung** werden zudem als Zwischenüberschriften hervorgehoben. Ein Vorteil dieser neuen Struktur ist, dass das Ergebnis und die ggf. notwendigen Anpassungsmaßnahmen direkt am Anfang erkennbar sind. Ferner ist diese neue Struktur mit einer Verschlankung der Bescheide verbunden, da ausführliche Informationen zu Anpassungsmaßnahmen und zu weiteren Alternativen in die Anlagen verschoben werden. Dies führt dazu, dass die Bescheide übersichtlicher werden.

Für den umfangreichen Begründungsteil wäre allerdings eine weitere Optimierung vorstellbar. So könnten die zahlreichen Inhalte, die unter dieser Zwischenüberschrift aufgeführt werden, in kleinere Themenblöcke gruppiert werden, um eine bessere Lesbarkeit zu erreichen. Die hier gebildeten Inhaltskategorien wären eine Möglichkeit, die Inhalte zusätzlich zu strukturieren.

Zusammenfassend ist festzustellen, dass es einige Entwicklungen der Bescheide gibt, die mit den gesetzlichen Änderungen zusammenhängen können, wobei diese Entwicklungen eher für die Erzieherabschlüsse gelten und im Bundesland 1 größer als im Bundesland 2 sind.

In den Bescheiden für Gesundheits- und Krankenpfleger wurde nach dem Inkrafttreten des BQFG lediglich das Wahlrecht zwischen zwei Ausgleichsmaßnahmen (Kenntnisprüfung und Anpassungslehrgang) und die entsprechenden Informationen zu diesen Maßnahmen hinzugefügt, wobei sich diese auf ein Minimum beschränken.

5   Diskussion und Fazit

Wie aus den bisherigen Ausführungen ersichtlich ist, gibt es hinsichtlich der durch die Anerkennungsgesetze formulierten Ziele noch Optimierungspotenzial, was Inhalte und Struktur von Anerkennungsbescheiden betrifft.

So ist zusammenfassend festzustellen, dass die Anerkennungsbescheide sich in der inhaltlichen und strukturellen Zusammensetzung unterscheiden. Dabei sind Unterschiede nicht nur zwischen Berufsgruppen, sondern auch zwischen verschiedenen Anerkennungsstellen erkennbar und bleiben nach Inkrafttreten des BQFG bestehen. Dies stellt die gewünschte Einheitlichkeit bei der Gleichwertigkeitsprüfung in Frage.

Inhalte und Inhaltskategorien

Zum Teil fehlen Inhalte, die laut gesetzlicher Anerkennungsregelungen für die Gleichwertigkeitsprüfung und -entscheidung große Bedeutung besitzen. Insbesondere die Kategorien 2 und 3 (Qualifikation und Feststellung von Unterschieden) sind hier auffällig. Es lassen sich allerdings leichte Verbesserungen feststellen, da diese Kategorien nach Inkrafttreten des Anerkennungsgesetzes häufiger in den Bescheiden Erwähnung finden.

Die Berufserfahrung (c) trägt zusammen mit der Beschreibung der Ausbildungen (d) dazu bei, sich ein genaueres Bild über die Qualifikation (Kategorie 2) zu machen. Anhand dieser

Inhalte sollte ein Vergleich der mitgebrachten mit den notwendigen Qualifikationen möglich sein. Wird die Berufserfahrung nicht erwähnt, ist allerdings nicht eindeutig, ob diese nicht vorhanden oder nicht relevant ist. Eine stärkere Berücksichtigung der Berufserfahrung nach Inkrafttreten des BQFG ist jedoch allein aufgrund der leicht gestiegenen Häufigkeit, mit der die Berufserfahrung in den Bescheiden Erwähnung findet, nicht eindeutig abzuleiten.

Laut der Anerkennungsgesetze sollten außerdem die vorhandenen Qualifikationen (Kategorie 2) schriftlich festgestellt werden (§ 10(1) BQFG). Dies ist nur dann zu gewährleisten, wenn nicht nur wesentliche Unterschiede und Defizite, sondern auch vorhandene Kenntnisse und Fähigkeiten konkret beschrieben werden. Z. B. indem die in der abgeschlossenen Ausbildung vermittelten Inhalte und Kenntnisse transparent gemacht werden. Dies könnte zum Erreichen des Ziels der „Gewährleistung von Arbeitnehmerfreizügigkeit bzw. Dienstleistungsfreiheit" (BMBF, 2012, S. 11) beitragen. Dieses durch die gesetzlichen Regelungen verfolgte Ziel, bedeutet letztendlich, dass „der Berufszugang bzw. die Niederlassung […] in jedem Fall ermöglicht werden [muss]." (ebd.) Die Anerkennungsbescheide als Nachweise der Gleichwertigkeitsprüfung müssten hierfür vorhandene und ggf. fehlende Qualifikationen/Inhalte sowie das weitere Vorgehen eindeutig aufzeigen.

Die Auswertung der Bescheide hat allerdings gezeigt, dass die (wesentlichen) Unterschiede (e, Kategorie 3) nicht immer erwähnt und wenn vorhanden, selten konkretisiert werden. Die ebenfalls zur Kategorie 3 gehörende Benennung fehlender Inhalte/Kompetenzen, die auszugleichende Bereiche (f) verdeutlichen sollte, kommt in den Bescheiden ebenfalls kaum vor. Diese Inhalte würden für Antragssteller, Arbeitgeber und Bildungsinstitute den Handlungsbedarf sofort sichtbar machen. Sie sind außerdem als Begründung für die weiteren Schritte bzw. für die angeforderten Ausgleichsmaßnahmen (j, Kategorie 5) erforderlich.

Kategorie 5 – weitere Schritte bzw. weiteres Vorgehen zwecks Erwerbs eines anerkannten Abschlusses – wird nach Inkrafttreten des BQFG in den Bescheiden für Erzieherabschlüsse etwas ausführlicher behandelt. Ohne eine deutliche Begründung sind die Ausgleichsmaßnahmen allerdings wenig nachvollziehbar (vgl. auch EXIS Europa e. V., 2010, S. 10).

Das Fehlen bedeutender Inhalte wirft die Frage nach der Verwertbarkeit der Bescheide im Prozess der Integration in den Arbeitsmarkt auf. Diese Frage wird in einem anderen Beitrag aus diesem Herausgeberband ausführlich behandelt (vgl. Mihali & Ayan, 2015, in diesem Band).

Struktur

Bei der Analyse der Gestaltung von Anerkennungsbescheiden vor und nach BQFG konnte festgestellt werden, dass in der überwiegenden Mehrheit der Fälle eine für den Laien sofort erfassbare Struktur fehlt. Innerhalb der beschriebenen Grundstrukturen sind die einzelnen Inhalte je nach Berufsgruppe, Ausbildung, Herkunft, Sachbearbeiter o. ä. unterschiedlich platziert, was eine gewisse Beliebigkeit diesbezüglich aufzeigt.

Lediglich in einer der Anerkennungsstellen ist diesbezüglich nach Inkrafttreten des BQFG eine Optimierung der Bescheide erfolgt. Eine eindeutige Gliederung, prägnante Struktur und eine innere Ordnung durch die Platzierung des Ergebnisses und der weiteren Schritte am Anfang der Bescheide verbessern dabei die Lesbarkeit und Verständlichkeit dieser Bescheide. Inwiefern die Gliederung und Ordnung zur Verständlichkeit beitragen, soll in einem weiteren Kapitel dieses Herausgeberbandes näher erläutert werden (vgl. Müller & Ayan, 2015b, in diesem Band).

Ob die beschriebene nach BQFG verbesserte Struktur oder eine andere – wie z. B. eine, die die hier nach inhaltlicher Logik gebildeten Kategorien verwendet – die optimale Lösung bietet, ist ohne weitere Untersuchungen nicht abschließend zu beurteilen. Beliebigkeit bei der Gestaltung der Bescheide sollte jedenfalls möglichst ausgeschlossen werden, da sie Unsicherheiten hervorruft.

Fazit

Die Anerkennungsbescheide sollten ein einheitliches Vorgehen und transparente, nachvollziehbare Kriterien bei der Überprüfung und Bewertung der mitgebrachten Qualifikationen aufweisen. Die hier ausgewerteten Bescheide veranschaulichen, dass Inhalte und Struktur z. T. stark variieren können. Deutliche und einheitliche Standards für den Aufbau dieser Dokumente und darüber, welche Inhalte zwingend vorhanden sein müssen, wären demnach nicht nur für Antragssteller hilfreich (vgl. auch EXIS Europa e. V., 2010, S. 10). Eine Lösung könnte ein Musteranerkennungsbescheid sein, der die Perspektiven aller Akteure berücksichtigt, die an einem Anerkennungsbescheid interessiert sein könnten. Hierbei wäre u. a. wichtig herauszufinden, welche Informationen für potenzielle Arbeitgeber aber auch für Berater und Bildungsinstitute von Bedeutung sind.

Laut des Monitoringberichts zum Anerkennungsgesetz gibt es bereits seitens der koordinierenden Stellen Anregungen „[…] ein bundesweit einheitliches Erscheinungsbild der Bescheide und einen entsprechend abgestimmten Aufbau der Anerkennungsbescheide anzustreben" (BMBF, 2014, S. 112). Außerdem wurde bereits für nicht reglementierte Berufe ein Musterbescheid entwickelt und den betreffenden Stellen zur Verfügung gestellt (vgl. ebd.). Dieser Bescheid könnte als Grundlage verwendet und ggf. weiterentwickelt werden.

Die bisherigen Anpassungen, die in den Anerkennungsbescheiden beobachtet werden konnten, scheinen mit Latenzzeit stattzufinden. Am deutlichsten sind Entwicklungen nach BQFG in den Bescheiden für Erzieherabschlüsse zu sehen. Bei diesen Dokumenten ist nicht nur die beschriebene Optimierung der Struktur festzustellen, sondern auch inhaltliche Anpassungen wie ausführlichere Beschreibungen von Ausgleichsmaßnahmen zu erkennen.

Wie anfangs angedeutet, scheint die Umsetzung gesetzlicher Vorgaben ein eher andauernder Prozess zu sein, der u. a. durch bessere Vernetzung der Anerkennungsstellen beschleunigt werden könnte (vgl. hierzu auch BMBF, 2014). Denkbar wäre z. B. einen Austausch über „best practice Beispiele länderübergreifend und auf Bundesebene" wie bereits in einem Bericht aus dem Jahr 2010 empfohlen wurde (EXIS Europa e. V., 2010, S. 10).

Literaturverzeichnis

Bundesamt für Migration und Flüchtlinge (BAMF) (2014). Wanderungsmonitoring: Migration nach Deutschland, 1. Quartal 2014, Quelle: https://www.bamf.de

Bundesministerium für Bildung und Forschung (BMBF) (Hrsg.) (2012). Erläuterungen zum Anerkennungsgesetz des Bundes. URL: http://www.anerkennung-in-deutschland.de/media/ 20120320_erlaeuterungen_zum_anerkennungsg_bund.pdf (Stand: 07. November 2013).

Bundesministerium für Bildung und Forschung (BMBF) (Hrsg.) (2014). Bericht zum Anerkennungsgesetz des Bundes. Bielefeld: Bertelsmann Verlag.

Bundesministerium der Justiz (Hrsg.) (2011). Gesetz zur Verbesserung der Feststellung und Anerkennung im Ausland erworbener Berufsqualifikationen. *Bundesgesetzblatt Jahrgang 2011 Teil I Nr. 63*, Bundesanzeiger Verlagsges. mbH, Köln.

Börsch-Supan, A. & Wilke, C.B. (2009). Zur mittel- und langfristigen Entwicklung der Erwerbstätigkeit in Deutschland. *Zeitschrift für Arbeitsmarktforschung, 1*, 29-48.

Bonin, H. (2014). *Der Beitrag von Ausländern und künftiger Zuwanderung zum deutschen Staatshaushalt*, ZEW – Zentrum für Europäische Wirtschaftsforschung GmbH, Mannheim. Studie im Auftrag der Bertelsmann Stiftung.

Die Beauftragte der Bundesregierung für Migration, Flüchtlinge und Integration (2014). 10. Bericht der Beauftragten der Bundesregierung für Migration, Flüchtlinge und Integration über die Lage der Ausländerinnen und Ausländer in Deutschland. www.integrationsbeauftragte.de

EXIS Europa e.V. (Hrsg.) (2010). Anerkennung ausländischer Qualifikationen in Sachsen – eine Situations- und Bedarfsanalyse URL: http://www.bamf.de/SharedDocs/Anlagen/DE/Downloads/Infothek/Forschung/Studien/ansa-studie.pdf?__blob=publicationFile

Fuchs, J., Söhnlein, D. & Weber, B. (2011). Projektion des Arbeitskräfteangebots bis 2050. Rückgang und Alterung sind nicht mehr aufzuhalten. *IAB-Kurzbericht, 16*. Nürnberg.

Müller, E.M. & Ayan, T. (2015a). Arbeitsmarktchancen in Abhängigkeit vom Anerkennungsstatus von im Ausland erworbenen Qualifikationen – Eine Analyse am Beispiel des Sozial- und Gesundheitssektors. In: T. Ayan (Hrsg.): *Anerkennung ausländischer Qualifikationen: Forschungsergebnisse und Praxisbeispiele*. (151-168). Köln: Kölner Wissenschaftsverlag.

Müller, E.M. & Ayan, T. (2015b). Sprachliche Verständlichkeit von Anerkennungsbescheiden. In: T. Ayan (Hrsg.): *Anerkennung ausländischer Qualifikationen: Forschungsergebnisse und Praxisbeispiele*. (75-98). Köln: Kölner Wissenschaftsverlag.

OECD (2012). International Migration Outlook 2012, URL: http://dx.doi.org/10.1787/migr_outlook-2012-en

Schulz von Thun, F. (2010). *Miteinander reden 1. Störungen und Klärungen. Allgemeine Psychologie der Kommunikation* (48. Auflage). Reinbek: Rowohlt Taschenbuch Verlag.

6 Sprachliche Verständlichkeit von Anerkennungsbescheiden

Eva M. Müller, Türkan Ayan

Unter der Mitarbeit von Lucia Mihali und Bernd Hammann

1 Einleitung	76
2 Messung der Textverständlichkeit – Das Hamburger Modell	78
3 Methodisches Design	81
3.1 Teilnehmerakquise	81
3.2 Das Hamburger Modell und die Messung der Verständlichkeit von Anerkennungsbescheiden	81
3.2.1 Die Messskala	81
3.2.2 Die Messung der einzelnen Kategorien der sprachlichen Verständlichkeit	82
4 Die Verständlichkeit der Anerkennungsbescheide	87
4.1 Sprachliche Einfachheit	87
4.2 Gliederung und Ordnung	90
4.3 Kürze und Prägnanz	92
4.4 Zusätzliche Stimulanz	92
5 Fazit und Ausblick	94
Literatur	97

1 Einleitung

> „Die Verwaltungssprache hat keinen guten Ruf.
> Es ist vielmehr beliebt, sie zu kritisieren und zu karikieren."
> (Fries, 2004a, S. 225)

Nicht zuletzt aufgrund der aktuellen Finanz- und Wirtschaftskrise und eines liberalen Einwanderungsgesetzes kann für das Jahr 2013 ein Wanderungsüberschuss von 437.000 Personen festgestellt werden – der höchste Wert seit 1993. Insgesamt sind im Jahr 2013 727.000 Ausländerinnen und Ausländer nach Deutschland eingewandert (vgl. Statistisches Bundesamt, 2014). Jeder fünfte Bürger in Deutschland besitzt einen Migrationshintergrund, zwei Drittel von ihnen (13,3% der Gesamtbevölkerung Deutschlands) eine eigene Migrationsgeschichte (Die Beauftragte der Bundesregierung für Migration, Flüchtlinge und Integration, 2014, S. 29). Obwohl viele der Zuwanderer über eine gute berufliche Qualifizierung, einen Fachhochschul- oder Hochschulabschluss verfügen (vgl. Meier-Braun, 2013, S. 15, Baas & Brücker, 2011, S. 5; Baas, 2010, S. 14), scheint das Thema Migration „in der öffentlichen Wahrnehmung nach wie vor eher als Problem denn als Potenzial" aufgefasst zu werden (IQ – Netzwerk Integration durch Qualifizierung, 2014a, S. 4). Die Tatsache, dass Bildungsausländerinnen und -ausländer im Vergleich zu den Bildungsinländern weitaus häufiger in Tätigkeiten unterhalb ihrer Qualifikation beschäftigt sind, zeigt, dass die mitgebrachten Potenziale nur unzureichend genutzt werden (vgl. Nohl, Ofner & Thomsen, 2010, S. 68). Zudem ist die Armutsgefährdungsquote[77] bei Personen mit Migrationshintergrund (26,8%) mehr als doppelt so hoch wie bei Personen ohne Migrationshintergrund (12,3%) – und dies unabhängig vom Bildungsstand. Gleiches gilt für das Risiko arbeitslos zu werden: auch dieses ist bei Personen mit Migrationshintergrund fast doppelt so hoch wie bei Personen ohne Migrationshintergrund (vgl. Die Beauftragte der Bundesregierung für Migration, Flüchtlinge und Integration, 2014, S. 37 ff.).

Gerade mit Blick auf die demografische Entwicklung ist Deutschland auf die vorhandenen inländischen, aber auch auf die Potenziale und Kompetenzen von zukünftigen Zuwanderinnen und Zuwanderern angewiesen (vgl. IQ – Netzwerk Integration durch Qualifizierung, 2014a, S. 5). Damit Migrantinnen und Migranten ihre Kompetenzen nutzbar machen können, müssen sie erfolgreich und somit qualifikationsadäquat in den Arbeitsmarkt integriert sein. Eine solche bedingt – vor allem im Bereich der reglementierten Berufe[78] – die Aner-

---

[77] „Als armutsgefährdet gelten in Deutschland jene Menschen, deren verfügbares Einkommen weniger als 60% des mittleren Einkommens beträgt" (Die Beauftragte der Bundesregierung für Migration, Flüchtlinge und Integration, 2014, S. 37).

[78] „Reglementierte Berufe sind berufliche Tätigkeiten, deren Aufnahme oder Ausübung durch Rechts- oder Verwaltungsvorschriften an den Besitz bestimmter Berufsqualifikationen gebunden ist; eine Art der Ausübung ist die Füh-

kennung der im Ausland erworbenen Qualifikationen (vgl. Englmann & Müller-Wacker, 2010; Müller & Ayan, 2015, in diesem Band). Die notwendigen gesetzlichen Voraussetzungen hierfür wurden mit Inkrafttreten des Gesetzes über die Feststellung der Gleichwertigkeit von Berufsqualifikationen (Berufsqualifikationsfeststellungsgesetz – BQFG) am 01. April 2012 und der entsprechenden nachfolgenden Landesanerkennungsgesetze gelegt (vgl. auch den Beitrag von Körtek, 2015, in diesem Band). „Durch das Anerkennungsgesetz werden die Strukturen und Verfahren zur Bewertung von im Ausland erworbenen beruflichen Qualifikationen weiter geöffnet, vereinfacht und verbessert" (Bundesministerium für Bildung und Forschung [BMBF], 2012, S. 3). Die Ziele dieses Gesetzes liegen in einer verbesserten Nutzung vorhandener Potenziale, einer qualifikationsadäquaten Beschäftigung sowie der Gewinnung und Integration von ausländischen Fachkräften (vgl. BMBF, 2012, S. 3). Die Bewertung der Gleichwertigkeit der mitgebrachten ausländischen Qualifikationen soll bundesweit in möglichst einheitlichen Verfahren erfolgen (vgl. BMBF, 2012, S. 12 f.). Das Ergebnis dieser Prüfung wird in sogenannten Anerkennungsbescheiden schriftlich fixiert.

Mit diesen Bescheiden sollte das Ziel einhergehen, Transparenz über die vorhandenen Kompetenzen und Qualifikationen der Migrantinnen und Migranten zu schaffen. Dies ist keineswegs nur für die Antragstellenden, sondern auch für potenzielle Arbeitgeber von großem Interesse, da hinsichtlich ausländischer Zeugnisse oft Unsicherheiten bestehen (vgl. Englmann & Müller-Wacker, 2010, S. 93). Neben inhaltlich verwertbaren Informationen (vgl. Mihali & Ayan, 2015, in diesem Band) sollten die Bescheide auch sprachlich verständlich sein, denn nur so kann ein Wissenstransfer sichergestellt werden. Englmann und Müller-Wacker (2010, S. 33) raten daher, „fachwissenschaftliche oder juristische Termini" möglichst zu vermeiden oder in die Alltagssprache einzubinden. Michael Gwosdz, Leiter der „Zentralen Anlaufstelle Anerkennung Hamburg", erläutert hingegen in einem Interview, dass es „in der Verwaltung […] Bereiche [gibt], die teilweise bewusst nicht sprachsensibel sind, weil die Amtssprache Deutsch ist und der rechtliche Zusammenhang beachtet werden muss. Wenn kein juristisches Vokabular verwendet wird, dann ist der Bescheid schon nicht mehr juristisch eindeutig" (IQ - Netzwerk Integration durch Qualifizierung, 2014b, S. 1). Dass in den Anerkennungsbescheiden Rechtsbegriffe unentbehrlich sind, ergibt sich aus § 35 Abs. 1 SGB X, der „grundsätzlich dazu verpflichtet, ihre Entscheidung zu begründen" (Fries, 2004a, S. 225). Da die Bescheide für Laien und insbesondere für Nichtmuttersprachler aufgrund ihrer „bürokratischen Sprachkonstruktionen" nicht immer verständlich sind (Englmann & Müller-Wacker, 2010, S. 12 f.), müssen diese „sprachlich komplexen Informationen […] in eine kundenadäquate und verständliche Sprache „übersetzt" [werden]" (La Mura Flores & Scheerer-Papp, 2014, S. 5; vgl. auch IQ - Netzwerk Integration durch Qualifizierung, 2014b, S. 1). Auch wenn Beratungsstellen diese Aufgabe übernehmen, so ist es die Aufgabe der Verwaltung, die Bürgerinnen und Bürger über ihre Rechte und Pflichten – in verständlicher Sprache – zu informieren. In § 17 Abs. 1 Nr. 3 SGB I wird beispielsweise

---

rung einer Berufsbezeichnung, die durch Rechts- oder Verwaltungsvorschriften auf Personen beschränkt ist, die über bestimmte Berufsqualifikationen verfügen." (§ 3 Absatz 5 BQFG).

von allgemein verständlichen Antragsvordrucken gesprochen (vgl. auch Fries, 2004a, S. 225). Auch nach Ansicht des Bundesministeriums für Justiz sollte die Sprache in Behördenschreiben, Gesetzestexten und Verordnungen für alle Bürger verständlich sein. Seit dem Jahr 1999 existieren hierzu „allgemeine Empfehlungen für das Formulieren von Rechtsvorschriften[,] [...] [die] im Verwaltungsalltag jedoch weitestgehend unbeachtet [bleiben]" (Deutscher Bundestag, 2004). Die in behördlichen Dokumenten verwendete Verwaltungssprache erlaubt auf der einen Seite zwar eine effiziente und exakte Informationsweitergabe, „bezahlt" dies jedoch mit einem „erheblichen Verlust an Allgemeinverständlichkeit" (Fries, 2004a, S. 225). Neben Fachausdrücken sind Substantive, Passivformen und Partizipialkonstruktionen Eigenschaften dieser Fachsprache (vgl. Fries, 2004a, S. 225).

Da bereits an unterschiedlichen Stellen erwähnt wurde, dass auch Anerkennungsbescheide sprachlich schwer verständlich sind und sie den Antragstellenden in eine einfachere Sprache „übersetzt" werden müssen, liegt das Ziel der vorliegenden Arbeit in einer ersten systematischen Auswertung dieser Dokumente. Aufbauend auf dem Hamburger Modell (vgl. Langer, Schulz von Thun & Tausch, 2011) – einem Modell zur Messung der Verständlichkeit von Texten – wird überprüft, inwiefern die Bescheide sprachlich verständlich und an welchen Stellen Verbesserungspotenziale vorhanden sind. Hierzu wird im anschließenden Kapitel 2 ein Modell zur Messung der Verständlichkeit von Texten vorgestellt, ehe selbiges in Kapitel 3 auf die Anerkennungsbescheide adaptiert und angewendet wird. Die Ergebnisdarstellung zur Verständlichkeit der Bescheide findet in Kapitel 4 statt. Ein zusammenfassendes Fazit sowie ein Ausblick (Kapitel 5) schließen die Arbeit.

2   Messung der Textverständlichkeit – Das Hamburger Modell

Als wichtige Vertreter zur Messung der Verständlichkeit von Texten seien Norbert Gröben (1982) sowie das Autorentrio Langer, Schulz von Thun und Tausch (2011) genannt. Während sich die grundlegenden Dimensionen der Textverständlichkeit in beiden Modellen sehr ähneln, liegt der Unterschied im Schwerpunkt der Ansätze. Das Hamburger Modell von Langer et al. (2011) fokussiert die Einfachheit des Textes. Gröben (1982) betrachtet hingegen vor allem die Textgestaltung und legt den Schwerpunkt auf die verständliche Strukturierung wissenschaftlicher Texte. Da es sich in der vorliegenden Analyse nicht um wissenschaftliche Texte, sondern um Anerkennungsbescheide, also um behördliche Dokumente handelt, wird als Auswertungsmethode das Hamburger Modell zugrunde gelegt.

Die Grundidee dieses Ansatzes beruht auf der Gegebenheit, dass beim Austausch von Sachinformationen Verständigungsprobleme auftreten können. Eine Ursache hierfür liegt in der Schwere der Textverständlichkeit. Verständlichkeit ist laut Schulz von Thun (2010, S. 140) „eine Eigenschaft von Informationstexten, die in vier Bereiche („Verständlichmacher") zerfällt":

(1) Sprachliche Einfachheit
(2) Gliederung und Ordnung
(3) Kürze und Prägnanz
(4) Zusätzliche Stimulanz

Die Autoren gehen davon aus, dass sich die Verständlichkeit aller Texte in dieser Weise messen lässt, da jeder Text diese „Verständlichmacher" enthält. Hierbei sollten die vier Dimensionen nacheinander geprüft und anschließend verbessert werden. Bei Untersuchungen zeigte sich, dass verständliche Texte mit mehr Interesse gelesen werden und sich die Leser darüber hinaus signifikant mehr Inhalte der Texte merken konnten als bei unverständlicheren Texten (vgl. Schulz von Thun, 2010, S. 154 f.). Nachfolgend werden die vier „Verständlichmacher" näher erläutert.

(1) Sprachliche Einfachheit
Aus Sicht der Autoren stellt die Einfachheit den wichtigsten „Verständlichmacher" dar. Generell kann hierunter die Art der Formulierung verstanden werden. Die Sätze sollten nicht zu lang sein, bekannte Wörter und Veranschaulichungen angewendet sowie Fach- und Fremdwörter erklärt werden (vgl. Langer et al., 2011, S. 22). Es ist jedoch zu beachten, dass die Verständlichkeit eine Satzes „nicht von der Zahl der Wörter ab[hängt], sondern von der Zahl der Informationen, die vom Gehirn verarbeitet werden müssen. [...] Je größer die Informationsdichte ist, desto kürzer müssen [folglich] die Sätze sein (Fries, 2004b, S. 262). Zu komplexe Sätze, sogenannte Schachtelsätze, sollten ebenso vermieden werden (vgl. Fries, 2004b, S. 263) wie komplizierte Satzverknüpfungen (bspw. aufgrund von…) (vgl. La Mura Flores & Scheerer-Papp, 2014, S. 10). Auch die Verwendung von Substantiven, bzw. substantivierten Verben wirkt sich negativ auf das Textverständnis aus (vgl. Fries, 2004a, S. 226). In der Verwaltungssprache werden darüber hinaus oft Passivkonstruktionen verwendet (bspw. „wird nicht nachgewiesen"; „verlangt werden kann"), die eine gewisse Distanz oder Verantwortungsdiffusion implizieren können. Ebenfalls beliebt ist die Verwendung von Partizipien (bspw. „nachgewiesenen", „absolvierten", „abgeleiteten"), welche die Schwere des Textes erhöhen (vgl. Fries, 2004a, S. 227).

(2) Gliederung und Ordnung
An zweiter Stelle steht die Gliederung und Ordnung der Texte. Ihr Gegenpol ist die Unübersichtlichkeit. Dieser Aspekt thematisiert den Aufbau des Gesamttextes. Dabei spielt die Textlänge eine wichtige Rolle: Je länger der Text ist, desto wichtiger sind Gliederung und Ordnung. Wichtig ist, dass der Leser die Übersicht über den Text behält. Dies kann durch eine „äußere Übersichtlichkeit" („Gliederung") und eine „innere Folgerichtung" („Ordnung") des Textes erreicht werden. Während die äußere Übersichtlichkeit durch „Absätze, Überschriften, strukturierende Bemerkungen und die Hervorhebung wichtiger Stellen" (Schulz von Thun, 2010, S. 144) gekennzeichnet ist, ist unter der „inneren Folgerichtigkeit"

der logische Aufbau[79] des Textes zu verstehen (vgl. Schulz von Thun, 2010, S. 144). Fries (2004b, S. 263) betont, dass „der Autor [...] die Sachstruktur seines Themas kennen [und] [...] für jeden einzelnen Teil die passende Ordnung suchen [muss]." Auch wenn für Bescheide nützliche Textbausteine oder Schemata vorhanden sind, die eine gewisse Ordnung vorgeben, ist hierdurch noch nicht die inhaltliche Stringenz eines Textes gewährleistet. Diese kann durch verschiedene Prinzipien der Ordnung, wie beispielsweise deduktive Ordnung (vom Allgemeinen zum Besonderen), induktive Ordnung (vom Besonderen zum Allgemeinen), gefühlsmäßige Ordnung (von weniger wichtigen Aspekten zu wichtigen), kausale Ordnung (Ursache und deren Wirkung erläutern) oder chronologische Ordnung (zeitliche Reihenfolge) erreicht werden (vgl. Fries, 2004b, S. 263).

(3) Kürze und Prägnanz
Der dritte „Verständlichmacher" ist die Kürze und Prägnanz eines Textes. Sein Gegenspieler ist die Weitschweifigkeit. Der ideale Text befindet sich zwischen beiden Polen. Sind wenige Ausschweifungen für den Leser noch anschaulich und unterstützen das Leseverständnis, können zu viele hingegen überfordern (vgl. Schulz von Thun, 2010, S. 145). Sind Informationsdichte und Komplexität eines Textes sehr groß, kann es hilfreich sein, wichtige und komplizierte Informationen zu wiederholen (vgl. La Mura Flores & Scheerer-Papp, 2014, S. 10) oder zu erklären.

(4) Zusätzliche Stimulanz
Der letzte „Verständlichmacher", die zusätzliche Stimulanz, ist in ihrer Ausprägung sehr vielfältig und soll den Leser gefühlsmäßig ansprechen. Sie umfasst u. a. die Nutzung sprachlicher Bilder, Beispiele, Analogien und Zeichnungen. Das Interesse des Lesers soll erhalten werden und der Leser sich persönlich angesprochen fühlen (vgl. Langer et al., 2011, S. 27; Schulz von Thun, 2010, S. 146 ff.). Für behördliche Schreiben kommen gemäß Fries (2004b, S. 264) „die wörtliche Rede, rhetorische Fragen, lebensnahe Beispiele, das direkte Ansprechen des Lesers, die Benutzung des Personalpronomens „ich" und in Formularen des Pronomens „wir" sowie die Verwendung der üblichen Höflichkeitsfloskeln, um Mitgefühl und menschliche Anteilnahme auszudrücken", in Betracht.

Inwiefern sich das beschriebene Modell zur Messung der Verständlichkeit in der Praxis umsetzen und auf Anerkennungsbeispiele anwenden lässt, wird im nachfolgenden Kapitel 3 näher beschrieben.

---

[79] Die Logik des Textaufbaus richtet sich nach der Textgattung. So sind beispielsweise journalistische Texte anders aufgebaut als wissenschaftliche Texte, Sachtexte oder Flyer.

3 Methodisches Design

3.1 Teilnehmerakquise

Um die sprachliche Verständlichkeit der behördlichen Dokumente analysieren zu können, wurden zwischen Juli 2013 und März 2014 mehrere Anerkennungsstellen für die Berufe Erzieher, Gesundheits- und Krankenpfleger sowie Altenpfleger mit dem Ziel, Einsicht in anonymisierte Bescheide zu erhalten, kontaktiert (vgl. Mihali, Müller & Ayan, 2015, in diesem Band; Mihali & Ayan, 2015, in diesem Band). Während der ersten telefonischen Kontaktaufnahme mit den zuständigen Mitarbeitern der anerkennenden Stellen, die eine ausführliche Beschreibung des Vorhabens erhielten, musste festgestellt werden, dass große Bedenken in Bezug auf das Vorhaben bestehen. Einerseits aus personellem und folglich zeitlichem Ressourcenmangel, andererseits aufgrund von Unsicherheiten hinsichtlich der Einhaltung datenschutzrechtlicher Bestimmungen. In einer anschließenden zweiten Akquise-Runde wurden daher direkt die zuständigen Abteilungs- bzw. Referatsleiter – zunächst schriftlich – über das Projekt und die konkrete Anfrage informiert und anschließend telefonisch kontaktiert. Dieses Vorgehen erwies sich als erfolgreicher, sodass die ersten Besuche in den Anerkennungsstellen im Herbst 2013 stattfinden konnten. Durch die persönliche Vorstellung des Projekts sowie des Forschungsanliegens konnten die Bedenken ab- und Vertrauen in das Vorhaben aufgebaut werden, sodass insgesamt 39 anonymisierte Bescheide für den Bereich „Erziehungsberufe" aus zwei Bundesländern zur Verfügung gestellt wurden.

Um auch in die Bescheide für den Beruf des Gesundheits- und Krankenpflegers Einsicht zu erhalten, wurden in einem dritten Akquise-Schritt Anerkennungsberater, Migrationsberater und Migrantenorganisationen kontaktiert. So konnten über die angefragten Stellen aus denselben zwei Bundesländern insgesamt 54 Bescheide für Gesundheits- und Krankenpfleger direkt von den Antragstellern gewonnen werden.

Alle ausgehändigten Anerkennungsbescheide wurden vor Ausgabe an die wissenschaftlichen Mitarbeiterinnen anonymisiert, sodass sie keine Daten enthielten, die Einzelpersonen zuzuordnen sind.

3.2 Das Hamburger Modell und die Messung der Verständlichkeit von Anerkennungsbescheiden

3.2.1 Die Messskala

Grundsätzlich gilt, dass die Messung der Verständlichkeit nach den vier Kriterien (1) sprachliche Einfachheit, (2) Gliederung und Ordnung, (3) Kürze und Prägnanz sowie (4) zusätzliche Stimulanz (vgl. Kapitel 2) möglich ist, da alle vier unabhängig vom Inhalt eines Informationstextes bewertet werden können.[80] Die Textbewertung erfolgt, indem der Beur-

---

[80] Zur inhaltlichen Verwertbarkeit der Anerkennungsbescheide vergleiche den Artikel von Mihali & Ayan, 2015, in diesem Band.

teiler jedes Kriterium analysiert und diesem einen Wert zuordnet. Die Messskala des Modells von Langer et al. (2011) unterscheidet hierbei die fünf Abstufungen „sehr positiv", „positiv", „indifferent", „negativ" und „sehr negativ" (++, +, 0, -, --). Es findet somit eine sehr differenzierte Bewertung der Texte statt, bei der sich die Autoren auf die Schätzurteile mehrerer Beurteiler verlassen (vgl. Langer et al., 2011, S. 186 ff.).

In der vorliegenden Studie sollte ein vorgeschalteter Pretest die Machbarkeit der Prüfung von Anerkennungsbescheiden auf ihre sprachliche Verständlichkeit nach obigem Modell testen. Hierzu wurde eine zufällige Auswahl an Bescheiden unabhängig von drei Personen analysiert. Es zeigte sich, dass die Urteile der drei Tester oft voneinander abwichen. Aus diesem Grund wurde die Abstufung von fünf Bewertungskategorien, die viel subjektiven Interpretationsspielraum offen ließ, auf drei Bewertungsstufen reduziert. Das verwendete Bewertungssystem beinhaltet die Abstufungen „0", „0,5" und „1". Es wird folglich nur erfasst, ob ein Kriterium sehr gut (1), mittelmäßig (0,5) oder gar nicht/schlecht (0) erfüllt wird.

Um die vorliegenden Verwaltungsdokumente analysieren zu können, werden die von Langer et al. (2011) identifizierten vier „Verständlichmacher" zum Zweck der Analyse von behördlichen Dokumenten operationalisiert und ein differenziertes Kategoriensystem entwickelt. Es handelt sich bei der vorliegenden Analyse um ein exploratives Vorgehen. Das verwendete Verständlichkeitsmodell wird zum ersten Mal auf die behördlichen Dokumente der Anerkennungsbescheide angewandt und diese ebenfalls zum ersten Mal systematisch auf ihre sprachliche Verständlichkeit hin überprüft. Die Analyse betritt somit Neuland und leistet eine Pionierarbeit im Hinblick auf die wissenschaftliche Auswertung dieser Dokumente.

3.2.2 Die Messung der einzelnen Kategorien der sprachlichen Verständlichkeit
Kategorie 1: Sprachliche Einfachheit
Die sprachliche Einfachheit setzt sich aus folgenden Unterkategorien zusammen:

- Vermeidung von substantivierten Verben,
- Einfache Verbformen (keine Partizipien oder Konjunktive),
- Einfacher Satzbau, keine Schachtelsätze,
- Verwendung von Aktiv- statt Passivkonstruktionen und
- Ausschreiben von Abkürzungen

Da es sich bei der sprachlichen Einfachheit gemäß Schulz von Thun (2010) um die wichtigste Kategorie im Sinne der Textverständlichkeit handelt, werden die Kriterien zur Messung dieser Kategorie streng gesetzt. Die Festlegung der Bewertungsstufen erfolgte hierbei in einem mehrstufigen und rekursiven Prozess. Die Grenzen wurden anhand der bewerteten

Anerkennungsbescheide und dem mehrmaligem Vergleich dieser untereinander festgelegt. Im Gegensatz zum Ansatz von Langer et al. (2011), werden für diese Kategorie harte Kriterien definiert, die messbar sind. Die Unterkategorien werden wie folgt bewertet:

- **Vermeidung von substantivierten Verben:** Enthält das beurteilte Dokument kein substantiviertes Verb, so wird die Kategorie mit „1" bewertet. Können ein oder zwei substantivierte Verben festgestellt werden, erfolgt eine Bewertung mit „0,5". Bei der Verwendung von drei und mehr substantivierten Verben wird der Kategorie eine „0" zugeordnet.

- **Einfache Verbformen:** Die Verwendung von Partizipien und Konjunktiven führt ebenfalls zu einer erhöhten Textschwierigkeit. Enthält ein Text keine oder maximal vier solcher Konstruktionen, wird die Kategorie mit dem Wert „1" beurteilt. Bei fünf bis maximal acht komplexen Verbformen wird der Wert „0,5" zugeordnet. Können mehr als 8 Partizipien oder Konjunktive festgestellt werden, erfolgt eine Bewertung mit „0".

- **Einfacher Satzbau, keine Schachtelsätze:** Die Verständlichkeit der Texte hängt entscheidend davon ab, wie komplex die einzelnen Sätze sind. Hierzu zählen zum einen verschachtelte Sätze, also die Verwendung mehrerer ineinander verwobener Relativsätze. Zum anderen aber auch Sätze, die kompliziert aufgebaut sind und die durch die Verwendung einfacher Relativsätze „entzerrt" werden könnten. Zur Messung wird das Verhältnis aus der Anzahl an komplizierten bzw. verschachtelten Zeilen zur Gesamtzahl der Zeilen gesetzt. Sind im Dokument maximal 20% der Zeilen komplex, erfolgt eine Bewertung mit „1". Zwischen 21% und maximal 40% wird der Kategorie der Wert „0,5" zugeordnet. Besteht ein Text zu mehr als 40% aus komplexen oder verschachtelten Zeilen, so wird dieser mit „0" bewertet.

- **Verwendung von Aktiv- statt Passivkonstruktionen:** Analog zur Beurteilung der einfachen Verbformen, wird auch dieser Unterkategorie der Wert „1" zugeordnet, wenn sich im Text maximal vier Passivkonstruktionen befinden. Verwendet das Dokument fünf- bis einschließlich achtmal passiv statt aktiv, erfolgt die Beurteilung mit „0,5". Bei mehr als acht Passivkonstruktionen wird die Kategorie mit „0" bewertet.

- **Ausschreiben von Abkürzungen:** Auch wenn einige Abkürzungen im deutschen Sprachgebrauch als gängig erscheinen, behindern sie den Lesefluss. Zudem kann nicht sichergestellt werden, dass die Antragstellerin oder der Antragsteller diese Abkürzungen kennt. Da Abkürzungen grundsätzlich vermeidbar sind, erfolgt eine strenge Bewertung – analog zur Verwendung substantivierter Verben. Enthält das Dokument keine – nicht erklärten – Abkürzungen, so wird die Kategorie mit „1" bewertet.

Bei ein oder maximal zwei Abkürzungen erfolgt eine Beurteilung mit „0,5" und ab drei Abkürzungen mit „0". Bei dieser Unterkategorie sei angemerkt, dass Abkürzungen in Rechtsverordnungen oder Gesetzen nicht in die Beurteilung mit eingeflossen sind.

In Tabelle 7 ist die Operationalisierung der Kategorie „sprachliche Einfachheit" zusammenfassend dargestellt.

Tabelle 7: Operationalisierung der sprachlichen Einfachheit.

Kategorie	Messung	Wert
Vermeidung substantivierter Verben	0 substantivierte Verben	1
	1 bis max. 2 substantivierte Verben	0,5
	Mehr als 2 substantivierte Verben	0
Einfache Verbformen	Max. 4 komplizierte Verbformen	1
	5-8 komplizierte Verbformen	0,5
	Mehr als 8 komplizierte Verbformen	0
Einfacher Satzbau, keine Schachtelsätze	Max. 20% des Dokuments komplex	1
	21%-40% des Dokuments komplex	0,5
	Mehr als 40% des Dokuments komplex	0
Verwendung von Aktiv- statt Passiv	Max. 4 Passivkonstruktionen	1
	5-8 Passivkonstruktionen	0,5
	Mehr als 8 Passivkonstruktionen	0
Ausschreiben von Abkürzungen	Alle Abkürzungen ausgeschrieben	1
	1 bis max. 2 nicht ausgeschrieben	0,5
	Mehr als 2 nicht ausgeschrieben	0

Kategorie 2: Gliederung und Ordnung

Die Kategorie „Gliederung und Ordnung" setzt sich aus den folgenden Unterkategorien zusammen:

- Kurzer und klarer Betreff,
- Vorstrukturierung/Zusammenfassung,
- Absatzstruktur,
- Aufzählungen und
- Hervorhebungen

Der **Betreff** wird als kurz und klar beurteilt, wenn dieser den Grund des Anliegens (hier: Antrag auf Anerkennung oder Erlaubnis zur Führung einer Berufsbezeichnung) und gegebenenfalls das Antragsdatum enthält. Weitere Informationen, wie die Nennung bereits stattgefundenen Schriftverkehrs, überladen den Betreff unnötig und werden entsprechend negativ beurteilt. Eine **Vorstrukturierung bzw. Zusammenfassung** zu Beginn des Dokuments enthält in Kurzform das Ergebnis des Antrags. Die Antragstellerin/der Antragsteller weiß somit unmittelbar, ob der Antrag positiv oder negativ beschieden wurde oder weitere Schritte für eine volle Gleichwertigkeit notwendig sind. Dies trägt zu einem besseren Verständnis der Bescheide bei und wird folglich positiv bewertet. Ebenfalls positiv auf die Textverständlichkeit wirkt sich eine stringente Struktur aus. Sind Absätze vorhanden und bauen diese inhaltlich logisch aufeinander auf? Werden die Themen durch Zwischenüberschriften verdeutlicht? Sofern diese Fragen mit „ja" beantwortet werden können, erfolgt eine positive Beurteilung der Unterkategorie **Absatzstruktur**. Durch die Verwendung von **Aufzählungen** kann die Übersichtlichkeit eines Dokuments deutlich verbessert werden. Sind Aufzählungen vorhanden und sinnvoll eingesetzt, wirkt sich dies positiv auf die Beurteilung aus. Fehlen nach Einschätzung der Beurteiler Aufzählungen, wirkt sich dies negativ aus. Sind keine Aufzählungen vorhanden, aber auch nicht notwendig, wird die Kategorie dennoch mit „1" bewertet. Dies ist meist bei positiven Bescheiden der Fall, da diese sehr kurz sind. Die letzte Unterkategorie bilden **Hervorhebungen** wie Fettdruck oder Unterstreichungen. Die Verwendung dieser Mittel trägt ebenfalls zu einem besseren Textverständnis bei, da wichtige Aspekte dem Leser direkt ins Auge fallen. Das reine Vorhandensein von Hervorhebungen reicht jedoch nicht aus, um eine positive Bewertung herbeizuführen. Diese müssen zudem sinnvoll eingesetzt sein. Fehlen wichtige Hervorhebungen, wirkt sich dies negativ auf die Beurteilung aus.

In Tabelle 8 ist die Operationalisierung der Kategorie „Gliederung und Ordnung" zusammenfassend dargestellt.

Tabelle 8: Operationalisierung der Gliederung und Ordnung.

Kategorie	Messung	Wert
Kurzer, klarer Betreff	Grund des Anliegens & Datum	1
	Zusätzliche (nicht notwendige Infos)	0
Vorstrukturierung / Zusammenfassung	Vorhanden	1
	Nicht vorhanden	0
Absatzstruktur	Stringent und sichtbar	1
	Vorhanden, Verbesserung möglich	0,5
	Nicht vorhanden	0
Aufzählungen	Vorhanden und sinnvoll	1
	Nicht vorhanden, nicht notwendig	1
	Vorhanden, weitere notwendig	0,5
	Nicht vorhanden, aber notwendig	0
Hervorhebungen	Vorhanden und sinnvoll	1
	Nicht vorhanden, nicht notwendig	1
	Vorhanden, weitere notwendig	0,5
	Nicht vorhanden, aber notwendig	0

Kategorie 3: Kürze und Prägnanz

Laut Schulz von Thun (2010) sind zu kurze Texte ebenso schwierig zu lesen wie zu weitschweifende. Daher sei eine mittlere Bewertung anzustreben. Dies trifft ebenfalls auf die vorliegenden Anerkennungsbescheide zu. Zwar müssen die Bescheide klar verständlich sein und sollten keine redundanten Informationen enthalten, aber ein zu komprimierter Text erschwert das Verständnis. Ist der Text folglich sehr kurz gehalten, wird der Wert „1" vergeben. Sind zudem Erläuterungen enthalten, die dem Textverständnis dienlich sind – auch wenn diese etwas umfangreicher sind – wird der Wert „0,5" vergeben, was als „optimal" angesehen wird. Für die Bewertung der Kategorie Kürze und Prägnanz werden die folgenden Unterkategorien betrachtet:

- **Kürze der Information:** Hierbei wird es als positiv erachtet, wenn die notwendigen (und gesetzlich vorgeschriebenen) Informationen genannt und auch näher erläutert werden. Es sollen jedoch keine ausschweifenden, nicht zielführenden Ausführungen erfolgen.

- **Füllwörter:** Hierunter werden nicht notwendige Wörter verstanden. Ein Text wird umso prägnanter und kürzer, je weniger Füllwörter enthalten sind.

- **Inhaltliche Doppelungen:** Notwendig sind inhaltliche Doppelungen nicht. Sie können jedoch auch positiv zum Textverständnis beitragen, wenn wichtige Sachverhalte nochmals – in einem anderen Kontext oder in einem anderen Wortlaut – wiederholt werden. Zudem unterstreicht dies die Relevanz der Information. Enthält ein Text keine inhaltlichen Doppelungen, wird dieser Kategorie der Wert „1" zugeordnet.

In Tabelle 9 ist die Operationalisierung der Kategorie „Gliederung und Ordnung" zusammenfassend dargestellt.

Tabelle 9: Operationalisierung der Kürze und Prägnanz.

Kategorie	Messung	Wert
Kürze der Information	Knappe, notwendige Informationen	1
	Zusätzliche (hilfreiche) Erklärungen	0,5
	Viele und nicht notwendige Erklärungen	0
Füllwörter	Keine Füllwörter	1
	Wenige Füllwörter	0,5
	Viele Füllwörter/sehr ausschweifend	0
Inhaltliche Doppelungen	Keine inhaltlichen Dopplungen	1
	Wenige inhaltliche Dopplungen	0,5
	Viele inhaltliche Dopplungen	0

Kategorie 4: Zusätzliche Stimulanz

Da eine zusätzliche Stimulanz, wie bildliche Darstellungen oder Analogien in behördlichen Dokumenten nicht zu erwarten sind, wird lediglich überprüft, ob eine **persönliche Anrede** stattfindet, **Hinweise, Anregungen und Beispiele** gegeben und **Ich-Botschaften** gesendet werden. Hinweise in den Anerkennungsbescheiden können beispielsweise auch gesetzlicher Natur, wie das Wahlrecht zwischen einem Anpassungslehrgang (Praktikum im Krankenhaus) und einer Kenntnisprüfung sein. Werden diese nicht genannt, wirkt sich dies negativ auf die Beurteilung der Unterkategorie aus. Als weitere hilfreiche Hinweise sind konkrete Angaben zu Anpassungslehrgängen, wie beispielsweise Dauer, Verlauf, oder notwendige Inhalte der Qualifizierungsmaßnahme denkbar.

In Tabelle 10 ist die Operationalisierung der Kategorie „Gliederung und Ordnung" zusammenfassend dargestellt.

Tabelle 10: Operationalisierung der zusätzlichen Stimulanz.

Kategorie	Messung	Wert
Persönliche Anrede	Vorhanden	1
	Nicht vorhanden	0
Hinweise, Anregungen	Ausreichend vorhanden/verständlich	1
	Vorhanden, aber lückenhaft	0,5
	Nicht vorhanden / unzureichend	0
Ich-Botschaften	Vorhanden	1
	Nicht vorhanden	0

4 Die Verständlichkeit der Anerkennungsbescheide

4.1 Sprachliche Einfachheit

Wie im methodischen Design beschrieben, sind Texte als „sprachlich einfach" zu bewerten, wenn sie auf substantivierte Verben und Schachtelsätze verzichten, eine einfache und kurze Ausdrucksweise, aktiv-Formulierungen sowie verständliche Verbformen aufweisen und Abkürzungen ausgeschrieben werden. Je näher die Werte bei „1" liegen, umso besser ist die jeweilige Unterkategorie hinsichtlich der sprachlichen Verständlichkeit zu beurteilen.

Über alle 93 analysierten Bescheide erreicht die Kategorie „Sprachliche Einfachheit" einen akzeptablen Wert von 0,71. Die einzelnen Unterkategorien schwanken hierbei moderat zwischen 0,61 (verständliche Verbformen) und 0,83 (keine substantivierten Verben). Größere Unterschiede weisen hingegen die Gesamtwerte der sprachlichen Einfachheit für die beiden Berufsgruppen Erzieher sowie Gesundheits- und Krankenpfleger (GuK-Pfleger) auf. So kann eine Spannweite von 0,44 für den Erzieherberuf in Bundesland 1 (B1) und 0,82 für Gesundheits- und Krankenpfleger in Bundesland 2 (B2) festgestellt werden (vgl. Tabelle 11). Die sprachliche Einfachheit scheint sich somit sowohl regional als auch zwischen den verschiedenen Berufsfeldern voneinander zu unterscheiden.

Tabelle 11: Sprachliche Einfachheit nach Unterkategorien.

Sprachliche Einfachheit	N	keine substantivierten Verben	verständliche Verbformen	keine Schachtelsätze	aktiv (statt passiv)	Abkürzungen ausschreiben	Total
Erzieher B1	13	0,538	0,154	0,385	0,692	0,423	**0,438**
Erzieher B2	26	0,981	0,577	0,500	0,750	0,596	**0,681**
GuK-Pfleger B1	48	0,833	0,760	0,904	0,840	0,755	**0,819**
GuK-Pfleger B2	6	0,833	0,583	0,500	0,750	0,167	**0,567**
Total	93	**0,833**	**0,613**	**0,690**	**0,788**	**0,625**	**0,710**

Dies zeigt auch die nähere Betrachtung der einzelnen Unterkategorien. Während deren mittlere Gesamtwerte über alle Anerkennungsbescheide hinweg recht schwach streuen, sind zwischen den Berufen und Bundesländern für die einzelnen Unterkategorien teilweise erhebliche Unterschiede festzustellen. Der Wert für die Unterkategorie „keine substantivierten Verben" liegt für Erzieher aus Bundesland 2 bei 0,981, was bedeutet, dass die meisten der insgesamt N=26 Bescheide keine substantivierten Verben beinhalten. Im Gegensatz hierzu scheint diese Art der Formulierung für Erzieher in Bundesland 1 deutlich häufiger genutzt zu werden (0,538). Während sich die Werte der Unterkategorie „keine substantivierten Verben" für den Erzieherberuf zwischen den Bundesländern 1 und 2 stark voneinander unterscheiden, können für den Gesundheits- und Krankenpfleger hingegen keine Unterschiede festgestellt werden.

Bei den „verständlichen Verbformen" weist der sehr geringe Wert von 0,154 darauf hin, dass diese in Bundesland 1 – zumindest für den Erzieherberuf – kaum Verwendung finden. Die Bescheide enthalten etliche Partizipial- und/oder Konjunktivkonstruktionen, was sich negativ auf die Textverständlichkeit auswirkt. Ähnlich wie bei der Verwendung substantivierter Verben, können auch für diese Unterkategorie erhebliche Unterschiede zwischen den Bundesländern und Berufen identifiziert werden. Ebenfalls verdeutlicht diese Unterkategorie, dass es auch innerhalb des gleichen Bundeslands erhebliche Unterschiede hinsichtlich der sprachlichen Verständlichkeit geben kann. Während der Wert für Erzieher in Bundesland 1 mit 0,154 den geringsten dieser Unterkategorie darstellt, ist der für Gesundheits- und Krankenpfleger (0,76) aus Bundesland 1 gleichzeitig der höchste Wert dieser Kategorie. Zwischen den Berufsgruppen in Bundesland 2 können hingegen keine Unterschiede festgestellt werden.

Ein ähnliches Bild ergibt sich für die Unterkategorie „keine Schachtelsätze". Auch in dieser stellt Bundesland 1 sowohl den minimalen Wert (0,385; Erzieher) als auch den Maximalwert (0,904; Gesundheits- und Krankenpfleger). In Bundesland 2 kann zwischen den Berufsgruppen kein Unterschied festgestellt werden (je 0,5). Die Verwendung von „Aktivstatt Passivkonstruktionen" ist insgesamt auf einem guten Niveau (0,788). Innerhalb dieser Unterkategorie unterscheiden sich weder die Bundesländer noch die Berufsfelder deutlich voneinander. „Abkürzungen" wie z. B., o. g., i. d. R., d. h., bzw., evtl., kommen häufig vor, sind jedoch vermeidbar. Die Werte dieser Unterkategorie streuen recht stark von 0,167 (Gesundheits- und Krankenpfleger in Bundesland 2) bis 0,755 (Gesundheits- und Krankenpfleger in Bundesland 1).

Um einen Eindruck bezüglich der sprachlichen Einfachheit von Anerkennungsbescheiden zu erlagen, werden nachfolgend einige Passagen aus verschiedenen Bescheiden zitiert. In einigen von ihnen mussten zudem Rechtschreib- und Interpunktionsfehler sowie falsch verwendete oder fehlende Wörter festgestellt werden. Dies gilt es unbedingt zu vermieden, da gerade für Nicht-Muttersprachler ein korrekter deutscher Satz für das Leseverständnis unabdingbar ist.

Beispiele für schwer verständliche Sätze u. a. durch Verwendung von Partizipien (Unterkategorie „verständliche Verbformen")
„Ausweislich der hier vorliegenden bewertungsrelevanten Unterlagen erwarben Sie an der […]" (Bescheid Nr. 1; Erzieher)

„Insbesondere fehlt in Ihrer Ausbildung eine regelmäßige, dem Berufspraktikum – nach den in [Bundesland] geltenden Ausbildungs- und Prüfungsordnungen – vergleichbare gelenkte Einarbeitung in die selbstständige berufliche Tätigkeit." (Bescheid Nr. 1; Erzieher)

"Eine staatliche Anerkennung […] kann aber erst nach dem erfolgreich abgeleisteten einjährigen Berufspraktikum […]" (Bescheid Nr.7, Erzieher)

Beispiele für Konjunktive bzw. vage Aussagen (Unterkategorie „verständliche Verbformen")
*„In Ihrem Einzelfall halte ich es für möglich, von der grundsätzlich durchzuführenden Eignungsprüfung zur Feststellung der Gleichwertigkeit abzusehen, wenn ein min. sechsmonatiges freiwilliges Krankenhauspraktikum absolviert wird. […]
Ein Besuch des berufsorientierten Sprachkurses beim Internationalen Bund kann durchaus sinnvoll sein, da im anschließenden Verwaltungsverfahren beim Gesundheitsamt ein Sprachtest in medizinischer Fachsprache verlangt werden kann.[…]
„Außerdem kann es auch schon für das Praktikum erforderlich sein, da mangelnde Sprachkenntnisse die Durchführbarkeit und Beurteilungsfähigkeit des Praktikums beinträchtigen können."* (Bescheid Nr. 4; GuK-Pfleger)

Beispiel für verschachtelte Sätze (Unterkategorie „keine Schachtelsätze")
„Unter Berücksichtigung Ihrer – nicht nachgewiesenen – logopädischen Arbeit in 4 Kindergärten [Land] und Ihrer – ebenfalls nicht nachgewiesenen Tätigkeit im Frühförderischen Sprach- und Bewegungszentrum in [Stadt] sowie Ihrer im Heilpädagogischen Studium absolvierten allgemeinen pädagogischen und psychologischen Lehrveranstaltungen bieten sich unter dem Aspekt der Ihrer beruflichen Ausbildung zugrunde liegenden Ausformung

und unter dem Aspekt der beruflichen Mobilität und Integration für den Erwerb einer Befähigung im Anforderungsprofil der Qualifikation einer Staatlich anerkannten Erzieherin / [Bundesland] zwei Möglichkeiten an:[...]" (Bescheid Nr. 1; Erzieher)

Beispiel für „vermeidbare Passivkonstruktionen" (Unterkategorie „aktiv statt passiv")
„Eine eigenständige polnische Ausbildung zur „Erzieherin" wird von Ihnen nicht nachgewiesen." (Bescheid Nr. 23; Erzieher)

Beispiele für fehlerhafte Sätze (keine entsprechende Unterkategorie)
"Da der Pädagogische Lehrgang bescheinigt Ihnen ein pädagogisches Studium in der Ausrichtung für Grundschullehrer im Sinne der der Karte der Lehrer vom 26.01.1982."
(Bescheid Nr. 23; Erzieher)

„Sehr geehrte Frau [...],
bereits im Jahre 2002 einen Antrag auf Erlaubnis zur Führung der Berufsbezeichnung Gesundheits- und Krankenpfleger gestellt. [...]
Damals wurde Ihnen mitgeteilt, dass Sie die Anerkennung erst an erfolgreichem Ablegen einer Kenntnisprüfung erhalten können." (Bescheid Nr. 31 GuK-Pfleger)

4.2 Gliederung und Ordnung

Die zweite überprüfte Kategorie zur Messung der Verständlichkeit ist die Gliederung und Ordnung. Hierunter fallen ein klarer und kurzer Betreff, eine kurze Zusammenfassung des Ergebnisses, die stringente Gliederung sowie die Verwendung von Aufzählungen und Hervorhebungen. Der Gesamtwert von 0,465 ist deutlich geringer als der Wert der sprachlichen Einfachheit, was auf deutliche Verbesserungspotenziale innerhalb dieser Kategorie schließen lässt (vgl. Tabelle 12).

Tabelle 12: Gliederung und Ordnung nach Unterkategorien.

Gliederung & Ordnung	N	Kurzer Betreff	Zusammen-Fassungen	Absätze logisch	Aufzäh-lungen	Hervorhe-bungen	Total
Erzieher B1	13	0,577	0,231	0,615	0,731	0,577	**0,546**
Erzieher B2	26	0,981	0,423	0,769	0,827	0,077	**0,615**
GuK-Pfleger B1	48	0,740	0,010	0,521	0,053	0,543	**0,373**
GuK-Pfleger B2	6	0,583	0,167	0,583	0,500	0,000	**0,367**
Total	**93**	**0,774**	**0,167**	**0,608**	**0,397**	**0,380**	**0,465**

Auch die Streuung der Gesamtwerte zwischen den einzelnen Unterkategorien ist sehr groß. Während in den meisten Bescheiden ein kurzer und klarer Betreff gewählt wird (0,774), gibt es kaum Bescheide, in denen das Ergebnis zusammenfassend vorangestellt wird (0,167).

Mit einem Wert von 0,423 heben sich die Bescheide für Erzieher aus Bundesland 2 deutlich von den andern Bescheiden ab. Es ist jedoch zu beachten, dass es sich hierbei ausnahmslos um positive Bescheide handelt. Dass eine Vorstrukturierung auch bei einer Teilanerkennung möglich ist, zeigt folgendes Beispiel:

„Die eingehende Prüfung Ihrer eingereichten Unterlagen hat ergeben, dass Ihre Bildungsnachweise nicht der hiesigen Ausbildung einer Staatlich anerkannten Erzieherin / [Bundesland] entspricht. [...] Um die Gleichwertigkeit mit einer Staatlich anerkannten Kinderpflegerin in [Bundesland] zu erlangen, bieten sich zwei Möglichkeiten an:"
(Bescheid Nr. 12; Erzieher)

Die Aussage ist zu Beginn des Dokuments platziert, sodass der Antragstellende sofort über das Ergebnis informiert ist. Welche weiteren Schritte erforderlich sind und auf welchen Begründungen die Entscheidung fußt, wird anschließend erläutert.

Mit einem akzeptablen Wert von 0,608 scheinen die Bescheide eine inhaltliche Stringenz – also eine logische Abfolge der einzelnen Absätze – aufzuweisen, was dem Leseverständnis zuträglich ist. „Aufzählungen" (0,397) und „Hervorhebungen" (0,380) werden hingegen eher sparsam eingesetzt, obwohl deren Einsatz zur Übersichtlichkeit eines Textes beiträgt. Wie aus Tabelle 12 ersichtlich, werden „Aufzählungen" sehr unterschiedlich genutzt. Grundsätzlich scheinen die anerkennenden Stellen für den Beruf des Erziehers diese – im Vergleich zu den Gesundheits- und Krankenpflegern – recht häufig einzusetzen. Auffallend ist der sehr niedrige Wert für die Gesundheits- und Krankenpfleger aus Bundesland 1 mit 0,053. Dies bedeutet, dass in kaum einem der N=48 Bescheide Aufzählungen vorhanden sind, diese jedoch durchaus als notwendig oder hilfreich erachtet werden. Denn der Wert „0" wird in dieser Unterkategorie nur dann vergeben, wenn keine Aufzählungen vorhanden sind, obwohl sie notwendig erscheinen. Kann auf sie verzichtet werden, wird die Kategorie nicht mit dem Wert „0" beurteilt.

Auch „Hervorhebungen", wie beispielsweise Fettdruck oder Unterstreichungen werden insgesamt sehr sparsam und zwischen den Bundesländern höchst unterschiedlich eingesetzt. Während in Bundesland 1 die Werte um 0,55 schwanken, liegen sie in Bundesland 2 nahe bei 0. Nutzt man das Mittel der Hervorhebungen, muss jedoch zwingend die Perspektive des Lesers beachten werden. In einigen Bescheiden waren eher die für den Sachbearbeiter wichtigen Teile hervorgehoben und wesentliche Informationen für den Antragstellenden nicht. Beispielsweise wird das eigentliche Ergebnis eher selten hervorgehoben, ist für den Antragstellenden aber wichtig.

Insgesamt scheinen die Bescheide für Erzieher – unabhängig vom Bundesland – eine bessere Struktur aufzuweisen als Bescheide für Gesundheits- und Krankenpfleger.

4.3 Kürze und Prägnanz

Gemäß Schulz von Thun (2010) sind zu kurze Texte ebenso zu vermeiden wie ausufernde. Beide Extreme wirken sich negativ auf die Textverständlichkeit aus, weswegen in dieser Kategorie – abweichend von allen anderen – ein mittlerer Wert von 0,5 anzustreben ist. Die Kategorie Kürze und Prägnanz setzt sich hierbei aus den Unterkategorien Kürze der Information, Vermeidung von Füllwörtern und Vermeidung von Doppelungen zusammen (vgl. Tabelle 13). Mit einem Gesamtwert von 0,871 scheinen die Informationen in den Dokumenten sehr knapp und effizient dargestellt zu werden. Auffällig ist, dass weder die Werte der einzelnen Unterkategorien noch die Werte nach Bundesland und Berufsgruppe stark streuen. Während der Wert für die Unterkategorie Kürze der Information mit 0,761 darauf schließen lässt, dass zumindest einige der enthaltenen Informationen eine weiterführende Erläuterung enthalten, deuten die Werte für die beiden anderen Unterkategorien darauf hin, dass die verwendete Sprache an sich eher effizient und knapp ist. In Anbetracht der Tatsache, dass es sich bei den Anerkennungsbescheiden um behördliche Dokumente handelt, die einer eigenen Fachsprache unterliegen, verwundert dieses Ergebnis nicht. Im Sinne der Textverständlichkeit ergeben sich hieraus jedoch Handlungsbedarfe.

Tabelle 13: Kürze und Prägnanz nach Unterkategorien.

Kürze & Prägnanz	N	Kürze der Informationen	keine Füllwörter	Doppelungen vermeiden	Total
Erzieher B1	13	0,462	0,885	0,769	**0,705**
Erzieher B2	26	0,654	0,865	1,000	**0,840**
GuK-Pfleger B1	48	0,926	0,936	1,000	**0,954**
GuK-Pfleger B2	6	0,583	0,583	1,000	**0,722**
Total	93	**0,761**	**0,886**	**0,967**	**0,871**

Ein Blick in Tabelle 13 zeigt, dass sich vor allem die Bescheide für Gesundheits- und Krankenpfleger aus Bundesland 1 als sehr kurz und prägnant erweisen. In allen Unterkategorien werden Werte jenseits von 0,92 erreicht. Inwieweit aus solchen Bescheiden noch ein inhaltlicher Mehrwert gezogen werden kann, wird in einem weiteren Aufsatz in diesem Band analysiert und diskutiert (vgl. Mihali & Ayan, 2015, Beitrag in diesem Band). Abgesehen von den Gesundheits- und Krankenpflegern in Bundesland 1, weisen alle anderen Subgruppen bei der Unterkategorie Kürze der Information mittlere Werte auf, was als optimal angesehen werden kann.

4.4 Zusätzliche Stimulanz

Die letzte zu prüfende Kategorie ist die zusätzliche Stimulanz, die in erster Linie das Interesse des Lesers unterstützen soll. Im Falle von behördlichen Dokumenten erweist sich dies jedoch als recht schwierig, da weder Analogien, noch Vergleiche oder bildliche Darstellungen zum Einsatz kommen. Dennoch können in den Bescheiden Hinweise und Anregungen gegeben werden, beispielsweise wenn es sich um die nachfolgend notwendigen Schritte zur Erlangung einer vollständigen Gleichwertigkeit handelt. Auch können in behördlichen Schreiben Ich- und Wir- Botschaften eingesetzt werden, was zu einer höheren Akzeptanz beim Leser führen kann, da dieser durch diese Botschaften – zumindest gefühlt – einen direkten Ansprechpartner hat. Auch eine durchgängige persönliche Anrede führt zu einer höheren Akzeptanz und Lesebereitschaft. Insgesamt über alle 93 Bescheide erreicht diese Kategorie einen akzeptablen Wert von 0,608. Tabelle 14 ist zu entnehmen, dass sich die Werte für die zusätzliche Stimulanz zwischen den Bundesländern, nicht aber zwischen den Berufsgruppen innerhalb eines Bundeslandes voneinander unterscheiden. So liegen die Gesamtwerte dieser Kategorie für Bundesland 1 zwischen 0,54 und 0,58; für Bundesland 2 zwischen 0,72 und 0,75. Ebenso schwanken die Werte der einzelnen Unterkategorien. Während über alle Subgruppen hinweg die Antragstellenden persönlich angesprochen werden, scheinen Ich-Botschaften kaum Eingang in die Dokumente zu finden. Ein genauerer Blick zeigt, dass die Verwendung von Ich-Botschaften in Bundesland 2 stattfindet, in Bundesland 1 hingegen nicht. Weniger deutlich ausgeprägt sind die Unterschiede in der Unterkategorie Hinweise und Anregungen.

Tabelle 14: Zusätzliche Stimulanz nach Unterkategorien.

Kürze & Prägnanz	N	Hinweise, Anregungen	Ich-Botschaften	persönliche Anrede	Total
Erzieher B1	13	0,73	0,00	1,00	**0,58**
Erzieher B2	26	0,58	0,58	1,00	**0,72**
GuK-Pfleger B1	48	0,61	0,00	1,00	**0,54**
GuK-Pfleger B2	6	0,58	0,67	1,00	**0,75**
Total	93	0,618	0,204	1,000	**0,608**

Die Verwendung von Ich-Botschaften kann sich prinzipiell positiv auf das Leseverständnis und die Akzeptanz auswirken. Dennoch ist zu überlegen, welche Informationen mit einer Ich- oder Wir-Botschaft gesendet werden sollen. Im nachfolgenden Beispiel könnten die Informationen auch missverstanden und auf die Person bezogen werden:

*„Zur Ausübung dieses reglementierten Berufs benötigen Sie meine Anerkennung. [...]
Die Anerkennung für den Beruf des „Gesundheits- und Krankenpflegers" in Deutschland erscheint mir nicht möglich."* (Bescheid Nr. 3; Gesundheits- und Krankenpfleger)

5 Fazit und Ausblick

Um im Ausland erworbene Kompetenzen und Qualifikationen in Deutschland zu nutzen, können bzw. müssen diese im Rahmen einer Gleichwertigkeitsüberprüfung mit einem deutschen Referenzberuf bewertet werden. Das Ergebnis wird in sogenannten Anerkennungsbescheiden verschriftlicht. Diese Verwaltungsdokumente beinhalten wichtige Informationen zu den mitgebrachten Abschlüssen, den Unterschieden bzw. Defiziten im Vergleich zum deutschen Referenzberuf und Hinweise, wie die vorhandenen Defizite ausgeglichen werden können. In vielen Fällen müssen nach der Prüfung weitere Schritte unternommen werden, um eine volle Gleichwertigkeit zu erlangen und damit die Chancen auf eine qualifikationsadäquate Integration in den Arbeitsmarkt zu verbessern. Neben inhaltlich relevanten Informationen (vgl. Mihali & Ayan, 2015, Beitrag in diesem Band) müssen die Dokumente auch sprachlich verständlich sein.

Da bislang weder Standards zur Erstellung von Anerkennungsbescheiden existieren, noch eine systematische Analyse dieser Dokumente stattgefunden hat (vgl. Englmann & Müller-Wacker, 2010, S. 93), werden in der vorliegenden Studie erstmals Anerkennungsbescheide im Rahmen einer Dokumentenanalyse auf ihre sprachliche Verständlichkeit analysiert. Die Begutachtung basiert auf dem Hamburger Verständlichkeitsmodell, das die Psychologen Langer, Schulz von Thun und Tausch entwickelten. Das Modell wurde für die Zwecke einer Überprüfung behördlicher Dokumente adaptiert und erstmals auf Anerkennungsbescheide angewendet. Fries (2004b, S. 261) gibt zu bedenken, dass dieses Konzept aufgrund der Praktikabilität zwar beliebt ist, es allerdings „den einzelnen Adressaten, seine Erwartungen, seinen Sprachgebrauch und seine Bildung" nicht berücksichtigt. Laut Fries ist eben diese Schwäche jedoch eine Stärke, „wenn man den Adressaten, wie in der Verwaltungspraxis üblich, nicht oder kaum kennt" (Fries, 2004b, S. 261).

Wenngleich es sich um eine qualitative Analyse handelt, die keinen Anspruch auf Repräsentativität erhebt, konnten dennoch wichtige Erkenntnisse zur Verbesserung dieser Verwaltungsdokumente gewonnen werden. Die Schwierigkeit bei der Beurteilung der sprachlichen Verständlichkeit liegt in der Unsicherheit, welche Begriffe und Satzkonstruktionen von den Lesern tatsächlich als schwierig empfunden werden. „Entscheidend ist nämlich nicht, wie häufig ein Wort nach der Statistik ist, sondern, ob es dem Leser bekannt ist und wie oft es von ihm benutzt wird" (Fries, 2004b, S. 262). Die Textverständlichkeit darf darüber hinaus nicht zu Lasten des Informationsgehalts gehen. Zwar sollen die Texte möglichst leicht verständlich sein, dennoch müssen sie auch alle relevanten Informationen (vgl. Fries, 2004b, S. 265) und im Falle von Bescheiden zudem eine (juristische) Begründung der Entscheidung beinhalten.

Die Analyse von 93 Anerkennungsbescheiden für zwei Berufsgruppen und zwei Bundesländer hat gezeigt, dass weder innerhalb einer Berufsgruppe noch innerhalb eines Bundeslands einheitliche Kriterien hinsichtlich Sprache, Gliederung und Inhalt existieren. Vielmehr scheint es an der prüfenden Behörde oder gar am jeweiligen Prüfer selbst zu liegen, inwieweit Texte sprachlich verständlich gestaltet werden. Positiv ist zu beurteilen, dass die sprachliche Einfachheit einen recht hohen Wert (0,71) erreicht. In den Bescheiden finden sich wenige substantivierte Verben und auch die Verwendung von Passivkonstruktionen ist meist angemessen. Um die Verständlichkeit der Dokumente weiter zu erhöhen, sollte weitestgehend auf komplizierte Partizipialkonstruktionen verzichtet werden. Diese können durch die Verwendung von Haupt- und Nebensatz meist recht einfach aufgelöst werden. Der Einsatz von Konjunktiven kann beim Antragstellenden zu Unsicherheiten führen und sollte daher ebenfalls vermieden werden. Um den Lesefluss zu erhöhen und Missverständnissen vorzubeugen, sind Abkürzungen auszuschreiben. Schwer verständlich sind zudem lange Schachtelsätze, wie sie vor allem in Bundesland 1 vorkommen. Diese Sätze enthalten meist zu viele Informationen und sind stark ineinander verwoben. Mit Blick auf die sprachliche Verständlichkeit sollten solche Sätze in mehrere Sätze (mit Haupt- und Nebensatz) entzerrt werden. Hierdurch verringern sich Informationsdichte und Komplexität der Informationen. Eine korrekte Rechtschreibung sowie Interpunktion sollte selbstverständlich sein, dennoch wurden in einigen Bescheiden sowohl Rechtschreibfehler als auch Interpunktionsfehler, fehlende Satzbausteine wie Verben oder Hilfsverben sowie Grammatikfehler gefunden. Insbesondere für Nicht-Muttersprachler ist ein sprachlich einwandfreier und eindeutiger Bescheid wichtig.

Eher negativ ist die Kategorie Gliederung und Ordnung zu beurteilen, die insgesamt einen Wert von <0,5 (0,465) erzielt. Die Texte weisen zwar in den meisten Fällen eine gute und logische Struktur auf, diese könnte jedoch durch Zwischenüberschriften deutlicher hervorgehoben werden. Um das Textverständnis weiter zu erhöhen, bieten sich Hervorhebungen wie Fettdruck oder Unterstreichungen sowie Aufzählungen an. Beide Kategorien werden kaum genutzt. Als sehr hilfreich und lesefreundlich hat sich zudem eine kurze Zusammenfassung zu Beginn des Dokuments erwiesen. In dieser wird das Ergebnis der Prüfung bekannt gegeben und anschließend auf die weiteren Schritte und die Begründung der Entscheidung eingegangen.

Bis auf wenige Ausnahmen sind die Anerkennungsbescheide knapp und effizient formuliert. Das Textverständnis kann durch zusätzliche Erläuterungen oder auch durch die Wiederholung wichtiger Informationen weiter unterstützt werden. Mit einem Wert von knapp 0,9 ist diese Kategorie sehr stark ausgeprägt. Da nicht nur zu weitschweifige Texte, sondern auch zu kurze Texte – aufgrund der immensen Informationsdichte – schwer verständlich sind, ist zu empfehlen, die Dokumente an geeigneten Stellen mit weiterführenden bzw. erläuternden Informationen zu versehen (vgl. auch Mihali & Ayan, 2015, S. 116 f., in diesem Band).

Die Kategorie der zusätzlichen Stimulanz ist für den Bereich behördlicher Dokumente nicht leicht umsetzbar. Dennoch kann auf eine durchgehend persönliche Anrede geachtet werden, was in den vorliegenden 93 Bescheiden auch durchweg der Fall war. Bei der Verwendung von Ich-Botschaften ist darauf zu achten, welche Informationen als solche gesendet werden. Es darf keinesfalls der Eindruck entstehen, dass das Ergebnis einer Gleichwertigkeitsprüfung von der Person des Prüfers abhängt. Dieses Stilmittel ist sehr effektvoll, muss jedoch mit Bedacht und Reflexion eingesetzt werden.

Die Analyse der Anerkennungsbescheide hat insbesondere deren Heterogenität in Sprachgebrauch und Struktur verdeutlicht. Es gibt Bescheide, die sprachlich sehr einfach gehalten sind, andere weisen hingegen eine stringente und deutlich sichtbare Struktur auf. Diese identifizierten Stärken gilt es im nächsten Schritt zu bündeln und transparent zu machen. Nicht nur für die Antragstellenden selbst, sondern auch für Beratungsfachkräfte und Arbeitgeber sind verständliche Bescheide wichtig, um die Kompetenzen der Migrantinnen und Migranten richtig einschätzen und sie hinsichtlich der weiteren Schritte auf dem Weg in den Arbeitsmarkt bestmöglich beraten zu können. In Verbindung mit der Analyse der inhaltlichen Verwertbarkeit der in den Anerkennungsbescheiden enthaltenen Informationen (vgl. Mihali & Ayan, 2015 in diesem Band) sollen daher in der zweiten Förderphase des Projekts (2015-2017) für die Berufe Erzieher und Gesundheits- und Krankenpfleger Musterbescheide erstellt werden, die anschließend mit Hilfe der Praxis reflektiert und angepasst werden.

Literatur

Baas, T. (2010). Mehr oder minder - Wer kommt nach Öffnung der Arbeitsmärkte? In: Institut für Arbeitsmarkt-und Berufsforschung (IAB) der Bundesagentur für Arbeit (Hrsg.): *Balanceakt. Zuwanderung steuern, Integration fördern.* IAB-Forum, 2, 12-17.

Baas, T. & Brücker, H. (2011). Arbeitnehmerfreizügigkeit zum 1. Mai 2011. Mehr Chancen als Risiken für Deutschland. *IAB-Kurzbericht*, 10. Nürnberg.

Bundesagentur für Arbeit (2010): *Der Sprachleitfaden der Bundesagentur für Arbeit. Klar, persönlich, partnerschaftlich, zeitgemäß.* Internes Dokument (Stand: 1. Juli 2010). Nürnberg.

Bundesministerium für Bildung und Forschung [BMBF] (Hrsg.) (2012). *Erläuterungen zum Anerkennungsgesetz des Bundes. Gesetz zur Verbesserung der Feststellung und Anerkennung im Ausland erworbener Berufsqualifikationen.*

Deutscher Bundestag (2004). Antrag für eine verständliche Sprache in Gesetzen, Verordnungen und Behördenschreiben – Gegen schlechtes Amtsdeutsch. *Drucksache 15/4154.* Berlin

Die Beauftragte der Bundesregierung für Migration, Flüchtlinge und Integration (2014). *10. Bericht der Beauftragten der Bundesregierung für Migration, Flüchtlinge und Integration über die Lage der Ausländerinnen und Ausländer in Deutschland.* Berlin.

Englmann, B. (2014). Ein Jahr Anerkennungsberatung im Modellprojekt „Global Competences". *migration. Essays, Articles, Reportages*, (46-47).

Englmann, B. & Müller, M. (2007). *Brain Waste - Die Anerkennung von ausländischen Qualifikationen in Deutschland.* Augsburg.

Englmann, B. & Müller-Wacker, M. (2010). *Analyse der bundesweiten Anerkennungsberatung im Modellprojekt Global Competences.* Dokumentation 2008-2009. Herausgegeben von Tür an Tür Integrationsprojekte gGmbH. Integration durch Qualifizierung (IQ). Augsburg.

Fries, G. (2004a). Verständlichkeit, leider keine Selbstverständlichkeit. Teil 1. *Arbeit und Beruf, 8/2004*, (225-227).

Fries, G. (2004b). Verständlichkeit, leider keine Selbstverständlichkeit. Teil 2. *Arbeit und Beruf, 8/2004*, (260-265).

Groeben, N. (1982). *Leserpsychologie: Textverständnis, Textverständlichkeit.* Münster: Aschendorff Verlag.

IQ – Netzwerk Integration durch Qualifizierung (Hrsg.) (2014a). *Arbeitsmarktintegration für Migrantinnen und Migranten – auf dem Weg zu einer inklusiven Gesellschaft.*

IQ – Netzwerk Integration durch Qualifizierung (Hrsg.) (2014b). „Gemeinsame Ebene herstellen". in: *IQ aktuell, 3/2014.*

Körtek, Y. (2015). Rechtlicher Rahmen der Anerkennung. In: T. Ayan (Hrsg.): *Anerkennung ausländischer Qualifikationen: Forschungsergebnisse und Praxisbeispiele.* (13-24). Köln: Kölner Wissenschaftsverlag.

La Mura Flores, T. & Scheerer-Papp, J. (2014). *Sprachsensibel beraten. Praktische Tipps für Beraterinnen und Berater.* Herausgegeben von passage gGmbH & Migration und Internationale Zusammenarbeit – Fachstelle Berufsbezogenes Deutsch im Förderprogramm IQ (3. Auflage). Hamburg.

Langer, I., Schulz von Thun, F. & Tausch, R. (2011). *Sich verständlich ausdrücken* (9. Auflage). München: Reinhardt.

Meier-Braun, K.-H. (2013). Einleitung: Deutschland Einwanderungsland. In K.-H. Meier-Braun & R. Weber (Hrsg.): *Deutschland Einwanderungsland. Begriffe – Fakten – Kontroversen.* (15-27). Stuttgart: Kohlhammer.

Mihali, L. & Ayan, T. (2015). Inhaltliche Verwertbarkeit von Anerkennungsbescheiden für Antragsteller und weitere interessierte Akteure. Eine explorative Analyse am Beispiel der Berufe des Erziehers sowie des Gesundheits- und Krankenpflegers. In: T. Ayan (Hrsg.): *Anerkennung ausländischer Qualifikationen: Forschungsergebnisse und Praxisbeispiele.* (99-121). Köln: Kölner Wissenschaftsverlag.

Mihali, L., Müller, E.M. & Ayan, T. (2015). Strukturelle und inhaltliche Veränderungen von Anerkennungsbescheiden vor und nach Inkrafttreten des BQFG. Eine explorative Analyse am Beispiel der Berufe des Erziehers sowie des Gesundheits- und Krankenpflegers. In: T. Ayan (Hrsg.): *Anerkennung ausländischer Qualifikationen: Forschungsergebnisse und Praxisbeispiele.* (55-73). Köln: Kölner Wissenschaftsverlag.

Müller, E.M. & Ayan, T. (2015). Arbeitsmarktchancen in Abhängigkeit vom Anerkennungsstatus von im Ausland erworbenen Qualifikationen – Eine Analyse am Beispiel des Sozial- und Gesundheitssektors. In: T. Ayan (Hrsg.): *Anerkennung ausländischer Qualifikationen: Forschungsergebnisse und Praxisbeispiele.* (151-168). Köln: Kölner Wissenschaftsverlag.

Nohl, A.-M., Ofner, U.S. & Thomsen, S. (2010). Hochqualifizierte BildungsausländerInnen in Deutschland: Arbeitsmarkterfahrungen unter den Bedingungen formaler Gleichberechtigung. In: A.-M. Nohl, K. Schittenhelm, O. Schmidtke & A. Weiß (Hrsg.): *Kulturelles Kapital in der Migration. Hochqualifizierte Einwanderer und Einwanderinnen auf dem Arbeitsmarkt* (67-82). Wiesbaden: VS Verlag für Sozialwissenschaften.

Schulz von Thun, F. (2010). *Miteinander reden 1. Störungen und Klärungen. Allgemeine Psychologie der Kommunikation* (48. Auflage). Reinbek: Rowohlt Taschenbuch Verlag.

Statistisches Bundesamt (2014). 2013: Höchste Zuwanderung nach Deutschland seit 20 Jahren. *Pressemitteilung vom 22. Mai 2014, 179/14.* Wiesbaden.

7 Inhaltliche Verwertbarkeit von Anerkennungsbescheiden für Antragsteller und weitere interessierte Akteure: Eine explorative Analyse am Beispiel der Berufe des Erziehers sowie des Gesundheits- und Krankenpflegers

Lucia Mihali, Türkan Ayan

1 Einleitung 100
2 Vorgaben und Umsetzung der Anerkennungsgesetze hinsichtlich Inhalte bzw. Informationsgehalt der Bescheide 101
3 Methodik 103
   3.1 Teilnehmerakquise 103
   3.2 Operationalisierung der Inhalte von Bescheiden und Bildung von Inhaltskategorien 104
4 Analyse der Inhalte 107
   4.1 Zuordnung der Bescheide 107
   4.2 Auffälligkeiten nach Inhaltskategorien 108
5 Diskussion und Fazit 116
Literatur 120

1 Einleitung

„Anerkennung ist ein wunderbares Ding:
Sie bewirkt, dass das, was an anderen herausragend ist, auch zu uns gehört."
(Voltaire)

Die Relevanz der Anerkennung ausländischer Abschlüsse für die Integration von Migranten und für die Attraktivität Deutschlands auf dem globalen Arbeitsmarkt ist mit Inkrafttreten des Berufsqualifikationsfeststellungsgesetzes (BQFG) im April 2012 immer stärker in den Fokus der politischen und öffentlichen Debatte gerückt.
Die Anerkennung wird in diesem Band ausführlich und aus verschiedenen Perspektiven betrachtet und ist als eindeutige Win-win-Situation zu erkennen: Wie anhand von Zahlen aus dem Jahr 2012 nachgewiesen wurde, erwirtschaften ausländische Beschäftigte - trotz der Hindernisse auf dem Arbeitsmarkt - bedeutende Überschüsse an Steuern und Beiträgen (vgl. Bonin, 2014, S. 53). Mit der Verbesserung des Qualifikationsniveaus bzw. mit der Anerkennung vorhandener Qualifikationen steigen die Chancen auf eine sozialversicherungspflichtige Beschäftigung und dementsprechend auch die Gewinne für den Staatshaushalt (vgl. Müller & Ayan, 2015a, Beitrag in diesem Band; Bonin, 2014). Abgesehen von Arbeitsmarktvorteilen hat die Bestätigung ihrer im Herkunftsland gewonnenen Qualifikationen eine hohe symbolische Bedeutung für das Selbstwertgefühl der Migranten, wie folgende Reaktion einer Migrantin zum Ausdruck bringt: „[…] war eine große Sache, sehr groß! Vielleicht […] ich nutze nicht diese [Anerkennung], aber das war wichtig für mich. Ich habe gedacht, »oh mein Gott, ich bin Menschen, super, […] ich bin nicht nur eine Ausländer«, das waren meine Gefühle […]" (Mihali, Müller & Ayan, 2013, S. 237).
Die Bundesministerin für Arbeit und Soziales, Frau Nahles, machte diese Win-win-Situation auf dem ersten IQ-Kongress im Februar 2014 ebenfalls deutlich: „Damit Integration gelingt, kommt es vor allem auf Bildung und Arbeit an: weil Bildung die Türen zum Arbeitsmarkt öffnet und Arbeit den Menschen Selbstvertrauen gibt. Deshalb setzen wir konsequent auf Qualifizierung, um erlerntes Können fruchtbar zu machen und neue Fähigkeiten und Fertigkeiten zu gewinnen" (Nahles, 2014, S. 4-5).
Das Anerkennungsgesetz hat zunächst die notwendigen Voraussetzungen für effizientere Anerkennungsverfahren geschaffen und damit den Weg für eine bessere Verwertung der von Migranten mitgebrachten Potentiale sowie für höhere Integrationschancen geebnet (vgl. Koordinierungsprojekt „Integration durch Qualifizierung" [KP IQ], 2014, S. 9). Es kommt allerdings auf die Qualität der Umsetzung der BQFG-Vorgaben bzw. der entsprechenden Fach- und Ländergesetze an, um die vom BQFG verfolgten Ziele erreichen zu können. Vom Umsetzungsprozess sind zahlreiche Akteure betroffen, wobei Hauptbeteiligte die Anerkennungsstellen sind. Die Praxis der Anerkennungsstellen wird nach Inkrafttreten des

BQFG monitorisiert, um ein professionelles und einheitliches Vorgehen bei dessen Implementierung und der Zielerreichung zu unterstützen (vgl. BAMF, 2014).

Der Implementierungsstand lässt sich u. a. am Ergebnis des Anerkennungsverfahrens, sprich am Anerkennungsbescheid erkennen, mit dem die Bewertungsentscheidung (Nicht-, Teil- oder Vollanerkennung) mitgeteilt wird. Anerkennungsbescheide sollten das Niveau und die Qualität von ausländischen Abschlüssen feststellen und somit die Grundlage für die Eingliederung in den Arbeitsmarkt bzw. für Weiterbildungsmöglichkeiten bieten.

Da in bisherigen Studien sowie Berichten der EU-Kommission bemängelt worden ist, dass Entscheidungen oft nicht ausreichend begründet und vorhandene Kenntnisse und Kompetenzen nicht immer benannt werden (Englmann & Müller, 2007, S. 38, 173; Englmann & Müller-Wacker, 2010, S. 91 ff.), wird in dem vorliegenden Beitrag das Thema der Nutzbarkeit von Anerkennungsbescheiden ergründet. So wird nachfolgend beispielhaft für die Berufe des Erziehers sowie des Gesundheits- und Krankenpflegers analysiert, wie verwertbar Bescheide hinsichtlich des Informationsgehalts in Anbetracht des Informationsbedarfs für Antragsteller und weitere interessierte Akteure sind.

Hierzu werden im nachfolgenden Kapitel zunächst die Schwerpunkte der Anerkennungsgesetze und deren aktuelle Entwicklung kurz erläutert und den Befunden zur Nutzbarkeit der Anerkennungsbescheide gegenübergestellt (Kapitel 2). Im dritten Kapitel wird das methodische Vorgehen beschrieben. Um die Nutzbarkeit der Anerkennungsbescheide im Hinblick auf die BQFG-Ziele zu analysieren, werden 93 Anerkennungsbescheide vor und nach Inkrafttreten des Gesetzes auf inhaltlicher Ebene miteinander verglichen (Kapitel 4). Die Ergebnisse werden im Kapitel 5 diskutiert und mit einem Ausblick abgerundet.

2 Vorgaben und Umsetzung der Anerkennungsgesetze hinsichtlich Inhalte bzw. Informationsgehalt der Bescheide

„Ziel der erleichterten Anerkennung ist es,

- das Qualifikationspotenzial hier lebender Menschen besser zu nutzen,
- qualifikationsadäquate Beschäftigung zu erreichen,
- die Integration in Arbeitswelt und Gesellschaft zu fördern […]" (BMBF, 2012, S. 3).

Hierfür wurden die bereits mit der Richtlinie des Europäischen Parlaments und des Rates (RL 2005/36/EG) festgelegten Regelungen – u. a. Bearbeitungsfristen für Anerkennungsanträge sowie die Bestimmungen, dass lediglich „wesentliche Unterschiede" eine abgelehnte Gleichstellung der Qualifikationen rechtfertigen würden und dass die einschlägige Berufserfahrung besondere Berücksichtigung zum Ausgleich festgestellter Defizite finden sollte (RL 2005/36/EG Abs. (8) und (15)) – auch in das Anerkennungsgesetz übertragen.

Was die Anerkennungspraxis betrifft, wurde bereits bei der Umsetzung der RL 2005/36/EG kritisch bemerkt, dass die gesetzlichen Vorgaben oft zu restriktiv angewendet und somit eher hinderlich für die Zielerreichung seien. So würden „wesentliche Unterschiede" als Begründung für Nicht- oder Teilanerkennungen verwendet, ohne diese Unterschiede explizit zu erläutern (vgl. Englmann & Müller, 2007, S. 38).

In ihrem zwischen 2008-2009 durchgeführten Modellprojekt zur Analyse des Anerkennungsverfahrens bzw. der Anerkennungsberatung stellten zudem Englmann und Müller-Wacker strukturelle Probleme fest, zu denen sie „unverständliche oder aus anderen Gründen nicht nutzbare Anerkennungsbescheide" zählten (Englmann & Müller-Wacker, 2010, S. 76). So hieß es in ihrer Dokumentation: „Anerkennungsstellen müssen Rechtssicherheit herstellen durch konsistente, verlässliche, nachvollziehbare Bescheide, die auf der Basis der Bewertung der berufsrelevanten Kompetenzen bezüglich der deutschen Vergleichsausbildung erstellt werden" (ebd., S. 93). Stattdessen wurde konstatiert und z. T. auch durch Anerkennungsstellen kritisiert, „[...] dass Form, Länge und Begründungen [der durch verschiedene Stellen erstellten Bescheide] stark variieren" (ebd., S. 91). Wird die Entscheidung zur Bewertung des Abschlusses nicht oder nur unzureichend begründet, sind die Anerkennungsbescheide sowohl für Antragsteller als auch für Arbeitgeber und weitere Akteure wenig aussagekräftig und demnach kaum verwertbar. Eine Gegenüberstellung von vorhandenen Kompetenzen und Anforderungen, aus denen ggf. Defizite deutlich zu erkennen und weitere Schritte abzuleiten sind, ist folglich maßgeblich für die Qualität der Bescheide (vgl. Englmann & Müller-Wacker, 2010, S. 91 ff.).

Eine Erklärung für diese Befunde könnte die Überforderung der Anerkennungsstellen selbst aufgrund personeller Engpässe, fehlender Informationen zu ausländischen Bildungssystemen oder unzureichender Aufklärung bzgl. der rechtlichen Regelungen sein. So gaben bei einer in Niedersachsen im Jahr 2010 durchgeführten Studie 31% der befragten Anerkennungsstellen an, dass die gesetzlichen Regelungen nicht klar bzw. dass Anpassungen erforderlich seien. Vor allem die Regelungen bzgl. der Defizitprüfung, der Berücksichtigung der Berufserfahrung sowie der Gestaltung der Anpassungslehrgänge und der Bescheide wurden hierbei als wenig eindeutig bemängelt (vgl. EXIS Europa e.V., 2010, S. 114).

Da es kaum möglich und üblich ist, jedes Detail im Gesetz festzulegen, geben Gesetze einen größeren Rahmen vor. Dies bietet allerdings Interpretationsspielräume bei deren Anwendung, die z. T. mit Unsicherheiten verbunden sind. Die Unsicherheiten einiger Anerkennungsstellen bzgl. der Anerkennungsrichtlinien zeigten sich u. a. darin, dass sich über die Hälfte der an der o. g. Befragung Beteiligten (52%) „eine zentrale Informations- und Beratungsstelle zum Thema Anerkennung" gewünscht hatten (ebd., S. 118).

Die von einigen Anerkennungsstellen gewünschten gesetzlichen Neuerungen sind durch das Inkrafttreten des BQFG in April 2012 eingetreten, wobei in das Bundesgesetz die Bestimmungen der EG-Richtlinie übernommen worden sind. Mit dem BQFG sollten aber nicht nur „einheitliche Kriterien und Verfahren", sondern auch ein allgemeiner Rechtsanspruch auf die Überprüfung und Bewertung der im Ausland erworbenen Abschlüsse geregelt werden (vgl. BMBF, 2012, S. 12). So geht es im Anerkennungsverfahren „[…] um eine systematische Erfassung der Qualität ausländischer Berufsabschlüsse unter Berücksichtigung anderer individuell erlangter Berufsqualifikationen, insbesondere der Berufspraxis. Diese wäre die Grundlage für die zügige Beantwortung der Frage, ob im Vergleich zur inländischen Berufsbildung wesentliche Unterschiede vorliegen" (BAMF, 2014, S. 215).

Das BQFG sieht für reglementierte Berufe vor, dass bei einer nicht gegebenen Gleichwertigkeit „die vorhandenen Berufsqualifikationen und die wesentlichen Unterschiede gegenüber der entsprechenden inländischen Berufsbildung durch Bescheid festgestellt [werden]" (§ 10 (1) BQFG). Ferner sollte mit dem Bescheid bestimmt werden, welche Maßnahmen zum Ausgleich dieser wesentlicher Unterschiede notwendig sind ((2) BQFG).

Trotz der erstrebten Transparenz und Einheitlichkeit bei der Anwendung der BQFG-Regelungen, die u. a. mit den Erläuterungen zum Anerkennungsgesetz und dem zentralen Informationsportal „Anerkennung in Deutschland" unterstützt werden sollten (vgl. BMBF, 2012) scheinen die Anerkennungsstellen die Umsetzung immer noch unterschiedlich zu handhaben (Brussig, Mill & Zink, 2013, S. 4). Der Monitoringbericht zum BQFG stellt dies ebenfalls fest, vor allem bzgl. der Beachtung von Berufserfahrung für den Defizitausgleich sowie der Bewertung von Unterschieden (vgl. BMBF, 2014, S. 11, 99).

Dies liegt daran, dass die Vergleichbarkeit der deutschen und ausländischen Ausbildungsinhalte und somit der Abschlüsse und Berufsbilder nicht immer gegeben oder z. T. sehr schwierig ist, wie in den Befragungen der Mitarbeitern von Anerkennungsstelle im Rahmen des BQFG-Monitorings deutlich wurde: „Ich habe die Ausbildung, die deutschen Ausbildungsinhalte, Fächer, Stunden und muss mich dann durch die verschiedenen Curricula kämpfen und dann muss man […] das irgendwie […] zuordnen" (ebd., S. 105).

Es müssen jedoch Lösungen gefunden werden, damit sich diese Vergleich- und Bewertungsschwierigkeiten nicht in unvollständigen, unverständlichen und dadurch nicht verwertbaren Bescheiden wiederfinden. Aspekte wie vorhandene Kompetenzen inklusive Berufserfahrung, festgestellte Unterschiede sowie mögliche Schritte für deren Ausgleich müssen eindeutig den Bescheiden zu entnehmen sein, damit diese ihre Bestimmung nicht nur für die Antragsteller, sondern auch für Berater, Arbeitsvermittler, Arbeitgeber bzw. Unternehmen und für Weiterbildungseinrichtungen erfüllen (vgl. BMBF, 2014, S. 11). Wie Lösungsansätze aussehen könnten, wird in dem vorliegenden Beitrag auf Basis einer Analyse von 93 Anerkennungsbescheiden für die Berufe der Erzieher und für Gesundheits- und Krankenpfleger reflektiert und diskutiert.

3 Methodik

3.1 Teilnehmerakquise

Zwecks Analyse der Anerkennungspraxis für den Sozial- und Gesundheitssektor, sollten mehrere Anerkennungsstellen kontaktiert und u. a. um Einsicht in anonymisierte Anerkennungsunterlagen gebeten werden. Zwischen Juli 2013 und März 2014 wurden je zwei Bundesländer mit bzw. ohne Landesanerkennungsgesetz für die Untersuchung ausgewählt und die für die Berufe Erzieher, Gesundheits- und Krankenpfleger zuständigen Anerkennungsstellen angesprochen.

Die Unterstützungsbereitschaft der Anerkennungsstellen kann zusammenfassend als eher verhalten bezeichnet werden. Die Kontaktaufnahme erwies sich als langwierig und erfolgte in drei Schritten: Im ersten Schritt wurden die zuständigen Mitarbeiter telefonisch kontaktiert und schriftlich über das Untersuchungsvorhaben informiert. Dem Wunsch nach Einsichtnahme in anonymisierte Bescheide wurde jedoch aus Gründen erhöhter Arbeitsbelastung infolge der gesetzlichen Änderungen und wegen datenschutzrechtlicher Bedenken sehr kritisch begegnet und mit dem Verweis auf Vorgesetzte abgelehnt. Die Kontaktpersonen berichteten auch über weitere Studien, für die sie zur Verfügung stehen müssten. In einem zweiten Schritt wurden die Abteilungs- bzw. Referatsleiter schriftlich informiert und telefonisch kontaktiert. Als Ergebnis der Akquise-Aktion gab es zwei Anerkennungsstellen, je aus einem Bundesland mit und ohne Landesanerkennungsgesetz, die Ende des Jahres 2013 insgesamt 39 anonymisierte Anerkennungsbescheide für den Referenzberuf des Erziehers zur Verfügung stellten.

In einem dritten Akquise-Schritt konnten über Anerkennungsberater, Migrationsberater und Migrantenorganisationen aus denselben zwei Bundesländern insgesamt 54 Bescheide für Gesundheits- und Krankenpfleger gewonnen werden.

Eine Zuordnung der Anerkennungsbescheide nach berufsgruppe und Bundesland getrennt findet sich im Überblick in Tabelle 15.

Tabelle 15: Übersicht Anzahl Anerkennungsbescheide nach Bundesländern.

Anerkennungsbescheide	Bundesland 1 (BL1)	Bundesland 2 (BL2)	Total
Erzieher	13	26	**39**
Gesundheits- und Krankenpfleger	48	6	**54**
Gesamtanzahl	**61**	**32**	**93**

3.2 Operationalisierung der Inhalte von Bescheiden und Bildung von Inhaltskategorien

Wie bereits erwähnt, sieht das BQFG vor, dass bei einer Nicht- oder Teilanerkennung für reglementierte Berufe „die vorhandenen Berufsqualifikationen und die wesentlichen Unterschiede gegenüber der entsprechenden inländischen Berufsbildung durch Bescheid festgestellt [werden]" (§ 10 (1) BQFG). Zudem sollten im Bescheid Maßnahmen festgelegt werden, die zum Ausgleich dieser Unterschiede erforderlich sind (ebd. (2)).

Es gibt allerdings keine genauen und allgemeingültigen Vorgaben, wie ausführlich und konkret diese Angaben und wie genau Bescheide aufgebaut sein sollen. Demnach war ein exploratives Vorgehen für die Datenauswertung und -analyse notwendig, um Erkenntnisse über vorhandene Inhalte zu gewinnen.

Für den vorliegenden Beitrag liegt der Fokus auf den Inhalten. Deren Vorhandensein in den Bescheiden wird in einem ersten Schritt mithilfe einer deskriptiven Auswertung überprüft. In einem zweiten qualitativen Schritt werden der Informationsgehalt bzw. die Verwertbarkeit der Informationen im Hinblick auf die Arbeitsmarktintegration analysiert. Hierbei erfolgt u. a. ein Vergleich zwischen den von verschiedenen Anerkennungsstellen erstellten Bescheiden. Auf möglicherweise erfolgte Veränderungen hinsichtlich Verwertbarkeit vor und nach BQFG soll ebenfalls geachtet werden.

Inhalte/Inhaltskategorien

Für die Operationalisierung der Inhalte waren zwei Schritte erforderlich: Bei einer ersten Durchsicht der vorliegenden Bescheide wurden alle darin vorgefundenen Informationseinheiten bzw. Inhalte verzeichnet: u. a. was, wie, nach welchen Kriterien und auf welcher Grundlage wurde in dem jeweiligen Bescheid überprüft und bewertet (siehe nachfolgend Analyseschritt 1). In einem weiteren Schritt (siehe nachfolgend Analyseschritt 2) wurden diese Inhalte zwecks Komplexitätsreduzierung und aufgrund logischer Zusammenhänge in Inhaltskategorien geclustert.

Analyseschritt 1

Nachfolgend sind alle ermittelten Inhalte der 93 Bescheide aufgelistet. Es ist hierbei anzumerken, dass nicht alle Bescheide alle genannten Inhalte aufweisen bzw. aufweisen müssen:

1. Referenzberuf,
2. bewertete/r Qualifizierung/Abschluss (ggf. Nachweise),
3. Berufserfahrung,
4. Beschreibung der Ausbildung im Herkunftsland vs. Deutschland,
5. Feststellung (wesentlicher) Unterschiede,
6. Benennung fehlender fachspezifischer Inhalte/Fächer,
7. Ergebnis der Bewertung/Entscheidung (Voll-, Teil- oder Nicht-Anerkennung),
8. gesetzliche Grundlagen,
9. Wahlmöglichkeit (Wahlrecht zwischen zwei Maßnahmen),
10. Informationen zu Ausgleichsmaßnahmen,
11. zuständige Stellen für Ausgleichsmaßnahmen (Anpassungsmaßnahmen),
12. Alternativen Perspektiven (Qualifizierungsmaßnahmen im Fall einer Ablehnung),
13. zuständige Stellen für alternative Qualifizierungsmaßnahmen,
14. Bescheinigung schulischer allgemein bildender Inhalte und
15. Rechtsbehelfsbelehrung.

Analyseschritt 2

Die oben genannten Inhalte wurden in einem zweiten Schritt nach einer inhaltlichen Logik gruppiert und geordnet. Anhand der sechs so gebildeten Inhaltskategorien sollten die Bescheide analysiert und verglichen werden.

Kategorie 1: Zu bewertender Abschluss

Neben dem *im Ausland erworbenen Abschluss (b)* beinhaltet die erste Kategorie ebenfalls den *deutschen Referenzberuf (a)*, mit dem der vorhandene Abschluss auf Gleichwertigkeit geprüft wird.

Kategorie 2: Qualifikation

Zum Zwecke der Gleichwertigkeitsprüfung sollte die *im Herkunftsland absolvierte Ausbildung* den *deutschen Ausbildungsstandards und Inhalten (d)* gegenübergestellt werden. Dadurch können die ggf. auszugleichenden Defizite erkennbar werden. Die *Berufserfahrung (c)* sollte gemäß Anerkennungsgesetze ebenfalls zum Ausgleich von Defiziten berücksichtigt werden.

Kategorie 3: Feststellung von Unterschieden

Auf die Gegenüberstellung der Ausbildungen folgt dementsprechend die *Feststellung wesentlicher Unterschiede (e)* bzw. die konkrete *Benennung fehlender fachspezifischer Inhalte/Fächer (f)*.

Kategorie 4: Ergebnis und Begründung der Gleichwertigkeitsprüfung

Dieser Kategorie werden neben *Bewertungsergebnis (g)* – Nicht-, Teil- oder Vollanerkennung – die Informationen über *gesetzliche Grundlagen (h)* und ggf. den Hinweis auf eine *Bescheinigung schulischer allgemein bildender Inhalte*[81] *(n)* zugeordnet. Die rechtlichen Bestimmungen dienen, wenn vorhanden, als Begründung des Verfahrens und dessen Ergebnisses.

Kategorie 5: Informationen zum weiteren Vorgehen

Hierunter werden je nach Ergebnis der Gleichwertigkeitsprüfung Informationen zu Ausgleichmaßnahmen gruppiert: ggf. *Wahlmöglichkeit/Wahlrecht zwischen zwei Maßnahmen (i)*, *Beschreibung der Ausgleichsmaßnahmen (j)*, dafür *zuständige Stellen (k)*, und/oder *Informationen zu alternativen Perspektiven (l)*, d. h. weitere Qualifizierungsmöglichkeiten mit den entsprechenden *zuständigen Stellen (m)*, die zum Erwerb eines anerkannten Berufsabschlusses führen können.

---

[81] Die Bescheinigung schulischer allgemein bildender Inhalte, d. h. des höchsten Schulabschlusses, wird lediglich in drei Bescheiden für Erzieherberufe angeboten und hat für die vorliegende Auswertung wenig Relevanz. Sie wird demnach nicht weiter berücksichtigt.

Kategorie 6: Rechtsbehelfsbelehrung

Diese Kategorie beinhaltet, falls vorhanden, *Informationen hinsichtlich Fristen und Rechtsmittel (o)*, die zur Anfechtung der Entscheidung möglich sind.

Tabelle 16: Überblickstabelle Inhaltskategorien.

Nr.	Kategorie	Inhalte
1.	Zu bewertender Abschluss	Referenzberuf (a); erworbener Abschluss (b)
2.	Qualifikation	Berufserfahrung (c); Ausbildung Herkunftsland vs. Deutschland (d)
3.	Feststellung von Unterschieden	Feststellung wesentlicher Unterschiede (e); Benennung fehlender fachspezifischer Inhalte/Fächer (f)
4.	Ergebnis und Begründung der Gleichwertigkeitsprüfung	Ergebnis der Bewertung (Voll-, Teil- oder Nicht-Anerkennung) (g); gesetzliche Grundlagen (h);
5.	Informationen zum weiteren Vorgehen	Wahlrecht zwischen Maßnahmen (i); Beschreibung der Ausgleichsmaßnahmen (j); zuständige Stellen (k); Informationen zu alternativen Perspektiven (l); zuständige Alternativstellen (m)
6.	Rechtsbehelfsbelehrung	Rechtsbefehlsbelehrung (o)

4 Analyse der Inhalte

4.1 Zuordnung der Bescheide

Die Stichprobe umfasst insgesamt 93 Anerkennungsbescheide: N=61 aus Bundesland 1 und N=32 aus Bundesland 2. Ein Überblick je Berufsgruppe erfolgt in den Tabellen 4.1 und 4.2, getrennt nach Bundesland, Herkunft (EU/nicht-EU) und Zeitpunkt der Erstellung (vor/nach BQFG). Tabelle 17 ist zu entnehmen, dass unter der Bescheiden für Erzieherberufe die Abschlüsse aus anderen EU-Ländern überwiegen (N=32; 82,1%). Dies ist dadurch zu erklären, dass aus Bundesland 2 nur EU-Abschlüsse betreffende Bescheide für die Analyse vorliegen.

Tabelle 17: Anerkennungsbescheide Erzieher.

Erzieher	Land 1	EU	Nicht-EU	Land 2	EU	Nicht-EU	Total
Vor BQFG	**5 (12,8%)**	4 (10,3%)	1 (2,5%)	**12 (30,8%)**	12 (30,8%)	0	17
Nach BQFG	**8 (20,5%)**	2 (5,1%)	6 (15,4%)	**14 (35,9%)**	14 (35,9%)	0	22
Gesamt	**13 (33,3%)**	6 (15,4%)	7 (17,9%)	**26 (66,7%)**	26 (66,7%)	0	39

Für die Berufsgruppe der Gesundheits- und Krankenpfleger (GuK) bewertet die Mehrzahl der zwischen Juli 2002 und Oktober 2013 verfassten Bescheide (N=43; 79,6%) Abschlüsse aus Nicht-EU-Ländern (vgl. Tabelle 18). Da fast zwei Drittel der Bescheide nach BQFG erstellt wurden, könnte dies darauf hindeuten, dass sich Migrantinnen und Migranten aus sog. Drittländern nach BQFG verstärkt um eine Anerkennung ihres Abschlusses bemühen.

Tabelle 18: Anerkennungsbescheide Gesundheits- und Krankenpfleger.

Gesundheits- & Krankenpfleger	Land 1	EU	Nicht-EU	Land 2	EU	Nicht-EU	Total
Vor BQFG	18 (33,3%)	2 (3,7%)	16 (29,6%)	**1 (1,9%)**	0 (0,0%)	1 (1,9%)	**19**
Nach BQFG	30 (55,6%)	4 (7,4%)	23 (42,6%)	**5 (9,3%)**	2 (3,7%)	3 (7,8%)	**35**
Gesamt	48 (88,9%)	6 (11,1%)	39 (72,2%)	**6 (11,1%)**	2 (3,7%)	4 (7,4%)	**54**

4.2 Auffälligkeiten nach Inhaltskategorien

Es werden zunächst 28 Bescheide für Erzieherberufe[82] (N (BL1)=13; N (BL2)=15) und alle Bescheide für Gesundheits- und Krankenpfleger (N=48), d. h. insgesamt N=82 Bescheide dargestellt und pro Inhaltskategorie auf Auffälligkeiten überprüft und analysiert.

Kategorie 1: Zu bewertender Abschluss

Die Spezifizierung des *deutschen Referenzberufs* mit dem der *im Ausland erworbene Abschluss* verglichen wird, ist unabdingbar für einen Anerkennungsbescheid. Damit wird offenkundig, was eigentlich geprüft wird. Oft bestehen Schwierigkeiten bereits bei der Bestimmung des Referenzberufs, da einige Abschlüsse in Deutschland nicht vorhanden oder nicht dem gleichen Niveau zuzuordnen sind.

Der Referenzberuf wird in den analysierten Bescheiden mit einer Ausnahme immer explizit genannt. Der überprüfte Abschluss wird auch in den meisten Fällen angegeben (93,9%), lediglich fünf der beschreiben ihn erst beim Vergleich der Ausbildungen bzw. bei der Feststellung der Defizite.

Bei den hier im Fokus stehenden Berufen bzw. Abschlüssen ist der Referenzberuf meistens eindeutig, wobei für den Referenzberuf des Erziehers relativ viele Anträge – 35,9% (N=14) von der Gesamtanzahl der für Erzieher vorliegenden Bescheide – von Lehrern gestellt wurden. Dies liegt möglicherweise daran, dass die Anerkennung des Lehrerabschlusses bzw. der Erhalt einer Arbeitsstelle mit einem im Ausland absolvierten Lehrerabschluss kaum möglich ist. In diesen Fällen wird meistens empfohlen, einen neuen Anerkennungsantrag für

---

[82] Elf der vorliegenden 39 Bescheide für Erzieherberufe sind Bescheinigungen aus dem Bundesland 2 zur Feststellung der vollen Gleichwertigkeit. Diese werden im Folgenden nicht berücksichtigt, da sie kaum Informationen zu den meisten Inhaltskategorien liefern, sodass sie die Ergebnisse der Auswertung verzerren würden.

den Referenzberuf des Lehrers zu stellen, es sei denn die abgeschlossenen Ausbildungen berechtigen zur Ausübung des Erzieherberufs im Herkunftsland.[83]

Eine weitere Besonderheit bzw. Schwierigkeit bei der Bestimmung des Referenzberufs besteht darin, dass das Qualifikationsniveau unterschiedlich ist. So werden in manchen Ländern der Erzieher- bzw. der Gesundheits- und Krankenpflegeabschluss an einer Berufsschule/einem Berufs- oder Fachgymnasium abgeschlossen.[84] In diesen Fällen wird ein Alternativreferenzberuf als Kinderpfleger bzw. als Gesundheits- und Krankenpflegehelfer vorgeschlagen. Diese Alternativreferenzberufe werden allerdings oft auch vorgeschlagen, wenn die Ausbildungsdauer und -inhalte als nicht ausreichend bewertet und keine Möglichkeit für einen Anpassungslehrgang angeboten werden, wie dies vor allem für Gesundheits- und Krankenpflegeabschlüsse aus Drittländer der Fall ist. Hier besteht die Gefahr einer Abwertung der Abschlüsse, womit die Chance einer qualifikationsgerechten Beschäftigung gemindert wird.

Kategorie 2: Qualifikation
Die Bewertung der Qualifikation im Rahmen der Gleichwertigkeitsfeststellung bzw. die Beantwortung der Frage, inwiefern der im Ausland erworbenen Abschluss den Anforderungen des deutschen Referenzberufes entspricht, bedarf der Gegenüberstellung der *im Herkunftsland absolvierten Ausbildung* (Dauer und Curricula) und der *deutschen Ausbildung (-standards und Inhalte)*. Die *Berufserfahrung* sollte gemäß Anerkennungsgesetz ebenfalls zum Ausgleich von Defiziten berücksichtigt werden.

Die Bescheinigung der bereits vorhandenen Kenntnisse und Fähigkeiten in Relation zu den deutschen Standards bietet die Orientierungsgrundlage für alle weiteren Schritte – Anpassungsmaßnahmen, Stellensuche etc. – für die Arbeitsmarktintegration. Für reglementierte Berufe ist eine Beschäftigung ohne (Teil-)Anerkennung gesetzlich nicht möglich.

Eine Gegenüberstellung der *Ausbildung aus dem Herkunftsland mit der deutschen Ausbildung* scheint fast immer (N=78; 95,12%) stattzufinden und es sind keine bemerkenswerten Unterschiede beim Vergleich vor und nach BQFG zu beobachten. Die Häufigkeiten beziehen sich allerdings lediglich auf die Erwähnung der jeweiligen Ausbildungen bzw. des durchgeführten Vergleichs und geben keine Hinweise darüber, wie ausführlich und nachvollziehbar die Gegenüberstellung erfolgt ist. Bei einem näheren Blick ist festzustellen, dass auch wenn der die Abschlüsse beschreibende Abschnitt relativ umfangreich ist,[85] kaum auf

---

[83] „Die Zulassung zur Berufsausübung in einem Mitgliedstaat bildet die Grundlage für den Antrag, in einem anderen Staat denselben Beruf ausüben zu dürfen. Der Beruf muss derselbe sein, d.h. dass eine Lehrerin keine Anerkennung als Erzieherin beantragen kann, außer ihre Ausbildung im Herkunftsland berechtigte sie auch, als Erzieherin tätig zu werden." (Englmann & Müller, 2007, S. 37) In manchen Ländern wie z. B. Polen bescheinigt der Abschluss eines Studiengangs die Befähigung zur Ausübung sowohl des Grundschullehrerberufs als auch des Erzieherberufs.
[84] Wobei in anderen Ländern diese Berufe wiederum im Rahmen eines Bachelorstudiums erworben werden.
[85] Um die Ausführlichkeit der Informationen sowie mögliche Unterschiede und Veränderungen feststellen zu können, wurde die Länge der Inhalte in drei Gruppen unterteilt: **Kurz**: bis zu zehn Zeilen; **mittel**: mehr als zehn, bis 25 Zeilen; **lang**: mehr als 25 Zeilen. Der Abschnitt bzgl. der Abschlüsse ist in den Bescheiden für die Gesundheits- und Krankenpfleger kurz bis mittel und für die Erzieher mittel bis lang.

die Ausbildung bzw. Ausbildungsinhalte im Herkunftsland eingegangen wird. Das folgende Beispiel macht dies deutlich:

„Die eingehende Prüfung Ihrer eingereichten Unterlagen hat ergeben, dass Ihre Bildungsnachweise nicht der hiesigen Ausbildung einer Staatlich anerkannten Erzieherin / [Bundesland] entspricht." (Bescheid Nr. 12; Erzieher)

Dieser Aussage, die nicht weiter begründet wird, folgt die Beschreibung des deutschen Ausbildungsstandards. Wenn ein tatsächlicher Vergleich erfolgt, bezieht sich dieser entweder auf das Niveau, auf dem die Abschlüsse erworben sind - Fach- oder Berufsschule, Hochschule etc. vs. duale Ausbildung - und/oder auf Dauer und Struktur der Ausbildungen. Es bleibt also bei einer quantitativen Überprüfung, wobei diese auch nicht immer zwingend nachvollziehbar ist. Hier sind leichte Unterschiede zwischen den Berufsgruppen und Bundesländern zu bemerken, wobei das Ergebnis ähnlich ist:
Während für die **Erzieherberufe im Bundesland 1** hauptsächlich die deutsche Ausbildung und ihre Standards ausführlich beschrieben werden, erwähnen die Bescheide aus **Bundesland 2** lediglich die Unterschiede zu der deutschen Ausbildung bzw. der Vergleich ist defizitorientiert, sodass in beiden Fällen anhand der erstellten Bescheide vorhandene Kompetenzen nicht unbedingt erkennbar sind. Dies gilt auch für die Bescheide für Gesundheits- und Krankenpfleger, die im Allgemeinen kürzer sind und somit vergleichsweise knappe Informationen liefern. Bei der Gegenüberstellung der Ausbildungen wird im **Bundesland 1** zumeist allein die deutsche Ausbildung mit Dauer und Umfang konkret genannt und die ausländische Ausbildung mit vagen Formulierungen[86] als nicht gleichwertig bezeichnet. Im **Bundesland 2** erfolgt jedenfalls meistens ein quantitativer Vergleich des theoretischen und praktischen Stundenumfangs.
Hinsichtlich der *Berufserfahrung* fällt auf, dass diese größtenteils nicht erwähnt wird. In N=57 (69,51%) aus N=82 der Fälle ist demnach nicht eindeutig, ob die Erfahrung nicht vorhanden, nicht nachgewiesen und/oder nicht einschlägig für den Referenzberuf ist. Von den N=25 (30,49%) Fällen, in denen die Berufserfahrung genannt wird, findet sie außerdem lediglich in N=13 (15,85%) der Bescheide eine Berücksichtigung,[87] wobei dies vorwiegend ohne konkrete Angabe erfolgt. Hierbei sind Formulierungen wie z. B. „Nach […] Einbeziehung Ihrer bisherigen Tätigkeit" oder „Unter Berücksichtigung Ihrer langjährigen Berufserfahrung" üblich. Ferner ist zu bemerken, dass die Berufserfahrung häufiger bei der Überprüfung der Erzieherabschlüsse[88] im Vergleich zu den Gesundheits- und Krankenpfleger-Abschlüssen[89] erwähnt bzw. berücksichtigt wird. Dies fällt noch deutlicher auf, wenn die

---

[86] Wie z. B. „Aufgrund uns vorliegende Erkenntnisse über die von Ihnen absolvierte Ausbildung […] hinsichtlich Ausbildungsinhalte und Ausbildungsstunden […]".
[87] Hier sind allerdings die elf Vollanerkennungen für Erzieherberufe nicht einbezogen, die in über der Hälfte der Fälle (N=6) die Berufserfahrung als ausreichend für den Defizitausgleich und als Begründung für die Gleichwertigkeitsfeststellung angeben.
[88] N=13, d. h. 46,4% der hier ausgewerteten Bescheide für den Erzieherberuf.
[89] N=12, d. h. 22,2% der für diesen Beruf ausgewerteten Bescheide.

acht Gleichwertigkeitsfeststellungen für Erzieher aus Bundesland 2 dazugezählt werden, die den Ausgleich von Defiziten und die Vollanerkennung durch Berufserfahrung begründen. Einen Vergleich vor resp. nach BQFG ist aufgrund der geringen Anzahl der Bescheide schwierig, eine Tendenz zur stärkeren Berücksichtigung der Berufserfahrung nach Inkrafttreten des Anerkennungsgesetzes ist dennoch zumindest für die Erzieherbescheide anzunehmen. Während die Erfahrung vor BQFG auch für EU-Abschlüsse nicht immer genannt wird, wird sie nach BQFG in den Bescheiden aus dem Bundesland 1 häufiger explizit erwähnt (38,5% vs. 23,0%) und im Bundesland 2 in sechs Fällen als Begründung für die Vollanerkennung verwendet. Letzteres bedeutet, dass 23% der Vollanerkennungen nach BQFG mit der Begründung eines Defizitausgleichs durch Berufserfahrung erteilt wurden im Vergleich mit 7,7% vor BQFG. Eine eindeutige Schlussfolgerung bzgl. der stärkeren Einbeziehung der Berufserfahrung bei der Bewertung ausländischer Abschlüsse nach BQFG ist aufgrund der Art der Gewinnung von Bescheiden und deren geringen Anzahl mit Skepsis zu betrachten.

Auch für den Beruf des Gesundheits- und Krankenpflegers wird die Praxiserfahrung ebenfalls in jeweils zwei der in den zwei Bundesländern nach BQFG erstellten Bescheiden anerkannt und mit dieser Begründung die Praktikumsdauer oder den Anpassungslehrgang gekürzt oder angeboten, Anpassungslehrgang oder Prüfung mit einem (erfolgreichen) Praktikum zu ersetzen.

Für die Erzieherberufe ist dennoch bei dieser Kategorie zu vermerken, dass in den Fällen, in denen die Abschlüsse als nicht vergleichbar betrachtet werden – z. B. für Lehrerabschlüsse – die Berufserfahrung bei der Bewertung vor und nach BQFG keine Rolle spielt, auch wenn es sich z. T. um langjährige und einschlägige Tätigkeiten und Aufgaben handelt. Bemerkenswert ist ferner, dass in mehreren Fällen die Berufserfahrung in den mit den Anträgen eingereichten Unterlagen nachgewiesen ist, diese jedoch bei fehlender Gleichwertigkeitsfeststellung keine Erwähnung im Anerkennungsbescheid findet.[90]

Kategorie 3: Feststellung von Unterschieden
Aus der Überprüfung der vorhandenen Qualifikation inklusive der durch Praxiserfahrung gewonnenen Fähigkeiten und Fertigkeiten im Vergleich mit den jeweiligen Anforderungen der deutschen Ausbildung sollten sich die *wesentlichen Unterschiede* und die *fehlenden fachspezifischen Inhalte/Fächer* stichhaltig ergeben. Eine Feststellung dieser Unterschiede und der auszugleichenden Defizite sollte die logische Folge sein. Der nachfolgenden Tabelle 19 ist jedoch zu entnehmen, dass diese Inhalte nicht immer in den Bescheiden vorhanden sind, obwohl sie laut Anerkennungsgesetze die Begründung für eine qualifizierte Entscheidung bzgl. Nicht- oder Teilanerkennung bieten sollten. Da ein genauer und nachvollziehbarer Vergleich der Ausbildungen auch nicht erfolgt, ist es aber nicht verwunderlich, dass konkrete Angaben u. a. zu den auszugleichenden Defiziten fehlen.

---

[90] Dies konnte anhand der Unterlagen für Erzieherberufe aus dem Bundesland 2 festgestellt werden, für die alle Antragsunterlagen und nicht nur die Bescheide zur Analyse zur Verfügung standen.

Tabelle 19: Häufigkeiten in der Kategorie 3 „Feststellung von Unterschieden".

Inhalte	Feststellung wesentlicher Unterschiede	Nennung fehlender fachspezifischer Inhalte/Fächer
E BL1 + BL2 (N=28)	16 (57,1%)	11 (39,3%)
GuK BL1 + BL2 (N=54)	32 (59,3%)	4 (7,4%)
Nennungen E + GuK (N= 82)	**48 (58,5%)**	**15 (18,3%)**

Wesentliche Unterschiede oder „erhebliche Defizite" werden verhältnismäßig gleich häufig in den beiden Berufsgruppen als Begründung für eine Nicht- oder Teilanerkennung verwendet, wobei dies in den Bescheiden für Gesundheits- und Krankenpfleger lediglich im Bundesland 1 explizit so formuliert und somit den in den gesetzlichen Regelungen verwendeten Begrifflichkeiten entsprochen wird. Im Bundesland 2 wird dagegen die fehlende Gleichwertigkeit u. a. mit konkreten Vergleichen des Ausbildungsumfangs oder mit abweichenden Berufsbildern benannt, was im Prinzip die gleiche Bedeutung hat, jedoch anders formuliert wird. Während *die wesentlichen Unterschiede/Defizite* in mehr als der Hälfte der hier ausgewerteten Bescheide als Erklärung für Nicht- oder Teilanerkennung aufgeführt werden, bleiben sie zumeist unbegründet bzw. werden sie durch wenig konkrete Aussagen begleitet, wie z. B. „nach Aktenlage" oder „nach unserem Kenntnisstand bestehen [...]" u. a. "funktionale" und "materielle", „inhaltliche und strukturelle" Unterschiede etc. Ferner erfolgt kaum eine konkrete Aufzählung der festgestellten Defizite bzw. der fehlenden *fachspezifischen Inhalte, Fächer oder Bereiche*. Wobei die Bescheide für Erzieherberufe aus Bundesland 2 öfters die fehlenden Qualifikationen und nicht abgedeckten Bereiche (z. B. die Praxis in Heim- oder Jugendeinrichtungen) erwähnen, die für die deutsche Erzieherausbildung erforderlich ist. Im Bundesland 1 scheint die Feststellung von (wesentlichen) Unterschieden nach BQFG mehr Beachtung zu finden (46,2% vs. 23,0%), die allerdings meistens auf dem Standardhinweis auf Struktur und Anforderungen der hiesigen Ausbildung basiert.

In den Bescheiden für Gesundheits- und Krankenpfleger sind die üblichen Standardbegründungen die nicht ausreichenden Praxiserfahrungen bzw. der Hinweis auf den Theorie- und Praxisumfang in Deutschland, wobei die fehlenden Stunden lediglich in 12 Fällen genannt werden.

Werden die wesentlichen Unterschiede nicht eindeutig angeführt sind die Entscheidungen kaum nachvollziehbar für die Antragsteller und/oder Arbeitgeber. Fehlt die konkrete Angabe der festgestellten Defizite, sind die notwendigen Ausgleichsmaßnahmen wiederum schwer zu gestalten.

Kategorie 4: Ergebnis und Begründung der Gleichwertigkeitsprüfung

Da ein Anerkennungsbescheid auch ein Verwaltungsakt ist, gehören nicht nur das *Bewertungsergebnis* – Nicht-, Teil- oder Vollanerkennung – sondern auch die Informationen über die zugrunde liegenden *gesetzlichen Bestimmungen* bzw. *die gesetzlichen Grundlagen des*

Anerkennungsverfahrens und des Bewertungsprozesses in jeden Bescheid. Die Anerkennung wird gesetzlich geregelt, sodass die rechtliche Grundlage das Verfahren und dessen Ergebnis begründen und nachvollziehbar machen sollten.

Das Ziel eines Anerkennungsbescheids ist die offizielle Mitteilung des Ergebnisses der Gleichwertigkeitsprüfung eines ausländischen Abschlusses mit dem deutschen Referenzberuf und sie erfolgt in jedem der vorliegenden Bescheide mit Ausnahme von drei Folgebescheiden. Diese sind nach der Auswahl einer gewünschten Anpassungsmaßnahme durch die Antragssteller erstellt und beschreiben diese Maßnahme ausführlich. In diesen Fällen wurde die Entscheidung über eine Teilanerkennung in einem früheren Bescheid mitgeteilt und die Antragssteller wurden aufgefordert, sich für eine Ausgleichsmaßnahme – Anpassungslehrgang oder Prüfung[91] – zu entscheiden.

Tabelle 20: Häufigkeiten in der Kategorie 4 „Ergebnis und Begründung der Gleichwertigkeitsprüfung".

Inhalte	Feststellung wesentlicher Unterschiede	Nennung fehlender fachspezifischer Inhalte/Fächer
E BL1 + BL2 (N=28)	28 (100%)	23 (82,1%)
GuK BL1 + BL2 (N=54)	51 (94,4%)	44 (81,5%)
Nennungen E + GuK (N= 82)	**79 (96,3%)**	**67 (81,7%)**

Die gesetzlichen Grundlagen werden lediglich in gut 80 Prozent der Bescheide genannt. Vor allem wenn es sich um Bescheide handelt, die vor BQFG für Abschlüsse aus einem Drittland erstellt wurden, finden gesetzliche Grundlagen keine Erwähnung, aber auch bei der Überprüfung von EU-Abschlüssen werden diese nicht immer angeführt. Außerdem werden oft lediglich die Gesetze und Paragraphen genannt, ohne deren Inhalt zu erwähnen.

Auffallend ist, dass die *gesetzlichen Grundlagen* als Voraussetzung zur Feststellung der Gleichwertigkeit in den Bescheiden für Erzieherberufe aus Bundesland 2 immer aufgezählt und vergleichsweise relativ ausführlich beschrieben werden. Eine Erklärung dafür ist, dass diese Bescheide EU-Abschlüsse bewerten, für die es klare und bindende Vorgaben spätestens seit der EG-Anerkennungsrichtlinie gibt. Ausführlichkeit ist allerdings nicht mit Verständlichkeit und Nachvollziehbarkeit gleichzusetzen (vgl. Müller & Ayan, 2015b, Beitrag in diesem Band). Ein Absatz, wie der nachfolgend als Beispiel zitierte, liefert zunächst keine nachvollziehbaren Informationen für diejenigen, die die genannten Paragraphen und Begrifflichkeit nicht kennen:

„Ist die Gleichwertigkeit des Ausbildungsstandes nicht gegeben oder ist sie nur mit unangemessenen zeitlichen oder sachlichen Aufwand feststellbar, ist gemäß § 2 Absatz 3 des

---

[91] Bis zum Inkrafttreten des BQFG, stand die Möglichkeit der Auswahl zwischen einem Anpassungslehrgang – ein angeleitetes Praktikum – und einer Eignungs- oder Kenntnisprüfung lediglich für EU-Bürger zur Verfügung. Diese Wahlmöglichkeit zwecks schnellerer Erreichung einer vollen Gleichwertigkeit der Abschlüsse ist nun auch für Antragsteller aus Drittländern zugänglich (vgl. BMBF, 2012).

Krankenpflegegesetzes vom 16.07.2003 (BGBl I S. 1442) in der jeweils gültigen Fassung ein gleichwertiger Kenntnisstand nachzuweisen." (Bescheid 30, Bundesland 1)

Schwer verständliche Verweise auf gesetzliche Regelungen können verunsichern und dazu führen, dass Entscheidungen missverstanden werden, was die weiteren Schritte zur qualifikationsadäquaten Integration in den Arbeitsmarkt erschwert. Außerdem ist die verständliche Mitteilung von Rechten und Pflichten durch Verwaltungs- bzw. Behördenschreiben von den zuständigen Stellen zu beachten, wie das Bundesministerium für Justiz in den „allgemeine Empfehlungen für das Formulieren von Rechtsvorschriften" bereits im Jahr 1999 deutlich machte (Deutscher Bundestag, 2004).

Wie bei den anderen Kategorien fällt es auch hier schwer, beim Vergleich vor und nach BQFG eindeutige Entwicklungen festzustellen. Während sich für die Gesundheits- und Krankenpfleger keine Entwicklungen abzeichnen – im Bundesland 1 werden die gesetzlichen Bestimmungen nach wie vor aufgeführt und im Bundesland 2 lediglich ein einziges Mal – scheinen die gesetzlichen Grundlagen für Erziehungsberufe im Bundesland 1 nach BQFG etwas häufiger Berücksichtigung in den Bescheiden zu finden (38,5% vs. 23,0%). Dies könnte darin liegen, dass die zuständigen Stellen Rechtssicherheit für sich selbst schaffen wollten.

Kategorie 5: Informationen zum weiteren Vorgehen

Die *Informationen zum weiteren Vorgehen* sind essentiell für die Verwertbarkeit der Bescheide im Hinblick auf die Erreichung einer Vollanerkennung ausländischer Abschlüsse und letztendlich einer qualifikationsadäquate Beschäftigung. Die Vollständigkeit, Genauigkeit und Verständlichkeit dieser Informationen sind demnach äußerst wichtig. Sie müssen allerdings nicht immer alle vorhanden sein, sondern je nach Zeitpunkt[92] und Ergebnis der Gleichwertigkeitsprüfung die weiteren Schritte zur Erlangung einer Qualifikation deutlich machen. Für Teilanerkennungen ist demnach *ein Wahlrecht zwischen zwei Ausgleichsmaßnahmen* und die *Beschreibung dieser Ausgleichsmaßnahmen* sowie die Informationen über dafür *zuständige Stellen* notwendig bzw. möglich. Für Abschlüsse, für die überhaupt keine Gleichwertigkeit mit dem Referenzberuf gesehen wird, sollten *Informationen zu alternativen Perspektiven*, d. h. weitere Qualifizierungs- oder Anerkennungsmöglichkeiten mit den entsprechenden *zuständigen Stellen* genannt werden, die zum Erwerb eines anerkannten Berufsabschlusses führen können.

---

[92] Ein Wahlrecht war vor BQFG lediglich für EU-Abschlüsse verpflichtend vorgeschrieben. Drittlandsabschlüsse, die keine volle Gleichwertigkeit erreichten, mussten für reglementierte Berufe immer eine Kenntnisprüfung ablegen, die den Umfang einer staatlichen Prüfung hatte und alle in der Berufsausbildung relevanten Inhalte prüfte. Wobei die zuständigen Stellen die Möglichkeit hatten, auch für diese Abschlüsse vom Wahlrecht Gebrauch zu machen und lediglich den Ausgleich festgestellter Defizite durch einen Anpassungslehrgang oder einer Eignungsprüfung anzufordern (vgl. Englmann & Müller, 2007).

Tabelle 21: Häufigkeiten in der Kategorie 5 „Information zum weiteren Vorgehen".

Inhalte	Wahlrecht Ausgleichs- maßnahmen	Beschreibung Ausgleichs- maßnahmen	Zuständige Stellen	Informationen alternative Perspektiven	Alternative zuständige Stellen
E BL1 + BL2 (N=28)	10 (35,7%)	15 (53,6%)	21 (75%)	15 (53,6%)	8 (28,6%)
GuK BL1 + BL2 (N=54)	28 (51,9%)	32 (59,3%)	29 (53,7%)	22 (40,7%)	1 (1,2%)
Nennungen E + GuK (N= 82)	38 (46,3%)	47 (57,3%)	50 (61%)	37 (45,1%)	9 (11%)

Für Teilanerkennungen sind also meistens keine Alternativen zum Anpassungslehrgang und Eignungs- resp. Kenntnisprüfung notwendig, es sei denn, ein ist sind weitere Abschlüsse vorhanden und/oder alternative Referenzberufe vorgeschlagen werden.

Wie der Tabelle 21 zu entnehmen ist, werden in 57,3% der Bescheide die möglichen und/oder notwendigen Ausgleichsmaßnahmen beschrieben und weitere 45,1% Bescheide bieten Informationen zu alternativen Schritten.[93]

Dass 46,3% der Bescheide den Antragsstellern ein Wahlrecht zwischen zwei Anpassungsmaßnahmen einräumen und aber in 57,3% Bescheide Anpassungsmaßnahmen beschrieben werden, liegt daran, dass für Drittlandabschlüsse ein Wahlrecht erst nach BQFG vorgeschrieben ist. Außerdem wird in drei Bescheiden für Gesundheits- und Krankenpfleger aus Bundesland 2 auf das Wahlrecht zwischen Kenntnisprüfung und Anpassungslehrgang auch nach BQFG nicht hingewiesen und die gesetzlichen Vorgaben zur Gleichbehandlung von Drittlandabschlüsse somit nicht eingehalten.[94]

Eine Auskunft zum weiteren Vorgehen scheint in allen Bescheiden gegeben zu sein, es stellt sich allerdings die Frage der qualitativen Verwertbarkeit im Sinne von Verständlichkeit, Machbarkeit, Gesetzmäßigkeit usw. Wird beispielsweise die Dauer des Anpassungslehrgangs nicht konkret genannt und keine Informationen über die Anforderungen einer Eignungsprüfung gegeben, ist es kaum möglich für die Antragsteller, eine Entscheidung zwischen den beiden Anpassungsmaßnahmen zu treffen.

Konkrete Angaben zu diesen zwei zur Wahl stehenden Ausgleichsmaßnahmen fehlen vor allem in den Bescheiden für Gesundheits- und Krankenpfleger aus dem Bundesland 1. Dies wird damit begründet, dass die Details dazu "in einer gesonderten Rechtsverordnung geregelt werden". Es wird zudem in diesen Bescheiden lediglich die Höchstdauer des Anpassungslehrgangs (3 Jahre) angegeben und nicht darauf hingewiesen, dass dieser aufgrund der vorhandenen Kompetenzen ggf. kürzer sein könnte. Der weitere Hinweis "[...] dass voraussichtlich beide Maßnahmen kostenpflichtig sein werden.", trägt nicht zur Erleichterung der Entscheidung für eine dieser Maßnahmen bei. Da aufgrund der für die Bewertung angeforderten Unterlagen Aussagen über die Dauer des Anpassungslehrgangs bzw. über die Defizi-

---

[93] Die Summe ergibt über 100 Prozent, da einige der Antragsteller zwei oder mehrere Abschlüsse haben.
[94] Vgl. KrPfl.G §2 Abs. (3).

te möglich wären, die durch eine Eignungsprüfung ausgeglichen werden müssten, ist das Fehlen dieser Informationen nicht nachvollziehbar.

Bei einem Vergleich zwischen den beiden Berufsgruppen vor und nach BQFG ist ferner festzustellen, dass sich der Umfang der Informationen zum weiteren Vorgehen lediglich für die Bescheide für Erzieherberufe aus Bundesland 1 eindeutig ändert. Hier werden die Informationen zu Ausgleichsmaßnahmen und alternativen Perspektiven viel ausführlicher und nach BQFG als Anlagen zum Anerkennungsbescheid eingereicht. Mit der Aufteilung und der Auslagerung von Informationen in Anlagen wird u. a. auch eine bessere Übersichtlichkeit erzielt. Die Bescheide für Gesundheits- und Krankenpfleger ändern sich nach BQFG durch den zusätzlichen Hinweis auf das Wahlrecht und die Definitionen der Ausgleichsmaßnahmen, wobei diese Definitionen zumeist den Gesetzestexten entnommen werden. Wie bereits erwähnt sind die in diesen Definitionen enthaltenen Informationen aber wenig konkret und damit schwer verständlich. Die Verwertbarkeit von Anerkennungsbescheiden bzw. der von ihnen beinhalteten Informationen für die Antragssteller und für weitere Interessierte Akteure ist in diesen Fällen mehr als fraglich.

Konkrete und zuverlässige Angaben zu Ausgleichsmaßnahmen, vor allem zu Dauer und Inhalte in Abhängigkeit von den festgestellten Defiziten, können allein die zuständigen Anerkennungsstellen machen und diese Angaben sollten laut der Anerkennungsgesetze in den Bescheiden festgelegt werden. Es besteht hierbei noch Optimierungsbedarf, was die Verwertbarkeit der Inhalte betrifft.

Positiv ist zu vermerken, dass die Anerkennungsstelle für die Gesundheits- und Krankenpfleger aus Bundesland 1 meistens eine Liste mit den Krankenpflegeschulen aus der Region als Anlage zum Bescheid beifügt.

5 Diskussion und Fazit

Das übergreifende Ziel der Anerkennungsgesetze ist der erleichterte Zugang zum Arbeitsmarkt durch die bessere Nutzung vorhandener Qualifikationen. Dies setzt einheitliche und nachvollziehbare Kriterien bei der Überprüfung und Bewertung von ausländischen Abschlüssen, die sich in den Anerkennungsbescheiden widerspiegeln sollten. Anerkennungsbescheide sollen entweder das Äquivalent eines Abschlusszeugnisses darlegen und/oder die bereits vorhandenen Kenntnisse und Kompetenzen sowie die notwendigen bzw. möglichen Schritte zur Erreichung eines anerkannten Abschlusses deutlich machen. Bei der Auswertung der vorliegenden Anerkennungsbescheide wurde allerdings festgestellt, dass u. a. Inhalte und Umfang der Informationen z. T. stark variieren, was sich nach Inkrafttreten des BQFG noch nicht deutlich geändert hat. Außerdem fehlen oft Inhalte bzw. Informationen, die für die Nachvollziehbarkeit der Entscheidungen und der ggf. angeordneten Anpassungsmaßnahmen unverzichtbar sind. Insbesondere die Kategorien *Qualifikation* und *Feststellung von Unterschieden* sind hier auffällig. Die uneinheitliche Vorgehensweise der Anerkennungsstellen und der einzelnen Mitarbeiter bei der individuellen Bewertung der Abschlüsse wurde in älteren Studien und wird auch im Monitoringbericht zum BQFG als verbesserungswürdige Problematik thematisiert (BMBF, 2014, S. 7; 99). Dies liegt vermutlich daran, dass klare Standards bzgl. Inhalte und Gestaltung dieser Dokumente noch nicht vorhanden sind, was auch von einigen Anerkennungsstellen bereits vor BQFG bemängelt wurde (vgl. EXIS Europa e.V., 2010, S. 117).

Die einzelnen in diesem Beitrag analysierten Inhaltskategorien bauen aufeinander auf, sodass bei einer systematischen Vorgehensweise bei der Erstellung der Anerkennungsbescheide das Ergebnis bzw. die Inhalte sich nachvollziehbar ergeben würden: Werden *Abschluss* und *Qualifikation* konkret beschrieben, werden die vergleichbaren Kompetenzen und die *Unterschiede/Defizite* deutlich und die Entscheidung bzw. *das Ergebnis* nachvollziehbar, sowie das *weitere Vorgehen* mit den ggf. notwendigen Ausgleichsmaßnahmen sichtbar. Fehlen die ersten Bewertungsschritten und damit die Inhalte sind die darauf aufbauenden Inhaltskategorien ebenfalls ungenügend.

Die Auswertung der *Kategorie 2 (Qualifikation)* ergab, dass zumeist keine Feststellung der vorhandenen Kompetenzen bzw. der vergleichbaren Inhalte der Ausbildungen erfolgt. Ferner wird die Berufserfahrung immer noch wenig berücksichtigt. Lediglich in zwei Bescheiden ist die Absicht zu erkennen, einen schnellen Ausgleich der festgestellten Defizite zu ermöglichen sowie durch genaue Angaben der individuellen Kenntnisse und Kompetenzen, durch eine starke Berücksichtigung der Berufserfahrung und (erfolgreiche) Praktika den schnellen Erwerb der vollen Gleichwertigkeit zu fördern. Ferner ist in den Bescheiden für Erzieherabschlüsse aus Bundesland 2 nach BQFG eine häufigere Begründung der Gleichwertigkeitsfeststellung durch die Berufserfahrung auszumachen. Eine Tendenz zur stärkeren Berücksichtigung der Berufserfahrung nach dem Inkrafttreten des Anerkennungsgesetzes ist anhand der ausgewerteten Bescheide bzw. der leicht gestiegenen Häufigkeiten nicht ganz eindeutig abzuleiten.

In der Inhaltskategorie 3 (*Feststellung von Unterschieden*) scheint die Formulierung „wesentliche Unterschiede" problematisch, da diese einen großen Interpretationsspielraum zulässt und die in den ausgewerteten Bescheiden ohne konkrete Erwähnung als Begründung für das Ergebnis der Gleichwertigkeitsprüfung verwendet werden. Die festgestellten Defizite werden ebenfalls kaum konkret genannt. Aufgrund der unzureichenden Informationen in den ersten Inhaltskategorien scheint das *Ergebnis* der Gleichwertigkeitsprüfung (Kategorie 4) oft eine willkürliche Entscheidung des jeweiligen Sachbearbeiters zu sein und kann zu Verunsicherungen nicht nur der Antragssteller führen. Ferner trägt die Erwähnung der gesetzlichen Bestimmungen bzw. der einer Bewertung zugrunde liegenden Paragraphen nicht unbedingt zur Verständlichkeit der Bescheide bei (vgl. hier auch Müller & Ayan, 2015b, Beitrag in diesem Band). Gesetzestexte bzw. in den Bescheiden zitierten Paragraphen sollten erklärt werden, da z. T. auch Berater Schwierigkeiten haben, die Entscheidung und deren Begründung zu verstehen (vgl. Jacobi, 2015, S. 213 ff. , Beitrag in diesem Band).

Aufgrund der oben dargestellten Ergebnisse wird die Orientierung hinsichtlich der Einstufung von bewerteten Abschlüssen und der möglichen und/oder notwendigen *weiteren Schritte* (Kategorie 5) erschwert. Dementsprechend sind Dauer und Inhalte der Ausgleichsmaßnahmen sowie eine zum Ausgleich der Defizite bestimmte Eignungsprüfung in mehreren Fällen nicht genannt bzw. nicht nachvollziehbar. In einigen der vorliegenden Bescheide werden außerdem die Antragssteller aufgefordert, eine Entscheidung zwischen Anpassungslehrgang und Eignungsprüfung zu treffen, obwohl die zur Wahl stehenden Ausgleichsmaßnahmen nur mit dem der Gesetze entnommenen Definitionen beschrieben werden. Fehlen jedoch Informationen zur Dauer und Inhalte der Ausgleichsmaßnahmen, wird eine Entscheidung erschwert und das angebliche Wahlrecht nichtig. In einigen der Bescheide für Erzieher sind allerdings nach BQFG einige Verbesserungsbemühungen und inhaltliche Anpassungen zu beobachten. So sind die Beschreibungen von Ausgleichsmaßnahmen ausführlicher und die Struktur wird optimiert (vgl. Mihali, Müller & Ayan, 2015, S. 69 f. Beitrag in diesem Band).

Wie auch in den weiteren Artikel dieses Herausgeberbandes hinsichtlich der strukturellen Entwicklung und der sprachlichen Verwertbarkeit der Anerkennungsbescheide ist bezüglich der Verwertbarkeit der Bescheide für Antragssteller, potenziellen Arbeitgeber, für Arbeitsvermittler, Berater und Weiterbildungseinrichtungen festzustellen, dass Verbesserungsbedarf besteht. Individuelle Prüfungen der Gleichwertigkeit bedürfen individueller Entscheidungen, die auf die Schnelle Integration in den Arbeitsmarkt ausgerichtet sind. Standardformulierungen und wenig aussagekräftige Textbausteine tragen dagegen nicht zu Verwertbarkeit von Bescheiden bei.

Mit dem Monitoring zum BQFG wurden in Bezug auf Bescheide analoge Ergebnisse ermittelt. So scheint der Vergleich der Ausbildungen nach wie vor eine Herausforderung zu sein und die Berücksichtigung der Berufserfahrung zum Ausgleich von Defiziten zurückhaltend zu erfolgen, was den durch das BQFG erwünschte Effekt untergräbt. Eine Umstellung der zuständigen Stellen wird demnach empfohlen (vgl. BMBF, 2014, S. 11, 105). Eine mögliche Lösung, um die nach wie vor bestehenden Unsicherheiten bei der Gleichwertigkeitsprüfung anzugehen, wäre ein bereits vorgeschlagener berufsübergreifender „Qualitätssicherungsprozess". Eine Möglichkeit hierbei wäre die Abstimmung einzelner Datenbanken für Anerkennungsanträge und -entscheidungen: „Die zuständigen Stellen befürworten eine weitere Bündelung und Zusammenstellung von Informationen." (BMBF, 2014, S. 99 f.) Bemühungen zur „Vereinheitlichung der Verwaltungsstrukturen" scheinen weiterhin notwendig. So wurde für die Gesundheitsberufe eine „zentrale Gutachtenstelle" beschlossen, die […] dringend eingerichtet und arbeitsfähig werden [sollte]. Dafür muss eine auskömmliche Personal und Finanzausstattung bei der dafür vorgesehenen Zentralstelle für ausländisches Bildungswesen (ZAB) gewährleistet werden" (BMBF, 2014, S. 8).

Weitere Verbesserungsvorschläge zur Verwertbarkeit von Anerkennungsbescheiden wären u. a. die „Verknüpfung des Anerkennungsverfahrens an Nachqualifizierungsmaßnahmen", die bereits im Jahr 2010 von Englmann & Müller-Wacker empfohlen und in einer weiteren

Studie auch von den befragten Anerkennungsstelle gewünscht wurde (Englmann & Müller-Wacker, 2010, S. 149; EXIS Europa e.V., 2010, S. 116 f.). Diese Verknüpfung und die deutliche Benennung der individuell festgestellten Unterschiede und Defizite in den Anerkennungsbescheiden würden zur Entwicklung der Angebote für Anpassungsqualifizierungen, die ebenfalls als unzureichend bemängelt wird (vgl. KP IQ, 2014, 218 f.), beitragen.

Eine stärkere Einbindung der Arbeitgeber ist hierbei zu empfehlen. In den Bereichen, in denen Fachkräftemangel besteht, wie z. B. in den Gesundheitsberufen, unterstützen Arbeitgeber indem sie die Anerkennung von Abschlüssen initiieren und die Antragssteller im Verfahren begleiten. Diese könnten sich bei der Entwicklung von bedarfsorientierten Anpassungsmaßnahmen, bei deren Finanzierung und betriebsnahen Organisation stärker einbringen (vgl. ebd.). Umfangreiche, Orientierung bietende Anerkennungsbescheide verschaffen die Grundlage für Weiterbildungsangebote.

Zur Verbesserung der Qualität von Anerkennungsbescheiden könnte die Entwicklung eines Musteranerkennungsbescheids eine Lösung sein, Bescheid der die Perspektiven und Informationsbedarfe aller interessierten Akteure berücksichtigt. Ein „einheitliches Erscheinungsbild" wurde bereits befürwortet (vgl. BMBF, 2014, S. 111), wäre allerdings nicht ausreichend, um die Verwertbarkeit der Bescheide wie dargestellt zu sichern.

Die Verbesserung der Durchlässigkeit ist in diesem Kontext das Schlagwort. Durchlässigkeit zwischen den Bildungssystemen und zwischen den formalen Abschlüssen, die allerdings mit der besseren Vergleichbarkeit und Nutzung formaler, informeller und nonformaler Fähigkeiten und Fertigkeiten zusammenhängt (vgl. KP IQ, 2014, S. 9). Professionelle und nach einheitlichen Kriterien erstellte Bescheide, die verständliche und umfassende Informationen über vorhandene Qualifikationen und weitere Qualifizierungsbedarfe sind auch in dieser Hinsicht entscheidend.

Literatur

Brussig, M., Mill, U. & Zink, L. (2013). Wege zur Anerkennung – Wege zur Integration? Inanspruchnahme und Ergebnisse von Beratung zur Anerkennung von im Ausland erworbenen Berufsabschlüssen, *IAQ-Report. Aktuelle Forschungsergebnisse aus dem Institut Arbeit und Qualifikation,* 2013-05, Universität Duisburg-Essen.

BMBF (Hrsg.) (2012). *Erläuterungen zum Anerkennungsgesetz des Bundes*, Referat 325.

BMBF (Hrsg.) (2014). *Bericht zum Anerkennungsgesetz des Bundes.* Bielefeld: Bertelsmann Verlag.

Bonin, H. (2014). Der Beitrag von Ausländern und künftiger Zuwanderung zum deutschen Staatshaushalt, ZEW – Zentrum für Europäische Wirtschaftsforschung GmbH, Mannheim. Studie im Auftrag der Bertelsmann Stiftung.

Deutscher Bundestag (2004). Antrag für eine verständliche Sprache in Gesetzen, Verordnungen und Behördenschreiben – Gegen schlechtes Amtsdeutsch. *Drucksache 15/4154.* Berlin

Die Beauftragte der Bundesregierung für Migration, Flüchtlinge und Integration (Hrsg.) (2014). *10. Bericht der Beauftragten der Bundesregierung für Migration, Flüchtlinge und Integration über die Lage der Ausländerinnen und Ausländer in Deutschland.*

Englmann, B. & Müller, M. (2007). *Brain Waste - Die Anerkennung von ausländischen Qualifikationen in Deutschland.* Augsburg.

Englmann, B. & Müller-Wacker, M. (2010). *Analyse der bundesweiten Anerkennungsberatung im Modellprojekt Global Competences.* Dokumentation 2008-2009. Herausgegeben von Tür an Tür Integrationsprojekte gGmbH. Integration durch Qualifizierung (IQ). Augsburg.

EXIS Europa e.V. (Hrsg.) (2010). *Anerkennung ausländischer Qualifikationen in Sachsen – eine Situations- und Bedarfsanalyse –*

Jacobi, C. (2015). Berufsorientierte Integrationsberatung für Erwachsene mit Zuwanderungsgeschichte am Beispiel der AWO Düsseldorf. In: T. Ayan (Hrsg.): *Anerkennung ausländischer Qualifikationen: Forschungsergebnisse und Praxisbeispiele.* (203-227). Köln: Kölner Wissenschaftsverlag.

Koordinierungsprojekt „Integration durch Qualifizierung" (KP IQ, Hrsg.) (2014). *Arbeitsmarktintegration für Migrantinnen und Migranten – auf dem Weg zu einer inklusiven Gesellschaft.* Positionspapier des Förderprogramms „Integration durch Qualifizierung (IQ)".

Mihali, L., Müller, E.M. & Ayan, T. (2012). Erwerbsverläufe von Migrantinnen im Sozial- und Gesundheitswesen. Welche Implikationen ergeben sich für eine migrationsspezifische Beratung? *BIOS - Zeitschrift für Biographieforschung, Oral History und Lebensverlaufsanalysen, 2*, 228-242.

Mihali, L., Müller, E.M. & Ayan, T. (2015). Strukturelle und inhaltliche Veränderungen von Anerkennungsbescheiden vor und nach Inkrafttreten des BQFG - Eine explorative Analyse am Beispiel der Berufe des Erziehers sowie der Gesundheits- und Krankenpflegers In: T. Ayan (Hrsg.): *Anerkennung ausländischer Qualifikationen: Forschungsergebnisse und Praxisbeispiele.* (55-73). Köln: Kölner Wissenschaftsverlag.

Müller, E.M. & Ayan, T. (2015a). Arbeitsmarktchancen in Abhängigkeit vom Anerkennungsstatus von im Ausland erworbenen Qualifikationen – Eine Analyse am Beispiel des Sozial- und Gesundheitssektors. In: T. Ayan (Hrsg.): *Anerkennung ausländischer Qualifikationen: Forschungsergebnisse und Praxisbeispiele.* (151-168). Köln: Kölner Wissenschaftsverlag.

Müller, E.M. & Ayan, T. (2015b). Sprachliche Verständlichkeit von Anerkennungsbescheiden. In: T. Ayan (Hrsg.): *Anerkennung ausländischer Qualifikationen: Forschungsergebnisse und Praxisbeispiele.* (75-98). Köln: Kölner Wissenschaftsverlag.

Nahles, A. (2014). „Erlerntes Können fruchtbar machen", *Clavis 1/2014*, S. 4-5

Teil 4

Erfahrungen aus der Praxis

8 Das Anerkennungsgesetz – Erfahrungen und Einschätzungen von Beratern

Eva M. Müller, Türkan Ayan

1 Einleitung **126**
2 Methodisches Vorgehen **128**
3 Wie Anerkennungsberater das BQFG wahrnehmen **131**
  3.1 Beschreibung der Stichprobe 131
  3.2 Veränderungen im Beratungssetting 132
  3.3 Informationsbeschaffung und Netzwerkarbeit 132
  3.4 Erfahrungen mit dem Anerkennungsgesetz 134
4 Zielerreichung und Verbesserungspotenziale aus Beraterperspektive **137**
  4.1 Zielerreichung 137
  4.2 Verbesserungspotenziale 138
5 Fazit und Ausblick **141**
Literatur **144**
Anhang **147**
  A1: Interviewleitfaden 147
  A2: Verweisberatung 149

1 Einleitung

In den letzten 20 Jahren ist die Arbeitslosenquote der Ausländer unverändert hoch geblieben – und zwar mehr als doppelt so hoch wie die der einheimischen Bevölkerung (Bundesagentur für Arbeit, 2015, S. 34). Unter den Erwerbslosen befinden sich jedoch nicht nur Geringqualifizierte, sondern auch bemerkenswert viele hochqualifizierte Bildungsausländer. Obgleich viele der Zuwanderer über eine gute berufliche Qualifizierung verfügen oder einen Fachhochschul- oder Hochschulabschluss vorweisen können (vgl. Meier-Braun, 2013, S. 15, Baas & Brücker, 2011, S. 5; Baas, 2010, S. 14), sind sie im Vergleich zu den Bildungsinländern weitaus häufiger in Tätigkeiten unterhalb ihrer Qualifikation beschäftigt (vgl. Nohl, Ofner & Thomsen, 2010, S. 68). Neuere Studien zeigen, dass sich der Anteil an hochqualifizierten Zuwanderern im Zeitraum zwischen 2005 und 2009 um mehr als zehn Prozentpunkte (von ca. 30% auf über 40%) erhöht hat, während der Anteil an niedrigqualifizierten um 15 Prozentpunkte (von 40% auf ca. 25%)[95] gesunken ist (vgl. Bonin, 2014, S. 59). Die Integration der vorhandenen Potenziale würde sich positiv auf den deutschen Arbeitsmarkt auswirken (vgl. Brücker, 2009; Jurczek & Vollmer, 2008), nicht zuletzt aufgrund der günstigen Altersstruktur der Zuwanderer (vgl. Bonin, 2014). Die Anerkennung dieser Qualifikationen wird folglich als die wichtigste Maßnahme für eine qualifikationsadäquate Integration in den Arbeitsmarkt gesehen (vgl. Englmann & Müller-Wacker, 2010), da hierdurch die Chancen zur Aufnahme einer Tätigkeit im ehemals erlernten Beruf steigen (vgl. Müller & Ayan, 2015, Artikel in diesem Band; Brussig, Mill & Zink, 2013, S. 10). Aufgrund fehlender bzw. nicht einheitlich geregelter Bewertungsverfahren und Bewertungsmaßstäbe wurden diese im Ausland erworbenen Qualifikationen bislang jedoch nur unzureichend genutzt (vgl. Maier & Rupprecht, 2011, S. 201 f.; Bundesregierung, 2011, S. 115 f., 409; Steinhardt, Hönekopp, Bräuninger, Radu & Straubhaar, 2005, S. V-VI). Erst mit der Einführung des „Gesetzes zur Verbesserung der Feststellung und Anerkennung im Ausland erworbener Berufsqualifikationen", kurz Anerkennungsgesetz (BQFG),[96] zum 1. April 2012, hatten auch Drittstaatenangehörige zum ersten Mal einen Rechtsanspruch auf die Gleichwertigkeitsprüfung ihres im Ausland erworbenen Abschlusses mit einem deutschen Referenzberuf (vgl. BMBF, 2012, S. 12). „[D]ie Verfahren zur Bewertung ausländischer Berufsqualifikationen im Zuständigkeitsbereich des Bundes [wurden] vereinfacht, vereinheitlicht und für bisher nicht anspruchsberechtigte Zielgruppen geöffnet" (Bundesinstitut für Berufsbildung [BiBB] (Hrsg.), 2014).[97] Eine solche gesetzliche Grundlage an sich führt jedoch noch nicht zu einer besseren Integration der Zielgruppe, sofern dieser die relevanten Informationen zur Anerkennung nicht vorliegen. Englmann und Müller-Wacker (2010) sind daher der Auffassung, dass institutionell verankerte Unterstützungsstrukturen wie Bera-

---

[95] Diese verstärkte Zuwanderung gut und sehr gut Qualifizierter kann u. a. auf die seit 2008 bestehende Wirtschaftskrise zurückgeführt werden, von der vor allem die süd- und südost-europäischen Länder betroffen sind (BAMF, 2014, S. 149).
[96] Vgl. hierzu auch Körtek, 2015, Beitrag in diesem Band.
[97] Da die Regelungen des BQFG ausschließlich auf Bundesebene Anwendung finden, sind bis Juli 2014 entsprechende landesrechtliche Regelungen in Kraft getreten.

tungsangebote und Welcome-Center unabdingbar sind, um die vorhandenen Wissensdefizite und Ängste abzubauen. Sie sehen vor allem in der Anerkennungsberatung ein wichtiges Instrument zur Unterstützung, da diese „eine Schnittstelle zwischen Bildungs-, Laufbahn- und Kompetenzentwicklungsberatung bildet" (Englmann & Müller-Wacker, 2010, S. 27). Die Notwendigkeit einer solchen Beratung zeigt sich einerseits anhand der vielfältigen Anliegen der Ratsuchenden, mit denen sie an die Berater herantreten, andererseits auch mit Blick auf die Komplexität des Anerkennungsprozesses in Deutschland. Allein die Suche nach der zuständigen Stelle für das Anerkennungsverfahren kann sich als äußerst schwierig erweisen. Im Jahr 2014 verzeichnet die Datenbank des Portals „Anerkennung in Deutschland" mehr als 1.000 verschiedene Zuständigkeiten für die Anerkennungsverfahren (vgl. BMBF, 2014). Obwohl[98] Beratung somit eine elementare Basis für die Antragstellung der Migranten darstellt, ist dem Bestreben, einen Rechtsanspruch hierauf im Gesetz zu verankern, nicht entsprochen worden (vgl. Braun, 2012, S. 8). Begründet wurde dies mit dem im SGB III vorhandenen Rechtsanspruch auf eine arbeitsmarktbezogene Beratung durch die Agenturen für Arbeit. Hinsichtlich einer beschäftigungsorientierten Beratung von Migranten geht es jedoch um weit mehr als nur die Klärung arbeitsmarktbezogener Fragestellungen. Wie Kohn (2011, S. 25) aufzeigte, stellen sich bei der Beratung neu Zugewanderter weitergehende Herausforderungen. Hier geht es vorrangig um Klärung grundsätzlicher Fragen zu Aufenthaltsrecht, Fragen zur Anerkennung und Finanzierungsmöglichkeiten des Verfahrens sowie um mögliche Wege im beruflichen Bildungs- und Erwerbssystem. So benötigen Personen, die eine Anerkennung ihres ausländischen Abschlusses anstreben, neben der Kenntnis über den Referenzberuf und die aufenthalts- und arbeitsmarktrechtlichen Bedingungen, auch Wissen über die Strukturen des Arbeitsmarktes, um entscheiden zu können, ob eine Anerkennung ihres Berufsabschlusses von Nutzen ist (vgl. Moravek, 2012, S. 17).

Auch wenn der Beratungsanspruch im BQFG nicht verankert ist – in einigen Landesgesetzen ist dies der Fall – ist davon auszugehen, dass sich für die Berater die Situation nach Inkrafttreten des Gesetzes verändert hat. Inwiefern, soll mit der vorliegenden Studie analysiert werden. Zudem ist es das Ziel, die persönliche Einschätzung der Beratungsfachkräfte zu den neuen gesetzlichen Regelungen sowie deren Verbesserungsvorschläge zu eruieren. Hierzu wird im nachfolgenden zweiten Kapitel die methodische Vorgehensweise nebst Erhebungsinstrument vorgestellt, ehe in Kapitel drei auf die Befragungsergebnisse eingegangen wird. Kapitel 4 beschäftigt sich mit der Zielerreichung des BQFG und den von den Beratern identifizierten Verbesserungspotenzialen. Ein Fazit und Ausblick (Kapitel 5) schließt die Arbeit.

---

[98] Der nachfolgende Absatz ist entnommen aus Schulze, Michael (2014). Das Berufsqualifikationsfeststellungsgesetz (BQFG): Herausforderungen für die Anerkennungsberatungsstellen in Mitteldeutschland. Bachelor-Thesis an der Hochschule der Bundesagentur für Arbeit, Mannheim.

2 Methodisches Vorgehen

Um die Erfahrungen von Anerkennungsberatern mit dem BQFG zu analysieren und Verbesserungspotenziale aus deren Sicht zu identifizieren, wurden insgesamt 63 Berater aus unterschiedlichen Einrichtungen mittels leitfadengestützter Interviews befragt. Diese Methode ermöglicht es, das Gespräch flexibel zu gestalten und individuell auf die Interviewten eingehen zu können. Zudem ist eine realitätsnahe, soziale Interaktion gewährleistet und auftretenden Missverständnissen wird vorgebeugt (vgl. bspw. Schulz & Ruddat, 2012, S. 3). Mithilfe eines Interviewleitfadens, der sowohl offene als auch geschlossene Fragen beinhaltet, sind die Inhalte des Gesprächs vorab definiert und strukturiert worden (vgl. u. a. Schnell, Hill & Esser, 2013, S. 314; Bortz & Döring, 2009, S. 238). Eine präzise und wortgenaue Formulierung der einzelnen Fragen sowie die strikte Einhaltung einer Fragenreihenfolge ist – im Vergleich zu einem vollständig standardisierten Interview – jedoch nicht notwendig (vgl. Bortz & Döring, 2009, S. 238 f.). Durch die vorgegebene Struktur des Leitfadens wird sowohl dem Anspruch einer theoriegeleiteten als auch einer offenen und explorativen Untersuchung Rechnung getragen (vgl. Bortz & Döring, 2009, S. 314). Die Teilstandardisierung der Fragen unterstützt hierbei die Vergleichbarkeit der Ergebnisse und somit auch eine strukturierte Auswertung. Ein weiterer Vorteil dieser Methode liegt in der flexiblen Handhabung des Interviewleitfadens, sodass bei Bedarf Fragen umformuliert und die Reihenfolge spontan angepasst werden können. Zudem ist es durch die persönliche Interaktion möglich, Hintergründe zu erfragen, Unklarheiten zu beseitigen und zusätzliche Informationen zu geben (vgl. Maehler, 2012; Atteslander, 2010, S. 135; Scholl, 2009, S. 38). Dies erhöht die Realitätsnähe der Interviewsituation und kann zu einer offenen und ehrlichen Beantwortung der Fragen beitragen. Allerdings ist mit dieser Offenheit und Flexibilität auch eine große Verantwortung für die Interviewer verbunden. Neben kommunikativen Kompetenzen müssen sie Kenntnisse über ihre Rolle und die damit einhergehenden Einflussmöglichkeiten besitzen (vgl. Bortz & Döring, 2009, S. 310; Schulz & Ruddat, 2012, S. 3).[99]

Der Interviewleitfaden umfasst die sieben Themenkomplexe (1) Umfang der Beratung, (2) Ratsuchende, (3) Gesellschaftspolitische Aspekte, (4) Informationsbeschaffung und Qualität der Informationen, (5) Netzwerke, (6) Verfahren der Anerkennung und (7) Soziodemografische Merkmale, die nachfolgend näher beschrieben werden.

(1) Umfang der Beratung
Seit Inkrafttreten des BQFG haben auch Drittstaatenangehörige einen rechtlichen Anspruch auf eine Gleichwertigkeitsprüfung ihrer im Ausland erworbenen Qualifikationen. Es ist zu erwarten, dass sich dies auch in einer steigenden Nachfrage nach Beratungsleistungen zum Thema Anerkennung widerspiegelt. Zudem ist zu vermuten, dass die öffentliche Diskussion über das Bundes- und die entsprechenden Landesanerkennungsgesetze auch im Inland le-

---

[99] Entnommen aus Müller & Ayan, 2013, S. 7.

bende Personen mit ausländischen Bildungs- und Berufsabschlüssen ermutigt, ihre Qualifikationen anerkennen zu lassen, falls sie dies bisher noch nicht in Betracht gezogen haben. Der erste Teil des Fragebogens setzt sich daher mit dem Umfang der Beratung auseinander. Neben dem quantitativen Anstieg der Nachfrage nach Beratungsleistungen soll auch ermittelt werden, ob sich seit Inkrafttreten des BQFG die Anzahl an Beratungsfachkräften verändert hat.

(2) Ratsuchende
Nicht nur die Anzahl an Beratungsgesprächen, sondern auch die Zusammensetzung der Ratsuchenden kann sich seit der Einführung des BQFG verändert haben. Aus diesem Grund soll im zweiten Fragenblock ermittelt werden, woher die Anfragen der Ratsuchenden stammen und ob die Beratungsfachkräfte Veränderungen hinsichtlich der Herkunft feststellen können. Interessant ist zudem, ob die Ratsuchenden von der Möglichkeit Gebrauch machen, einen Antrag aus dem Ausland zu stellen.

(3) Gesellschaftspolitische Aspekte
Der dritte Themenblock befasst sich mit der Frage, ob die Berater eine Veränderung hinsichtlich ihres Beratungsauftrags bzw. Beratungsansatzes seit der Einführung des BQFG wahrnehmen und wie sich dies äußert. Darüber hinaus werden sie nach ihrer persönlichen Meinung zu dem neu geschaffenen Anspruch auf Gleichwertigkeitsprüfung für Drittstaatsangehörige gefragt.

(4) Informationsbeschaffung und Qualität der Informationen
Um die vielfältigen Anfragen der Ratsuchenden optimal beantworten zu können, benötigen die Berater eine umfangreiche Wissensbasis. Es ist von Interesse, wie sich die Befragten die notwendigen Informationen bspw. über die gesetzlichen Neuerungen, das Verfahren der Anerkennung oder wichtige Ansprechpartner beschaffen und inwiefern sich der Informationszugang seit Einführung des BQFG verändert hat.

(5) Netzwerke
Da Ratsuchende meist nicht nur Fragen zum Anerkennungsverfahren, sondern auch hinsichtlich Aufenthaltsrecht, Finanzierungsmöglichkeiten des Anerkennungsverfahrens, Möglichkeiten der beruflichen Aus- und Weiterbildung und zu ihren Chancen auf dem deutschen Arbeitsmarkt haben (vgl. Kohn, 2011, S. 25), ist ein Netzwerk aus unterschiedlichen Beratungsstellen sinnvoll. Mit diesem Themenblock soll daher analysiert werden, ob die Befragten in Kontakt zu weiteren Einrichtungen stehen, die Anerkennungssuchende in den unterschiedlichen Kontexten beraten können (vgl. auch Baderschneider & Döring, 2012, S. 21). Zusätzlich soll ermittelt werden, bei welchen Anliegen die Ratsuchenden an andere Stellen verwiesen werden und ob Klarheit hinsichtlich der Zuständigkeiten herrscht.

(6) Verfahren
Der inhaltliche Schwerpunkt der Befragung liegt auf dem Verfahren der Anerkennung. Ziel ist, die Einschätzung der befragten Berater zum BQFG und den damit verbundenen Änderungen zu eruieren und Verbesserungsvorschläge aus Sicht der Berater zu identifizieren. Der Fragenkomplex „Verfahren" ist in die drei Unterpunkte (a) Fristen, (b) Prüfung und (c) Verbesserungsvorschläge gegliedert. Zum Thema „Fristen" werden die Berater gebeten, die Einführung der Dreimonatsfrist sowie deren Umsetzung in der Praxis zu beurteilen. Mit dem zweiten Punkt „Prüfung" soll die Praxiserfahrung der Beratungsfachkräfte mit den neu geschaffenen gesetzlichen Prüfungsvorgaben ermittelt werden. Interessant ist in diesem Zusammenhang auch, ob die Berater im Rahmen der gesetzlichen Vorgaben Handlungsspielräume sehen und falls ja, in welchen Bereichen. Abschließend werden die Berater gebeten, den Zielerreichungsgrad der gesetzlichen Vorgaben aus ihrer Sicht zu beurteilen. Zudem erhalten sie die Möglichkeit, eigene Verbesserungsvorschläge zu formulieren, wie eine qualifikationsgerechte Integration von Migranten gelingen kann.

(7) Soziodemografische Merkmale
Mit dem Ziel der Stichprobenbeschreibung wurden abschließend soziodemografische Merkmale wie Geschlecht, Alter, Einrichtung, Position, Aufgabengebiet, Dauer der Betriebszugehörigkeit und Migrationshintergrund erhoben.

Der Interviewleitfaden[100] umfasst insgesamt 34 Fragen und elf Vertiefungsfragen, wobei zumeist offene Fragen gewählt wurden. Mit Hilfe dieser sollen differenzierte Aussagen zum subjektiven Verständnis der Berater gewonnen werden. Die Befragung fand im Zeitraum zwischen Januar und Februar 2014 statt und wurde von fünf Studierenden der Hochschule der Bundesagentur für Arbeit (HdBA) in Mannheim im Rahmen ihrer Bachelorarbeiten durchgeführt. Die hier vorgestellten Ergebnisse basieren auf der aggregierten Datenauswertung der durch die Studierenden gewonnenen Erkenntnisse. Die Dauer der Interviews variierte zwischen 20 Minuten und zwei Stunden sehr stark. Da jedoch alle Studierenden den gleichen Interviewleitfaden verwendeten, können die Einzelergebnisse in eine Gesamtrohtabelle überführt und in aggregierte Form übertragen und ausgewertet werden.

---

[100] Vgl. Interviewleitfaden im Anhang A1.

3 Wie Anerkennungsberater das BQFG wahrnehmen

3.1 Beschreibung der Stichprobe

Geschlecht und Alter

Befragt wurden insgesamt 63 Berater, darunter 19 Männer (30,7%) und 43 Frauen (68,3%),[101] zwölf Personen (19,4%) weisen einen eigenen Migrationshintergrund auf. Die meisten der befragten Berater haben das 50. Lebensjahr bereits überschritten (37,1%), gefolgt von den 41-50 Jährigen (33,9%). Mit knapp einem Viertel der Befragten ist die Gruppe der 31-40 Jährigen vertreten. Kaum in der Stichprobe enthalten sind Personen im Alter zwischen 20 und 30 Jahren (4,84%) (vgl. Abbildung 3). Mit Blick auf die Altersverteilung verwundert die hohe durchschnittliche Betriebszugehörigkeitsdauer von 12,1 Jahren (Median: 11,5 Jahre) kaum. Die Spanne ist jedoch sehr groß und liegt im Minimum bei einem und im Maximum bei 35 Jahren Betriebszugehörigkeit.

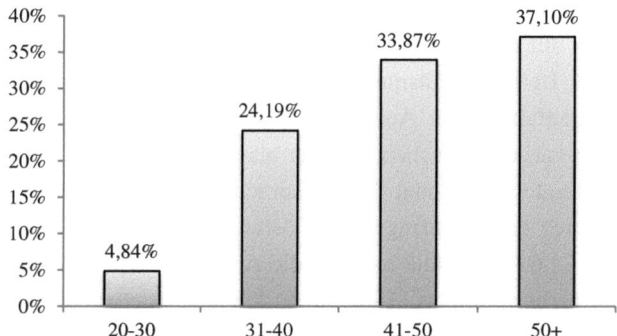

Abbildung 3: Altersverteilung der befragten Berater (N=63).

Organisationszugehörigkeit und Tätigkeitsbereich

Befragt wurden Berater aus unterschiedlichen Stellen, wie Wohlfahrtsverbänden, Kammern (IHK und HWK), Bildungsträger, Beratungs- und Bildungszentren, Beratungsstellen des IQ-Netzwerks, Jobcenter, Migrantenorganisationen oder auch dem Deutschen Roten Kreuz. Ebenso vielfältig wie die Organisationen, sind die Aufgabenbereiche der befragten Berater. So geben insgesamt 57 (90,5%) an, ihr (Haupt-)Aufgabengebiet in der direkten Beratung der Migranten zu haben. In der Anerkennungsberatung sind 35 (55,6%) der Befragten tätig, allerdings stellt diese Tätigkeit nur für zwölf von ihnen (19% aller Berater) den alleinigen Aufgabenbereich dar. 18 Berater (28,6%) geben an, in der Migrations- oder Integrationsberatung tätig zu sein und 15 (23,8%) beraten Migranten hinsichtlich Aus- bzw. Weiterbildung oder sind in der Berufsberatung aktiv. Die weiteren genannten Tätigkeitsfelder der Befragten sind das Prüfungswesen (N=7; 11,1%), mit je zwei Nennungen Serviceaufgaben wie

---

[101] Bei einer Person wurde das Geschlecht nicht angegeben.

Planung und Organisation der Erstkontakte, die Planung/Durchführung von Workshops und die Führung der Lehrlingsrolle.[102] Mit je einer Nennung sind die Tätigkeiten Koordination von Beratungsstellen, Projekte, Bildungspolitik und Vermittlung vertreten.

3.2 Veränderungen im Beratungssetting

Die befragten Berater geben an, dass in ihrer Organisation zwischen ein und neun Berater mit der Anerkennungsberatung betraut sind. Trotz der neuen gesetzlichen Grundlagen geben nur neun Befragte (14,5%) an, dass sich die Anzahl an Beratungsfachkräften nach Inkrafttreten des BQFG erhöht hat. In knapp Dreiviertel der Fälle (N=46) hat sich die Anzahl an Beratern hingegen nicht verändert, die restlichen Befragten können hierzu keine Aussage treffen. Bereits vor der Einführung des Anerkennungsgesetzes waren knapp 60% (N=37) in der Anerkennungsberatung tätig, 25 (39,7%) der Befragten übernahmen diese Aufgabe erst mit bzw. nach Inkrafttreten des BQFG. Wie in Abschnitt 3.1 dargestellt, übernehmen die meisten der Befragten neben der reinen Anerkennungsberatung weitere Aufgabenfelder. Dies schlägt sich auch auf den Anteil nieder, den die Anerkennungsberatung im gesamten Aufgabenspektrum der Befragten ausmacht. Dieser schwankt zwischen 1% und 100% beträchtlich, was sich ebenfalls in der Anzahl der Beratungsgespräche pro Monat widerspiegelt. Deren Häufigkeit variiert zwischen weniger als einem und 110 Gesprächen. Im Mittel führen die befragten Berater pro Monat 18,5 Gespräche zu Themen der Anerkennung durch. Einen deutlichen Anstieg der Nachfrage nach Beratung können 25 (39,7%) der befragten Berater feststellen. In 22,6% der Fälle hat sich die Anzahl der Beratungen seit Inkrafttreten des BQFG hingegen nicht verändert. 18 (28,6%) können zu etwaigen Veränderungen der Nachfrage keine Auskunft treffen, was teils darin begründet liegt, dass sie erst nach der Einführung des Anerkennungsgesetzes dieses Aufgabenfeld übernommen und folglich keine Vergleichswerte besitzen.

3.3 Informationsbeschaffung und Netzwerkarbeit

Für Berater

Die **Wege der Informationsbeschaffung** zu den Themen rund um das Anerkennungsgesetz sind vielfältig. An erster Stelle stehen Schulungsmaßnahmen, an denen gut die Hälfte der Befragten (N=32; 50,8%) teilgenommen hat. Je 22 Personen (34,9%) haben sich über das Internet bzw. durch das Netzwerk Integration durch Qualifizierung (IQ-Netzwerk) informiert. An dritter Stellt stehen die Kammern – Industrie- und Handelskammern, IHK FOSA, Handwerkskammern und deren Leitkammersystem – mit 20 (31,8%) Nennungen. Fast genauso viele Berater (N=19; 30,2%) haben sich mit ihren Kollegen über die neuen gesetzlichen Regelungen ausgetauscht. Danach folgt die Informationsbeschaffung über Verbände

---

[102] Unter der Führung der Lehrlingsrolle wird die Pflicht der IHK und HWK verstanden, ein Verzeichnis der Berufsausbildungsverhältnisse zu führen. Es ist folglich eine administrative Tätigkeit.

(N=15; 23,8%) und Mitteilungen (N=10; 15,9%). Tabelle 22 gibt einen Überblick über die genutzten Informationswege der befragten Berater.

Tabelle 22: Wege der Informationsbeschaffung zur Anerkennungsthematik.

Informationskanal	Anzahl (Mehrfachantworten möglich)	
Schulungen	32	50,8%
Internetrecherche	22	34,9%
IQ-Netzwerk	22	34,9%
Kammern	20	31,8%
Kollegen	19	30,2%
Verbände	15	23,8%
Mitteilungen	10	15,9%
Tagungen/Netzwerktreffen	6	9,5%
Existenzgründungsberatung	6	9,5%
Ministerien	5	7,9%
Rechtsverordnungen	1	1,6%
Ausländerbeauftragte	1	1,6%
Gesamt	**63**	**100%**

Dass sich der **Zugang zu den notwendigen Informationen** nach Inkrafttreten des BQFG verbessert hat, bestätigen zwei Drittel der Befragten. Vor allem im Bereich der Kammern (IHK und HWK) wird die Vernetzung und Zentralisierung zur IHK FOSA bzw. dem Leitkammersystem als vorteilhaft empfunden (N=10; 15,9%). Ebenfalls Erwähnung findet die Implementierung des BQ-Portals – das Informationsportal für ausländische Berufsqualifikationen, das nach Ansicht von vier Beratern (6,4%) den Zugang zu relevanten Informationen unterstützt. Das größere Angebot an Informationen, das frei verfügbar im Internet abgerufen werden kann, stellt für vier Befragte (6,4%) eine Erleichterung in der Informationsbeschaffung dar. Hinzu kommt nach Ansicht von 19 Beratern (30,2%), dass gänzlich neue Informationsquellen geschaffen wurden. Hinsichtlich der Qualität der verfügbaren Informationen äußern sich recht wenige Berater. Während vier Befragte (6,4%) eine Steigerung der Informationsqualität wahrnehmen, geben drei Befragte (4,8%) an, dass die Informationen aktuell zwar umfangreicher sind, sich hinsichtlich ihrer Qualität jedoch nicht verändert hätten. Drei Befragte (4,8%) geben explizit an, dass es seit Inkrafttreten des BQFG konkrete Ansprechpartner gibt. Keine Veränderungen oder Verbesserungen beim Informationszugang können sieben Berater (11,1%) feststellen. Sie erachteten die Informationswege bereits vor den gesetzlichen Änderungen als gut.

Für Ratsuchende

Die Auswahl an Einrichtungen, an die sich Ratsuchende bei Fragen rund um die Anerkennung ihrer im Ausland erworbenen Qualifikationen wenden können, ist nach Aussagen der Berater vielfältig. Am häufigsten genannt werden:

- Kammern (IHK, HWK) (N=36; 57,1%),
- Jobcenter und Agenturen für Arbeit (N=28; 44,4%),
- Migrationsberatungsstellen für Erwachsene (MBE) (N=18; 28,6%),
- Wohlfahrtsverbände (N=18; 28,6%),
- Kommunen (N=17; 27%) und
- das Netzwerk Integration durch Qualifizierung (IQ) (N=16; 25,4).

Aus Sicht von knapp 70% der befragten Berater hat sich das Beratungs- und Informationsangebot für Ratsuchende mit Einführung des BQFG verändert. 25 von ihnen (39,7%) beurteilen diese als (starke) Verbesserung. Das Angebot sei überarbeitet (N=17; 27%) bzw. vergrößert (N=7; 11,1%) worden. Als Neuerung geben acht Berater (12,7%) die Gründung des Vereins Exis e.V., einer Beratungsstelle für Existenzgründungen, an. Für drei Befragte (4,8%) stellt die Spezialisierung der Stellen eine positive Veränderung dar, zwei Berater (3,2%) erwähnen zudem die engere Zusammenarbeit der Stellen. Erfreulich ist, dass nach Ansicht der Mehrheit der Experten (N=39; 61,9%) die Zuständigkeiten mit Inkrafttreten des BQFG eindeutiger geregelt sind. Diese größere Sicherheit dürfte sich auch positiv auf etwaige Verweise an andere Stellen auswirken.[103] Welche Erfahrungen die Berater mit gesetzlichen Neuerungen gemacht haben und wie sie diesen gegenüberstehen, wird im anschließenden Absatz 3.4 dargestellt.

3.4 Erfahrungen mit dem Anerkennungsgesetz

(1) Inhaltliche Änderungen

Die große Mehrheit der befragten Berater (87%) steht der Änderung, die **Gleichwertigkeitsprüfung von der Herkunft** der Antragstellenden **abzukoppeln**, grundsätzlich positiv gegenüber. Sie sehen dies als Chance für die Migranten und sind der Meinung, dass diese Änderung längst überfällig gewesen sei. Zehn Berater (15,9%) geben explizit an, dass nicht die Herkunft, sondern die im Ausland erworbenen Fähigkeiten ausschlaggebend für die Anerkennung sein sollten. Die Potenziale der Migranten können so besser genutzt werden, was sich ebenfalls positiv auf den drohenden Fachkräftemangel auswirkt (N=7, 11,1%). Gut sei zudem die Möglichkeit, den **Antrag** auf Gleichwertigkeitsprüfung **aus dem Ausland** zu stellen (N=1), wenngleich dies laut der Mehrheit der Befragten (noch) gar nicht (N=24;

---

[103] Die Verweisgründe an andere Stellen können Tabelle Tab_A1 in Anhang A2 entnommen werden.

38,1%) oder (sehr) selten (N=35; 55,6%) in Anspruch genommen wird. Die Ausnahme bildet ein Berater, der pro Monat ca. 30 Anfragen aus dem Ausland erhält. Trotz der positiven Grundeinstellung gegenüber der Abkopplung der Gleichwertigkeitsprüfung vom Herkunftsland, äußern sich die Befragten auch kritisch. Knapp 43% (N=27) von ihnen sehen in fehlenden Unterlagen aus dem Herkunftsland Probleme bzw. Herausforderungen, da ohne diese Dokumente die erworbenen Qualifikationen nur schwer oder gar nicht nachzuweisen sind. Aus Sicht von drei Beratern spielt die Herkunft der Befragten weiterhin eine Rolle, sei es, weil grundsätzlich Probleme mit der Anerkennung der Berufsabschlüsse in dem Herkunftsland bestehen oder die Arbeitgeber skeptisch reagieren. Ein Berater erwähnt zudem Schwierigkeiten mit dem Aufenthaltsrecht und ein anderer ist der Meinung, dass *„bei den nicht reglementierten Berufen[104] und bei Hochschulabschlüssen [...] nur die Spätaussiedler eine Chance auf Anerkennung [haben]"* (Interview Nr.16).

Als weitere wichtige inhaltliche Änderung ist die explizite **Berücksichtigung der Berufserfahrung** zu nennen, durch die etwaige festgestellte Unterschiede ausgeglichen werden können. Mit Blick auf die Antworten der Berater ist zu vermuten, dass die meisten diese Vorgabe kennen. Knapp ein Drittel (N=20; 31,8%) gibt an, hiermit gute Erfahrungen in der Praxis gemacht zu haben. Die Berücksichtigung der Berufserfahrung habe sich in den meisten Fällen positiv auf den Anerkennungsprozess ausgewirkt. Allerdings geben die Befragten auch Schwierigkeiten bei der Umsetzung an (N=17; 26,9%). So sei es schwierig, die Berufserfahrung zu berücksichtigen, wenn Nachweise wie bspw. Arbeitszeugnisse fehlen (N=12; 19,1%), oder die nachgewiesenen Erfahrungen nicht mit dem Referenzberuf vergleichbar sind (N=1; 1,6%). Ein Berater gibt zudem zu bedenken, dass hierdurch auch Mehrkosten (Übersetzungen etc.) für den Antragsteller anfallen können.

Laut Anerkennungsgesetz besteht zudem ein **Wahlrecht zwischen Eignungs-**[105] bzw. **Kenntnisprüfung**[106] **und Anpassungslehrgang**[107] zum Ausgleich der festgestellten Unter-

---

[104] Reglementierte Berufe sind berufliche Tätigkeiten, deren Aufnahme oder Ausübung durch Rechts- oder Verwaltungsvorschriften an den Besitz bestimmter Berufsqualifikationen gebunden ist; eine Art der Ausübung ist die Führung einer Berufsbezeichnung, die durch Rechts- oder Verwaltungsvorschriften auf Personen beschränkt ist, die über bestimmte Berufsqualifikationen verfügen" (§ 3 Absatz 5 BQFG).
[105] „Die Bezeichnung "Eignungsprüfung" stammt aus der EU-Berufsanerkennungsrichtlinie 2005/36/EG. Sie bezeichnet eine von den zuständigen Behörden durchgeführte Prüfung, durch die der Antragsteller oder die Antragstellerin die Gleichwertigkeit ihres Kenntnisstandes nachweisen kann. Die Eignungsprüfung erstreckt sich auf Sachgebiete, deren Kenntnis eine wesentliche Voraussetzung für die Ausübung des Berufs im Aufnahmestaat ist. Die Richtlinie 2005/36/EG schreibt vor, dass die Eignungsprüfung auf die festgestellten Ausbildungsdefizite beschränkt werden muss. Die Anerkennungsbehörden haben zu berücksichtigen, dass die Antragstellenden in ihren Herkunftsmitgliedstaaten bereits berufliche Qualifikationen erworben haben" (http://www.anerkennung-in-deutschland.de/html/de/glossar.php).
[106] Die Kenntnisprüfung ist eine „Prüfung zum Nachweis der Gleichwertigkeit vorhandener beruflicher Kenntnisse und Fähigkeiten. Die Kenntnisprüfung bezieht sich auf den Inhalt der deutschen staatlichen Abschlussprüfung. Das heißt nicht, dass die Prüfung im Umfang einer staatlichen Abschlussprüfung entspricht. Sämtliche Inhalte der Abschlussprüfung können aber abgeprüft werden" (http://www.anerkennung-in-deutschland.de/html/de/glossar.php).
[107] „Die Bezeichnung "Anpassungslehrgang" stammt aus der EU-Berufsanerkennungsrichtlinie 2005/36/EG. Die Absolvierung eines Anpassungslehrgangs ist eine Möglichkeit, um in den reglementierten Berufen festgestellte wesentliche Unterschiede zwischen einer ausländischen Berufsqualifikation und der inländischen Referenzqualifikation

schiede. Gut ein Drittel (N=22; 34,9%) gibt an, dass dieses Wahlrecht in der Praxis umgesetzt wird, wobei 14 (22,2% der gesamten Stichprobe) von ihnen der Meinung sind, dass sich die Antragsteller eher für einen Anpassungslehrgang entscheiden als für eine Kenntnisprüfung. Nach der Erfahrung von sieben (11,1%) Beratern handelt es sich um Einzelfallentscheidungen, ob zwischen einer Prüfung und einem Anpassungslehrgang gewählt werden kann oder nicht. Probleme sehen die Befragten zum einen im Fehlen und zum anderen in der Finanzierung der Anpassungslehrgänge (je: N=5; 7,9%). Aus Sicht eines Beraters wird das Wahlrecht in der Praxis nicht umgesetzt, 26 (41,3%) können hierzu keine Aussage treffen. Tabelle 23 fasst die Erfahrungen der Berater zu den inhaltlichen Neuerungen des BQFG zusammen.

Tabelle 23: Beraterperspektive zu inhaltlichen Änderungen des BQFG (N=63).

Inhaltliche Neuerung	Einschätzung der Berater
Herkunftsland nicht mehr ausschlaggebend	Wichtige und überfällige Regelung
Antragstellung aus dem Ausland	Gut, wird jedoch kaum in Anspruch genommen
Berücksichtigung der Berufserfahrung	Positive Auswirkungen für die Ratsuchenden; Umsetzung schwierig, wenn Unterlagen fehlen/Nachweise nicht erbracht werden können
Umsetzung des Wahlrechts	Wahlrecht scheint nicht in allen Fällen umgesetzt zu werden; die Ratsuchenden bevorzugen Lehrgänge statt Prüfungen

(2) Verfahrenstechnische Änderungen

Mit Inkrafttreten des BQFG gilt auch eine **maximale Bearbeitungsfrist** der Anträge von drei Monaten (§ 6 Abs. 3 BQFG), die jedoch erst nach Vorliegen sämtlicher relevanter Unterlagen beginnt. Die Mehrheit der befragten Berater (N=49; 77,8%) steht dieser zeitlichen Befristung positiv gegenüber und sieht sie als notwendig an. Für ein Viertel (N=16; 25,4%) von ihnen sind hiermit Vorteile für die Antragsteller verbunden, da das Verfahren vereinfacht und beschleunigt wird. Für zwei Berater bringt die Fristsetzung zudem eine Einheitlichkeit im Verfahren mit sich. Obgleich die Mehrheit der Regelung positiv gegenübersteht, sehen 13 Berater (20,6%) Schwierigkeiten in deren Umsetzung und erachten sie als zu knapp bemessen. Zudem geben 14 Berater (22,2%) an, dass sich die **Bearbeitungsdauer** seit Einführung des BQFG verlängert hat – teilweise auch aufgrund einer steigenden Anzahl an Anträgen. In 15 Fällen (23,8%) habe sich die Bearbeitungsdauer verkürzt, bzw. werde diese seit Inkrafttreten des BQFG eingehalten. Acht Befragte (12,7%) geben an, keine Veränderungen in der Bearbeitungszeit vor und nach Inkrafttreten des BQFG festzustellen, knapp 40% (N=25) können hierzu keine Einschätzung abgeben.

---

auszugleichen, um die Anerkennung und damit die Berufszulassung oder das Recht zur Titelführung zu erreichen. Ein Anpassungslehrgang kann eine Zusatzausbildung sein und ist Gegenstand einer Bewertung. Häufig werden Anpassungslehrgänge als praktische Berufsausübung unter Anleitung eines qualifizierten Berufsangehörigen ausgestaltet" (http://www.anerkennung-in-deutschland.de/html/de/glossar.php).

Ermessensspielraum

Ob sie im Rahmen der gesetzlichen Regelungen des Anerkennungsgesetzes grundsätzlich einen Interpretations- und Handlungsspielraum sehen, bejaht rund die Hälfte der befragten Berater (N=32; 50,8%). Als Beispiele nennen sie Spielräume im Rahmen der Beurteilung der Berufserfahrung bzw. der Prüfung der mitgebrachten Qualifikationen (N=5), bei der Prüfung einzelner Anforderungsmerkmale (N=1) oder der Auswahl einer geeigneten Anpassungsqualifizierung (N=1). Zwei Berater geben an, dass insgesamt sehr „großzügig" geprüft und auch mal „ein Auge zugedrückt wird". Nach Meinung von fünf Beratern (7,9%) erlauben die gesetzlichen Vorgaben keinen Interpretations- und folglich auch keinen Handlungsspielraum. Die restlichen 26 (41,3%) Berater können dies nicht beurteilen.

4 Zielerreichung und Verbesserungspotenziale aus Beraterperspektive

4.1 Zielerreichung

Durch die Einführung des BQFG „soll die Praxis der Anerkennung im Ausland erworbener Qualifikationen einheitlicher, transparenter und effektiver gestalte[t] und Inhabern bzw. Inhaberinnen dieser Qualifikationen so eine bessere Integration in den deutschen Arbeitsmarkt ermöglich[t] [werden]" (Braun, 2012, S. 1). Eine Verbesserung der Verfahrenstransparenz nehmen 39 (62%) der befragten Berater wahr. Als Gründe nennen sie ein größeres Informationsangebot und eine verstärkte Medienpräsenz (N=8; 12,7%), die Klärung von Zuständigkeiten (N=6; 9,5%) und die Vorgabe eines festen Rahmens durch das Gesetz, wie beispielsweise zeitliche Fristen (N=5; 7,9%). So erzählt ein Berater:

„Früher, da war Anerkennung ein undurchdringbarer Dschungel. Heute ist das anders, da nehmen die Anerkennungsstellen sogar an Netzwerktreffen teil und tauschen untereinander Informationen aus" (Interview Nr.1).

Wenngleich durch das BQGF eine gewisse Transparenz geschaffen werden konnte, so erachten knapp 43% der Berater (N=27) das Verfahren der Anerkennung noch immer als sehr kompliziert.
Ein transparentes und unkompliziertes Verfahren stellt einen wichtigen Schritt zur Zielerreichung des BQFG dar, jedoch nicht den einzigen. Aus diesem Grund wurden die Berater gebeten, eine Einschätzung zur Zielerreichung abzugeben und Verbesserungspotenziale aufzuzeigen. Wie aus Abbildung 4 ersichtlich wird, ist gut die Hälfte der befragten Berater (N=32; 51%) der Auffassung, dass die gesetzlichen Bestimmungen nicht ausreichen, um die Potenziale der Migranten besser zu nutzen. Als „teilweise ausreichend" empfinden 13 Berater (21%) das BQFG. Als zielführend und folglich „ausreichend" beurteilt noch nicht einmal jeder dritte Befragte (N=18; 28%) die gesetzlichen Neuerungen. Als positiv beurteilen die Berater die Abkopplung der Gleichwertigkeitsprüfung vom Herkunftsland, da hiermit auch

die Wahrscheinlichkeit einer erfolgreichen Arbeitsmarktintegration für alle Migranten steigt.

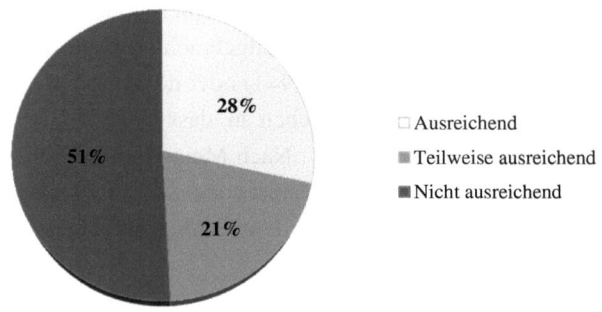

Abbildung 4: Zielerreichung des BQFG aus Beraterperspektive (N=63).

4.2 Verbesserungspotenziale

Zehn Berater (15,9%) äußern sich zu möglichen Änderungen bzw. Ergänzungen der **rechtlichen Grundlagen**. So sollten nach Einschätzung der Experten der Aufenthaltsstatus bei Nachqualifizierungen gesichert und die Initiierung des Anerkennungsverfahrens bzw. die Verknüpfung von Anerkennung und Integration verpflichtend gestaltet werden. Weiterhin sehen sie es als notwendig an, die gesetzlichen Vorgaben zu bestimmten Berufen zu prüfen und festzulegen, welche Kenntnisse zwingend erforderlich sind. In diesem Kontext ist ihrer Ansicht nach auch das Sprachniveau für gewisse Berufe gesetzlich zu regeln und mehr Klarheit hinsichtlich Teilanerkennungen zu schaffen.

Damit sich die Migranten besser in den deutschen Arbeitsmarkt integrieren können, bedarf es aus Sicht der Experten vor allem Verbesserungen im Bereich der **Qualifizierung** (N=40; 63,55%). Knapp die Hälfte der befragten Berater ist der Ansicht, dass Sprachlehrgänge ausgebaut werden müssen. Zudem sollten Angebote zum Erlernen der beruflichen Fachsprache geschaffen und allgemein der Zugang zu den Sprachkursen erleichtert werden. So ist ein Berater der Meinung:

„Es hängt nicht so sehr an den gesetzlichen Bestimmungen, wenn die Potenziale nicht nutzbar gemacht werden können. Teilweise sind weiterführende Sprachkurse im Bereich des berufsbezogenen Deutsch mit hoher Qualität notwendig, um in den Beruf einsteigen zu können. Diese Angebote sind immer noch zu knapp" (Interview Nr.46).

Neben der Sprachkompetenz stehen auch die Anpassungslehrgänge im Fokus der Berater, deren Inhalte besser auf die Bedürfnisse der Zielgruppe auszurichten sind. Sie fordern daher, passgenaue Qualifizierungsmaßnahmen zu entwickeln (N=18; 28,6%). Ein Berater gibt zu bedenken:

„Anpassungslehrgänge finden gerade im Gesundheitsbereich wenig differenziert statt. So werden bei uns Unterschiede im Qualifikationsniveau der einzelnen Pflegekräfte nicht berücksichtigt. Alle müssen einen 2-jährigen Anpassungslehrgang absolvieren, egal ob eine wirkliche Erfordernis hierfür besteht. Würde es eine maßgeschneiderte Qualifizierungsmaßnahme geben, dann stünde die Fachkraft dem Arbeitsmarkt vielleicht schon nach sechs Monaten zur Verfügung" (Interview Nr.13).

Sowohl das Anerkennungsverfahren als auch die Teilnahme an eventuell notwendigen Qualifizierungsmaßnahmen gehen mit **Kosten** für die Antragsteller einher, die aus Sicht von 27 Beratern (42,9%) eine Hürde im Prozess der Anerkennung und folglich auf dem Weg zur Arbeitsmarktintegration darstellen. Sie fordern daher eine Klärung der Finanzierbarkeit von Nachqualifikationen und dem Anerkennungsverfahren und sprechen sich für einen Abbau derzeit bestehender finanzieller Hürden aus. So argumentiert ein Berater:

„Kommen zum Anerkennungsverfahren noch Zeugnisübersetzungskoten und dergleichen hinzu, dann können sich die Gesamtkosten des Verfahrens schnell auf 800-900 Euro summieren. Das stellt für die meisten der Antragsteller eine große Hürde dar" (Interview Nr.11).

Knapp ein Viertel der Befragten sieht zudem in der **Beratung** der Migranten Verbesserungspotenziale. Sie wünschen sich, die Ratsuchenden im Prozess intensiver begleiten zu können, was jedoch eine Erhöhung der Kapazitäten nach sich ziehen würde (N=8; 12,7%) und erachten es für notwendig, den Beratungsfokus (auch) auf die Arbeitsmarktintegration zu richten (N=4; 6,4%). Letztlich sollte aus Sicht der Befragten die Zusammenarbeit zwischen den involvierten Einrichtungen weiter ausgebaut und verbessert werden (N=5; 7,9%). Dass eine solche intensive und spezialisierte Beratung auch der Schulung der Berater bedarf, erläutert ein Befragter wie folgt:

„Wichtig wäre, dass es im Jobcenter, in den Arbeitsagenturen und auch bei Bildungsträgern mehr Schulungen gibt bzw. Leute gezielt geschult werden und somit eine gezielte Verweisberatung an die beratenden Stellen erfolgt. Nicht, dass die Migranten ein halbes Jahr eine Maßnahme besuchen und sich keiner darum kümmert, ob der Abschluss überhaupt anerkannt wird. Weiterhin, dass die Potenziale besser erkannt werden und die Migranten nicht defizitorientiert beurteilt werden, sondern eben gesehen wird, was sie können" (Interview Nr.45).

Auch der **Prozess** an sich weist aus Sicht von 13 Befragten (20,6%) Verbesserungspotenziale auf. In erster Linie sollten die Prozesse einheitlichen Kriterien unterliegen, was auch die Inhalte von Anerkennungsbescheiden mit einschließt (N=6; 9,5%). Weitere Ansatzpunkte sind:

- eine transparentere und flexiblere Gestaltung des Prozesses,
- die frühzeitige Initiierung des Anerkennungsverfahrens nach der Einreise,
- Regelungen zum Prozess nach dem Durchlaufen des Anerkennungsverfahrens,
- eine stärkere Berücksichtigung der Berufserfahrung nebst Nachweisen sowie
- die konsequente Gleichstellung von Angehörigen aus Drittstaaten.

Die Veränderungen auf gesetzlicher Ebene sind ein erster und wichtiger Schritt zur qualifikationsadäquaten Nutzung der im Ausland erworbenen Qualifikationen. Diese Regelungen sowie die reine Gleichstellung der Qualifikationen reichen jedoch nicht aus, um Migranten ganzheitlich zu integrieren. Hierzu muss sich aus Sicht von 14 Beratern (22,2%) die deutsche **Gesellschaft** interkulturell mehr öffnen. Ein Berater beschreibt dies wie folgt:

„Es wurde jetzt versucht, auf der Gesetzesebene etwas zu verändern. Aber auch die Haltung der Gesellschaft muss sich ändern, damit das Gesetz eine Wirkung hat. [...] aber bei vielen wird nur nach Defiziten und Mängeln geschaut und diese hervorgehoben. Es muss sich in der Gesellschaft einfach noch viel ändern. Das Gesetz alleine reicht nicht aus" (Interview Nr.49).

In Abbildung 5 sind die zuvor erläuterten Bereiche, in denen seitens der Berater Verbesserungspotenziale vorhanden sind, zusammenfassend dargestellt.

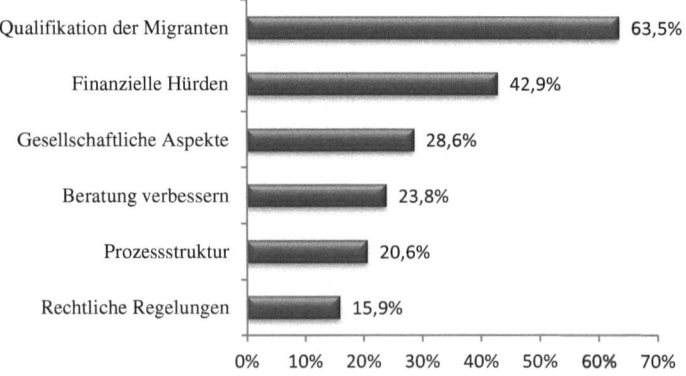

Abbildung 5: Verbesserungspotenziale aus Sicht der Berater (N=63).

5 Fazit und Ausblick

Mit Inkrafttreten des „Gesetzes zur Verbesserung der Feststellung und Anerkennung im Ausland erworbener Berufsqualifikationen" am 1. April 2012 haben Migranten – unabhängig von ihrem Herkunftsland – einen Rechtsanspruch auf die Prüfung ihrer im Ausland erworbenen Qualifikationen. Das Verfahren der Anerkennungsprüfung sollte durch die gesetzlichen Regelungen vereinheitlicht und vereinfacht und die Integration der Migranten in den deutschen Arbeitsmarkt verbessert werden. Auch wenn auf Bundesebene kein Rechtsanspruch auf eine Beratung zur Anerkennung verankert ist, so kann aufgrund der erweiterten Zielgruppe mit einem Anstieg der Nachfrage nach Beratung gerechnet werden, insbesondere, wenn die Anfragen direkt aus den Herkunftsländern ansteigen werden. Bisher haben nur 5,7% der Ratsuchenden ihren Wohnsitz im Ausland (vgl. www.anerkennung-in-deutschland.de/html/de/daten_beratung.php, Stand 18.05.2015) Berater sind daher gefordert, sich mit Fragen rund um die Anerkennung auseinander zu setzen, um ihre Kunden bestmöglich zu unterstützen. Die vorliegende Studie verfolgte das Ziel, die Umsetzung des BQFG in der Beratungspraxis zu analysieren. Hierzu wurden 63 Berater aus unterschiedlichen Einrichtungen zu ihren Erfahrungen mit der Umsetzung des Gesetzes und möglichen Verbesserungspotenzialen befragt.

Steigende Nachfrage nach Beratung aber nicht mehr Berater?
Einen deutlichen Anstieg der Nachfrage nach Beratungsleistungen können fast 40% der befragten Berater seit Inkrafttreten des BQFG feststellen, was jedoch nicht automatisch zu einer Erhöhung des Personalschlüssels in diesen Einrichtungen geführt hat. Da sowohl der zeitliche Anteil der Anerkennungsberatung an der gesamten Beratungsleistung als auch die Anzahl an Beratungsgesprächen pro Monat sehr stark zwischen den Befragten variiert, kann abschließend nicht festgestellt werden, ob die erhöhte Nachfrage zu einem personellen Engpass in den Einrichtungen führt. Einzig die Aussagen einiger Berater, dass sich die Bearbeitungsdauer nach Inkrafttreten des BQFG aufgrund der höheren Anzahl an Anträgen verlängert hat, kann hierfür ein Indiz sein.

Leichtere Informationsbeschaffung – Kompetenzbündelung möglich?
Die Informationsbeschaffung scheint sich mit der Einführung des Anerkennungsgesetzes verbessert zu haben, was jedoch nicht zwangsläufig auf eine bessere Qualität der Informationen schließen lässt. Der Zugang wurde unter anderem durch verschiedene Informationsportale und verfügbare Materialien im Internet erleichtert (vgl. Tabelle 22). Vor allem im Bereich der Kammern wird die Vernetzung und Zentralisierung zur IHK FOSA bzw. dem Leitkammersystem der Handwerkskammern als vorteilhaft empfunden. Es ist daher zu überlegen, ob eine Bündelung der Kompetenzen für das gesamte Bundesgebiet auch in anderen Bereichen sinnvoll erscheint und durchführbar ist. Der Vorteil einer solchen Zentralisierung liegt in der Vereinheitlichung der Vorgehensweise, was zu mehr Transparenz und Akzeptanz führt. Zudem wird hierdurch eine breitere Wissensbasis aufgebaut, was sich letztlich

zeit- und kostensparend auswirkt. Auch die Antragsteller können hiervon profitieren, da durch die Akkumulation des Wissens Prozesse schneller und effektiver gestaltet werden können, sodass sich die Dauer des Verfahrens verringert und sich die Migranten schneller auf dem Arbeitsmarkt etablieren können. Durch die breitere Informationsbasis ist es zudem möglich, Einzelfällen besser gerecht zu werden, da die Wahrscheinlichkeit steigt, dass ähnliche Fälle bereits bearbeitet wurden. Für Berufe, die landesrechtlich geregelt sind, ist daher zu prüfen, inwieweit Synergien zwischen den Ländern hergestellt und effizient genutzt werden können.

Beraterschulungen als wichtiger Faktor in der Anerkennungsberatung
Gut die Hälfte der befragten Berater konnte sich die notwendigen Informationen durch die Teilnahme an Schulungen aneignen. Die andere Hälfte scheint mehr oder weniger auf sich allein gestellt zu sein und sucht sich die Informationen beispielsweise im Internet oder im Austausch mit Kollegen. Dass Schulungen für Berater einen wichtigen Faktor in der migrationssensiblen Beratung darstellen und hierfür ein Bedarf besteht, stellten Müller und Ayan (2014) in ihrer Untersuchung zur Beratung von Migranten fest. Aus Sicht der Berater seien „Sprachkenntnisse, mangelnde Qualifikationen und nicht anerkannte Abschlüsse wichtige Faktoren der Arbeitsmarktintegration". Gleichzeitig werden Sprachdefizite, kulturelle und religiöse Aspekte als Herausforderungen in der Beratung gesehen sowie „Wissensdefizite und der Stellenwert von Informationen für Migranten tendenziell unterschätzt" (Müller & Ayan, 2014, S. 59). Auch die Ergebnisse der vorliegenden Untersuchen deuten darauf hin, dass ein Schulungsbedarf vorhanden ist, wird doch auf die Notwendigkeit einer verstärkten Fokussierung der Arbeitsmarktintegration und der Netzwerkarbeit hingewiesen. In der zweiten Förderphase von April 2015 bis einschließlich September 2017 wird sich das Projekt BEST WSG[108] an der Hochschule der Bundesagentur für Arbeit (HdBA) Mannheim daher mit der Entwicklung, Erprobung und Evaluation von Schulungskonzepten – unter anderem auch für Migrationsberater – befassen. Die bislang gewonnenen Erkenntnisse sowie die vorhandenen Kontakte zu Beratern bilden hierfür einen wichtigen Ansatzpunkt.

Qualifikation der Migranten fördern
In vielen Fällen werden im Rahmen des Anerkennungsverfahrens Unterschiede zwischen den im Ausland erworbenen und in Deutschland notwendigen Kenntnissen festgestellt. In solchen Fällen können die Antragsteller im Rahmen eines Anpassungslehrgangs die fehlenden Qualifikationen erlernen oder mittels einer Kenntnisprüfung nachweisen. Diese im Gesetz verankerte Wahlfreiheit wird in der Praxis jedoch nicht in allen Fällen umgesetzt. Einige der befragten Berater hatten zum Zeitpunkt der Befragung zudem noch keine Erfahrung mit der Umsetzung des Wahlrechts gemacht und dieses folglich in der Praxis auch nicht angewandt. Es ist jedoch zu beachten, dass der Ratsuchende auch durch die jeweilige Anerkennungsstelle hinsichtlich seines Wahlrechts informiert werden kann – ohne dass die Bera-

---

[108] Weitere Informationen finden Sie auf der Projekthomepage unter. www.bestwsg-hdba.de.

tungsstelle hiervon erfährt. Im Zuge einer transparenten Vorgehensweise wäre es jedoch notwendig, dass auch Anerkennungsberater über diese Möglichkeiten, die notwenigen Ansprechpartner und (finanziellen) Folgen für die Ratsuchenden informiert sind.

Aus Sicht der befragten Berater stellen das Fehlen geeigneter Anpassungslehrgänge sowie deren Finanzierungsmöglichkeiten weitere Probleme dar. Hinzu kommt, dass die Qualifizierungsmaßnahmen den Kenntnisstand der Teilnehmer nicht berücksichtigen und diese oft länger als nötig an einer solchen Maßnahme teilnehmen müssen. In der Folge stehen sie dem Arbeitsmarkt mit einer zeitlichen Verzögerung zur Verfügung.

Einheitliche Verfahren sind wichtig für Effizienz und Transparenz

Die Einführung des BQFG „soll die Praxis der Anerkennung im Ausland erworbener Qualifikationen einheitlicher, transparenter und effektiver gestalten [...]" (Braun, 2012, S. 1). Auch wenn über 60% der Befragten eine Verbesserung der Transparenz feststellen, scheinen hinsichtlich einer einheitlichen und effektiven Vorgehensweise Verbesserungspotenziale zu existieren. Fehlende Dokumente aus den Herkunftsländern erschweren einen reibungslosen Anerkennungsverlauf, da Qualifikationen nicht formal nachgewiesen werden können. Dies führt zu Verzögerungen im Ablauf und im schlechtesten Fall zur Ablehnung des Antrags. Die Berater haben mehrfach erwähnt, dass die gesetzlichen Grundlagen nicht ausreichen, um Migranten besser in den Arbeitsmarkt zu integrieren, sondern sich hierzu auch die gesellschaftliche Einstellung ändern müsse. Es stellt sich daher die Frage, welche Möglichkeiten im Falle unvollständiger Unterlagen – die eventuell gar nicht oder nur unter erheblichem zeitlichen und finanziellen Aufwand besorgt werden können – bestehen, um das Anerkennungsverfahren weiter voranzutreiben. Hier setzt das vom Bundesministerium für Bildung und Forschung (BMBF) geförderte Projekt „Prototyping Transfer – Berufsanerkennung mit Qualifikationsanalysen"[109] an, das eine Feststellung der Kompetenzen und Qualifikationen der Antragsteller mit Hilfe einer individuellen Qualifikationsanalyse durchführt, die derzeit jedoch noch nicht flächendeckend durchgeführt wird. Rechtlich basiert dieses Vorgehen auf § 14 BQFG – Sonstige Verfahren zur Feststellung der Gleichwertigkeit bei fehlenden Nachweisen – in Verbindung mit den jeweiligen Berufsgesetzen und Ordnungen. Ziel des Projektes ist es, „deutschlandweit mehr qualitätsgesicherte Qualifikationsanalysen durchzuführen, wenn eine Gleichwertigkeitsprüfung anhand schriftlicher Zertifikate nicht oder nicht vollständig möglich ist" (Bundesinstitut für Berufsbildung, 2015). Die zuständigen Stellen erfahren hierbei eine prozessbegleitende Unterstützung u. a. in Form von Schulungen, Beratungen und Arbeitshilfen. Das Projekt hat eine Laufzeit von 2015 bis 2017 und wird vom Bundesinstitut für Berufsbildung (BIBB) koordiniert.

---

[109] Weitere Informationen zu diesem Projekt sind zu finden auf: http://www.bibb.de/de/26147.php.

Literatur

Atteslander, P. (2010). *Methoden der empirischen Sozialforschung* (13. Aufl.). Berlin: Erich Schmidt Verlag.

Baas, T. (2010). Mehr oder minder – Wer kommt nach Öffnung der Arbeitsmärkte? In Institut für Arbeitsmarkt-und Berufsforschung (IAB) der Bundesagentur für Arbeit (Hrsg.): *Balanceakt. Zuwanderung steuern, Integration fördern*. IAB-Forum, 2, 12-17.

Baas, T. & Brücker, H. (2011). Arbeitnehmerfreizügigkeit zum 1. Mai 2011. Mehr Chancen als Risiken für Deutschland. *IAB-Kurzbericht*, 10. Nürnberg.

Baderschneider, A. & Döring, O. (2012). Anerkennungsberatung und Vernetzung im Förderprogramm „Integration durch Qualifizierung (IQ)". *Berufsbildung Wissenschaft und Praxis, 5*, 19-22.

Bonin, H. (2014). Der Beitrag von Ausländern und künftiger Zuwanderung zum deutschen Staatshaushalt, ZEW – Zentrum für Europäische Wirtschaftsforschung GmbH, Mannheim. Studie im Auftrag der Bertelsmann Stiftung.

Bortz, J. & Döring, N. (2009). *Forschungsmethoden und Evaluation: Für Human- und Sozialwissenschaftler* (4. Aufl.) Heidelberg: Springer.

Braun, D. (2012). Einheitlicher, transparenter, effektiver? Das Verfahren zur Bewertung von im Ausland erworbenen Qualifikationen im Wandel. *focus Migration, 18*.

Brücker, H. (2009). Arbeitsmarktwirkungen der Migration. *Aus Politik und Zeitgeschichte*, 44, 6-12.

Brussig, M., Mill, U. & Zink, L. (2013). Wege zur Anerkennung – Wege zur Integration? Inanspruchnahme und Ergebnisse von Beratung zur Anerkennung von im Ausland erworbenen Berufsabschlüssen. *IAQ-Report 2013-05*. Duisburg.

Bundesagentur für Arbeit (2015). Analyse des Arbeitsmarktes für Ausländer. April 2015. *Analytikreport der Statistik*, Nürnberg.

Bundesamt für Migration und Flüchtlinge [BAMF] (2014). Wanderungsmonitoring: Migration nach Deutschland, 1. Quartal 2014, online abrufbar unter https://www.bamf.de/SharedDocs/Anlagen/DE/Publikationen/Broschueren/wanderungsmonitoring-I-Quartal-2014.pdf?__blob=publicationFile

Bundesinstitut für Berufsbildung [BiBB] (Hrsg.) (2015). Prototyping Transfer - Berufsanerkennung mit Qualifikationsanalysen, online verfügbar unter: http://www.anerkennung-in-deutschland.de/html/de/qualifikationsanalyse.php (Stand: Februar 2015, zuletzt abgerufen am 18.04.2015).

Bundesinstitut für Berufsbildung [BiBB] (Hrsg.) (2014). Anerkennung in Deutschland, http://www.anerkennung-in-deutschland.de/html/de/ (abgerufen am 07.09.2014).

Bundesministerium für Bildung und Forschung [BMBF] (Hrsg.) (2014). *Bericht zum Anerkennungsgesetz*. Berlin.

Bundesministerium für Bildung und Forschung [BMBF] (Hrsg.) (2012). *Erläuterungen zum Anerkennungsgesetz des Bundes. Gesetz zur Verbesserung der Feststellung und Anerkennung im Ausland erworbener Berufsqualifikationen.* Berlin.

Bundesregierung, Die (2011). *Nationaler Aktionsplan Integration. Zusammenhalt stärken - Teilhabe verwirklichen.* Berlin.

Englmann, B. & Müller-Wacker, M. (2010). *Analyse der bundesweiten Anerkennungsberatung im Modellprojekt Global Competences.* Dokumentation 2008-2009. Herausgegeben von Tür an Tür Integrationsprojekte gGmbH. Integration durch Qualifizierung (IQ). Augsburg.

Jurczek, P. & Vollmer, M. (2008). Ausbildung und Migration in Ostmitteleuropa. *Aus Politik und Zeitgeschichte, 35-36,* 26-32.

Kohn, K-H.P. (2011). *Migrationsspezifische beschäftigungsorientierte Beratung – spezifische Themen, spezifische Bedarfe. Ergebnisse einer Delphi-Breitband-Erhebung.* Herausgegeben von Facharbeitskreis "Beratung" vom Netzwerk "Integration durch Qualifizierung". Berlin.

Maehler, D.B.(2012). Akkulturation und Identifikation bei eingebürgerten Migranten in Deutschland. *Internationale Hochschulschriften, Band 558.* Münster: Waxmann Verlag GmbH.

Maier, R.W. & Rupprecht, B. (2011). Der Regierungsentwurf des Anerkennungsgesetzes. *Zeitschrift für Ausländerrecht und Ausländerpolitik, 7,* 201-205.

Meier-Braun, K.-H. (2013). Einleitung: Deutschland Einwanderungsland. In K.-H. Meier-Braun & R. Weber (Hrsg.): *Deutschland Einwanderungsland. Begriffe – Fakten – Kontroversen.* (15-27). Stuttgart: Kohlhammer.

Moravek, C. (2012). Wege aus dem Zuständigkeitsdschungel – Informations- und Beratungsangebote für Anerkennungssuchende vor der Antragstellung. *Berufsbildung Wissenschaft und Praxis, 5,* 15-18.

Müller, E.M. & Ayan, T. (2015). Arbeitsmarktchancen in Abhängigkeit vom Anerkennungsstatus von im Ausland erworbenen Qualifikationen – Eine Analyse am Beispiel des Sozial- und Gesundheitssektors. In: T. Ayan (Hrsg.): *Anerkennung ausländischer Qualifikationen: Forschungsergebnisse und Praxisbeispiele.* (151-168). Köln: Kölner Wissenschaftsverlag.

Müller, E.M. & Ayan, T. (2014). *Beratung von Migrantinnen und Migranten: Herausforderungen, Unterstützungsbedarfe, kulturelle Begegnungen – Eine explorative Analyse der Sichtweisen von Beratern und Ratsuchenden.* Köln: Kölner Wissenschaftsverlag.

Müller, E.M. & Ayan, T. (2013). Die Anerkennung im Ausland erworbener Qualifikationen im Sozial- und Gesundheitswesen. Eine hypothesengenerierende Pilotstudie unter Migranten. In T. Ayan (Hrsg.): *Einsteigen, Umsteigen, Aufsteigen. Personenbezogene* *und strukturelle Rahmenbedingungen für Berufe und Bildungschancen im Sozial- und Gesundheitssektor* (1-40). Köln: Kölner Wissenschaftsverlag.

Nohl, A.-M., Ofner, U.S. & Thomsen, S. (2010). Hochqualifizierte BildungsausländerInnen in Deutschland: Arbeitsmarkterfahrungen unter den Bedingungen formaler Gleichberechtigung. In: A.-M. Nohl, K. Schittenhelm, O. Schmidtke & A. Weiß (Hrsg.): *Kulturelles Kapital in der Migration. Hochqualifizierte Einwanderer und Einwanderinnen auf dem Arbeitsmarkt* (67-82). Wiesbaden: VS Verlag für Sozialwissenschaften.

Schnell, R., Hill, P.B. & Esser, E. (2013). *Methoden der empirischen Sozialforschung* (10. Aufl.). München: Oldenbourg.

Scholl, A. (2009). *Die Befragung* (2. Aufl.). Konstanz: UVK Verl.-Ges.

Schulz, M. & Ruddat, M. (2012). "Let's talk about sex!". Über die Eignung von Telefoninterviews in der qualitativen Sozialforschung. *Forum Qualitative Sozialforschung, 3*, Art. 2.

Steinhardt, M., Hönekopp, E., Bräuninger, M., Radu, D. & Straubhaar, T. (2005). *Effekte der Migrationssteuerung bei Erwerbstätigen durch das Zuwanderungsgesetz. Expertise im Auftrag des Bundesministerium des Innern.* Herausgegeben von Hamburgisches Weltwirtschaftsinstitut (HWWI). Hamburg.

Anhang

A1: Interviewleitfaden

(1) Umfang der Beratung
1. Wie viele Berater in Ihrer Organisation sind mit der Anerkennungsberatung betraut?
    i. Hat sich die Anzahl an Beratern mit der Einführung des Gesetzes verändert?
2. Seit wann sind Sie mit der Anerkennungsberatung betraut?
3. Bieten Sie ausschließlich Erstberatung an oder begleiten Sie die Antragsteller über den gesamten Prozess des Anerkennungsverfahrens?
4. Welchen Anteil an Ihrer Beratungsarbeit nimmt die Anerkennungsberatung ein?
5. Wie viele Beratungen führen Sie im Monat durch?
    i. Wie viele Beratungen führten Sie vor der Einführung des Gesetzes durch?
    ii. Hat sich Ihrer Meinung nach die Anzahl an Anträgen nach der Einführung des BQFG erheblich verändert?

(2) Ratsuchende
6. Wie viele Personen kommen zur Beratung, die ihren Wohnsitz bereits in Deutschland haben?
7. Wie viele Personen nehmen Ihre Beratungsleistung aus dem Ausland in Anspruch (per Telefon/Mail)?
8. Welches sind die drei häufigsten Nationalitäten in Ihren Gesprächen?
    i. Hat sich das Verhältnis verändert?
    ii. Wie häufig erfolgt die Beratung von Kunden aus Drittstaaten?
9. Mit welchen Berufsgruppen haben Sie in der Beratung überwiegend zu tun?
10. Welche Veränderungen in Ihrer Beratungstätigkeit haben Sie nach Inkrafttreten des BQFG festgestellt?

(3) Gesellschaftspolitische Aspekte
11. Hat sich mit Einführung des Gesetzes Ihr Beratungsauftrag/-ansatz verändert?
12. Durch das Anerkennungsgesetz haben auch Drittstaatenangehörige Anspruch auf eine Gleichwertigkeitsprüfung ihrer Abschlüsse. Ausschlaggebend ist nur noch der Inhalt und die Qualität der Berufsqualifikationen der Antragsteller und nicht mehr ihre Herkunft. Wie denken Sie hierüber?

(4) Informationsbeschaffung und Qualität der Informationen
13. Wie informieren Sie sich über die neuen gesetzlichen Regelungen zur Anerkennung?
14. Inwiefern hat sich seit Inkrafttreten des BQFG/Landesanerkennungsgesetz (falls vorhanden) der Zugang zu den Informationen verändert/verbessert?

15. Inwiefern haben sich Informationsmaterialien und Formulare zur Antragstellung nach Einführung des Gesetzes geändert?

(5) Netzwerke
16. Welche Stellen/Einrichtungen gibt es, an die sich die Ratsuchenden wenden können?
    i. Hat sich dieses Angebot infolge des BQFG geändert?
17. Mit welchen Stellen oder Einrichtungen arbeiten Sie zum Thema Anerkennung ausländischer Abschlüsse zusammen?
    i. An welche Stellen oder Einrichtungen verweisen Sie gegebenenfalls?
    ii. Bei welchen „Fällen"/Anliegen verweisen Sie?
    iii. Was sind „leichte Fälle"/Anliegen?
    iv. Was sind „schwierige Fälle"/Anliegen?
18. Sind die Zuständigkeiten nach dem Gesetz klarer/eindeutiger geworden?

(6) Verfahren
(A) Fristen
19. Wie denken Sie über die Einführung der Verfahrensfrist?
20. Haben Sie den Eindruck, dass sich die Bearbeitungsdauer der Anerkennungsanträge nach BQFG geändert hat? Wenn ja, inwiefern hat sich etwas geändert?

(B) Prüfung
21. Eine Gleichwertigkeitsfeststellung bedeutet, dass nur noch auf wesentliche Unterschiede abgestellt und Berufserfahrung als möglicher Ausgleich stärker berücksichtigt wird. Wie sind Ihre Erfahrungen und/oder die Erfahrungen Ihrer Kollegen mit der Umsetzung dieser Vorgaben?
22. Gibt es bei den gesetzlichen Vorgaben Ihrer Meinung nach einen ausschöpfbaren Interpretationsspielraum? Inwiefern wird dieser Ihrer Meinung nach genutzt?
23. Gibt es nach Ihrer Erfahrung Unterschiede zwischen den zuständigen Stellen bei der Umsetzung/Auslegung der gesetzlichen Vorgaben?
24. Laut Anerkennungsgesetz besteht nun ein Wahlrecht zwischen Eignungsprüfung bzw. Kenntnisprüfung und Anpassungslehrgang zum Ausgleich der festgestellten Unterschiede. Wie wird dies nach Ihrer Erfahrung in der Praxis umgesetzt?

(C) Verbesserungen allgemein
25. Sind Sie der Meinung, dass die gesetzlichen Bestimmungen ausreichend sind, um die Potenziale von Migrantinnen und Migranten besser zu nutzen?
    i. Wenn nein, welche Bestimmungen/Vorgaben wären aus Ihrer Sicht außerdem notwendig, damit das Anerkennungsgesetz sein Ziel erreicht?
26. Sind Sie der Meinung, dass das Anerkennungsverfahren durch die Einführung des BQFG unkomplizierter und transparenter geworden ist? Woran merken Sie das?

27. Was müsste sich ferner ändern, damit Migrantinnen und Migranten erfolgreich und qualifikationsadäquat in den deutschen Arbeitsmarkt integriert werden?

(7) Soziodemografische Merkmale
28. Geschlecht
29. Alter:
    i. 20-30
    ii. 31-40
    iii. 41-50
    iv. 50+
30. In welcher Einrichtung sind Sie beschäftigt?
31. Position?
32. Aufgabengebiet?
33. Betriebszugehörigkeitsdauer (in Jahren)?
34. Eigener Migrationshintergrund?

A2: Verweisberatung

Tab_A1: Gründe für eine Verweisberatung.

Gründe der Verweisberatung (Mehrfachantworten möglich)	Anzahl	Prozent
Fehlende Zuständigkeit	31	49,2%
Fragen zur Finanzierung	7	11,1%
Schwierige/komplexe Fälle	7	11,1%
Fragen zur Nachqualifizierung	3	4,8%
Fehlende Nachweise	2	3,2%
Fragen zur Berufsorientierung	1	1,6%
Spezielle Sprachkurse	1	1,6%
Arbeitsvermittlung	1	1,6%
Wenn Klienten sich nicht selbst organisieren können	1	1,6%
Nach der Erstberatung	1	1,6%
Gesamt	63	100%

9 Arbeitsmarktchancen in Abhängigkeit von Anerkennungsstatus von im Ausland erworbenen Qualifikationen: Eine Analyse am Beispiel des Sozial- und Gesundheitssektors

Eva M. Müller, Türkan Ayan

1 Einleitung 152
2 Methodisches Design 153
3 Die Nutzung ausländischer Potenziale im Sozial- und Gesundheitssektor . 154
   3.1 Beschreibung der Stichprobe 154
   3.2 Ankunft in Deutschland – und dann? 155
   3.3 Integration in den Arbeitsmarkt – Mehr Chancen durch die formale
       Qualifikationsanerkennung? 158
4 Fazit und Implikationen 163
5 Ausblick: Der Weg in die Hochschule zur Nachqualifizierung? 165
Literatur 167

1 Einleitung

In ihrem Bericht über die Lage der Ausländerinnen und Ausländer in Deutschland stellte die Bundesregierung 2012 u. a. fest, dass die Arbeitslosenzahlen von Ausländern in den letzten 20 Jahren unverändert hoch geblieben sind – und zwar doppelt so hoch wie die der einheimischen Bevölkerung (Bundesagentur für Arbeit, 2015, S. 34). Von diesem erhöhten Arbeitslosigkeitsrisiko sind jedoch nicht nur geringqualifizierte Migrantinnen und Migranten betroffen. Bemerkenswert viele hochqualifizierte Bildungsausländerinnen und -ausländer sind erwerbslos oder stehen dem Arbeitsmarkt nicht zur Verfügung. Deren Quote lag im Jahr 2009 bei rund 30%, unter Frauen sogar bei knapp 40% (Jungwirth, 2012, S. 10 ff.). Zudem sind Bildungsausländerinnen und -ausländer im Vergleich zu den Bildungsinländern weitaus häufiger in Tätigkeiten unterhalb ihrer Qualifikation beschäftigt: im Jahr 2008 waren es 20,6% vs. 3,1% (vgl. Nohl, Ofner & Thomsen, 2010, S. 68). Viele der Zuwanderer verfügen jedoch über eine gute berufliche Qualifizierung oder können einen Fachhochschul- oder Hochschulabschluss vorweisen (vgl. Meier-Braun, 2013, S. 15, Baas & Brücker, 2011, S. 5; Baas, 2010, S. 14). Eine Integration dieser ausländischen Potenziale würde sich positiv auf den deutschen Arbeitsmarkt auswirken, da die Migranten neben Qualifikationen auch wertvolle interkulturelle Kompetenzen mitbringen (vgl. Jurczek & Vollmer, 2008, S. 28; Brücker, 2009, S. 12). Bislang wurden die im Ausland erworbenen (beruflichen) Qualifikationen aufgrund fehlender oder nicht einheitlich geregelter Bewertungsverfahren und Bewertungsmaßstäbe in Deutschland jedoch kaum genutzt (vgl. Maier & Rupprecht, 2011, S. 201 f.; Bundesregierung, 2011, S. 115 f., 409; Steinhardt, Hönekopp, Bräuninger, Radu & Straubhaar, 2005, S. V-VI). Englmann und Müller (2007, S. 18) sprechen diesbezüglich von einer „Lose-Lose-Situation". Die betroffenen Migranten erfahren eine Abwertung ihrer erworbenen Qualifikationen und sowohl die aufnehmende Gesellschaft als auch das Herkunftsland können diese nicht mehr adäquat nutzen.

Einig sind sich die Akteure darin, dass die wichtigste Maßnahme einer erfolgreichen und somit qualifikationsadäquaten Integration in den Arbeitsmarkt in der Anerkennung der im Ausland erworbenen Qualifikationen liegt (vgl. Englmann & Müller-Wacker, 2010). Laut einer Erhebung des Instituts für Arbeit und Qualifikation der Universität Duisburg-Essen aus dem Jahr 2013 sind mehr als 30 Prozent derjenigen „mit einer vollen Anerkennung im erlernten Beruf tätig [...], weitere ca. 20 Prozent sind in einem anderen als dem erlernten Beruf tätig". Mehr noch, diejenigen, die lediglich eine Teilanerkennung erhalten, seien doppelt so oft von Arbeitslosigkeit betroffen als die, die eine volle Anerkennung erlangt haben (Brussig, Mill & Zink, 2013, S. 10). Durch die Einführung des „Gesetzes zur Verbesserung der Feststellung und Anerkennung im Ausland erworbener Berufsqualifikationen", kurz Anerkennungsgesetz, zum 1. April 2014 wurden „die Verfahren zur Bewertung ausländischer Berufsqualifikationen im Zuständigkeitsbereich des Bundes vereinfacht, vereinheitlicht und für bisher nicht anspruchsberechtigte Zielgruppen geöffnet." (http://www.anerkennung-in-deutschland.de, 07.09.2014). Hierdurch hatten Drittstaatenangehörige zum ersten Mal einen Rechtsanspruch auf die Gleichwertigkeitsprüfung ihres im Ausland erworbenen

Abschlusses mit einem deutschen Referenzberuf (vgl. Bundesministerium für Bildung und Forschung [BMBF], 2012, S. 12). Da die Regelungen des Gesetzes über die Feststellung der Gleichwertigkeit von Berufsqualifikationen (BQFG) ausschließlich auf Bundesebene Anwendung finden, sind bis Juli 2014 entsprechende landesrechtliche Regelungen in Kraft getreten. Im Sinne der vom BQFG verfolgten Einheitlichkeit in Verfahren und Bewertung sind nun sowohl für reglementierte als auch für nicht-reglementierte Berufe „wesentliche Unterschiede" zwischen der nachgewiesenen Berufsqualifikation und dem Referenzberuf als maßgeblich für die Gleichwertigkeitsprüfung zu sehen. Diese Unterschiede können ggf. durch weitere Qualifizierungsmaßnahmen und/oder Berufserfahrung ausgeglichen werden (BQFG, Kap. 1, § 4 und Kap. 2, § 9; BMBF, 2012, S. 12).

Inwiefern die Potenziale beruflich und akademisch qualifizierter Migrantinnen und Migranten in Deutschland genutzt werden, soll in der vorliegenden Studie am Beispiel des Sozial- und Gesundheitssektors näher betrachtet werden. Um die Potenzialnutzung ausländischer Qualifikationen analysieren zu können, wurde eine standardisierte, schriftliche Befragung unter Personen mit im Ausland erworbenen Qualifikationen im Sozial- und Gesundheitssektor durchgeführt (vgl. Kapitel 2). Welche beruflichen Stationen diese Personengruppe in Deutschland durchlaufen und ob sie sich erfolgreich in den Arbeitsmarkt integrieren, wird im dritten Kapitel dargestellt. Ein Fazit (Kapitel 4) und Ausblick auf Möglichkeiten einer hochschulischen Weiterqualifizierung der Zielgruppe (Kapitel 5) schließen die Arbeit.

2   Methodisches Design

Die Stichprobe der vorliegenden quantitativen Befragung umfasst 119 Teilnehmer, die einen Bildungs- oder Berufsabschluss im Sozial- oder Gesundheitssektor im Ausland erworben haben, bzw. in Deutschland eine Anerkennung ihrer Qualifikationen in diesen Wirtschaftszweigen anstreben. Die Rekrutierung der Migrantinnen und Migranten begann im März 2013. In einem ersten Schritt wurden hierfür über 1000 Anerkennungsberater aus knapp 450 Beratungsstellen personifiziert angeschrieben und um Unterstützung bei der Zielgruppengewinnung gebeten. Durch eine anschließende telefonische Nachfassaktion konnten bis November 2013 insgesamt 119 Migrantinnen und Migranten für die Studie gewonnen werden.

Um die Teilnahme an der schriftlichen Befragung zu erleichtern, hatten die Befragten die Möglichkeit, den Fragebogen wahlweise in den Sprachen deutsch, englisch, russisch, rumänisch oder bulgarisch auszufüllen. Zudem konnten sie zwischen der klassischen Papier-Bleistift-Variante und einer Online-Befragung wählen. Themenschwerpunkte der standardisierten Befragung sind (1) die Erfahrungen mit dem Anerkennungsverfahren, (2) soziale Netzwerke der Migranten, (3) sprachliche Kompetenzen, (4) Ausbildung und die derzeitige berufliche Situation sowie (5) die Erfahrungen mit der Anerkennungsberatung in Deutschland. Grundlage des vorliegenden Artikels bilden vor allem die Punkte (1) und (4).[110]

Das Ziel der vorliegenden Studie ist die Analyse der Nutzung von im Ausland erworbenen Potenzialen auf dem deutschen Arbeitsmarkt. Um dies zu analysieren, wurden die Migrantinnen und Migranten gebeten, Auskunft über ihre ausländischen Qualifikationen (Berufsausbildung oder Hochschulstudium), ihre Berufserfahrung außerhalb Deutschlands, ihre beruflichen Stationen in Deutschland sowie ihren aktuellen Erwerbsstatus zu geben. Zudem wurden sie gefragt, ob sie einen Antrag auf Prüfung der Gleichwertigkeit ihrer Qualifikationen mit einem deutschen Referenzberuf gestellt haben und ob ihre Qualifikationen anerkannt wurden.

3 Die Nutzung ausländischer Potenziale im Sozial- und Gesundheitssektor

3.1 Beschreibung der Stichprobe

Die Stichprobe umfasst insgesamt 119 Migrantinnen und Migranten, darunter 99 Frauen (83,2%) und 16 Männer (13,4%). Vier Personen haben zum Geschlecht keine Angabe gemacht. Drei Viertel der Befragten (N=90) sind verheiratet oder leben mit ihrem Partner/ihrer Partnerin zusammen. Lediglich 12% geben an, ledig zu sein und 10% leben vom Partner getrennt, bzw. sind geschieden. Knapp drei Viertel der Befragten haben Kinder. Die Altersgruppe der 30- bis unter 40-Jährgen ist mit gut einem Drittel der Befragten die am stärksten vertretene Gruppe, gefolgt von den 40- bis unter 50-Jährigen (28,6%) und den 20- bis unter 30-Jährigen (21,8%). Personen im Alter zwischen 50 und unter 60 Jahren (10,1%) sowie die Gruppe der mindestens 60-Jährigen (2,5%) sind hingegen kaum vertreten. Die Analyse der Herkunftsländer der befragten Migrantinnen und Migranten verdeutlicht die Heterogenität der Zielgruppe. Diese kommen ursprünglich aus insgesamt 33 Ländern. Eine Aggregation auf Regionen verdeutlicht, dass gut ein Drittel der Befragten (N=43) ursprünglich aus Ländern der ehemaligen Sowjetunion, zumeist aus Russland (N=21) stammt und ein Viertel Bürgerinnen und Bürger aus EU-Mitgliedsstaaten sind. Es folgen die Herkunftsregionen Vorderasien, Südosteuropa und die Türkei (vgl. Abbildung 6).

---

[110] Zu den Themen (2) Soziale Netzwerke und (3) Sprachliche Kompetenzen vgl. Müller & Ayan, 2015a, Beitrag in diesem Band. Die Erfahrungen mit der Anerkennungsberatung (Themenblock 5) sind in Müller & Ayan, 2014, nachzulesen.

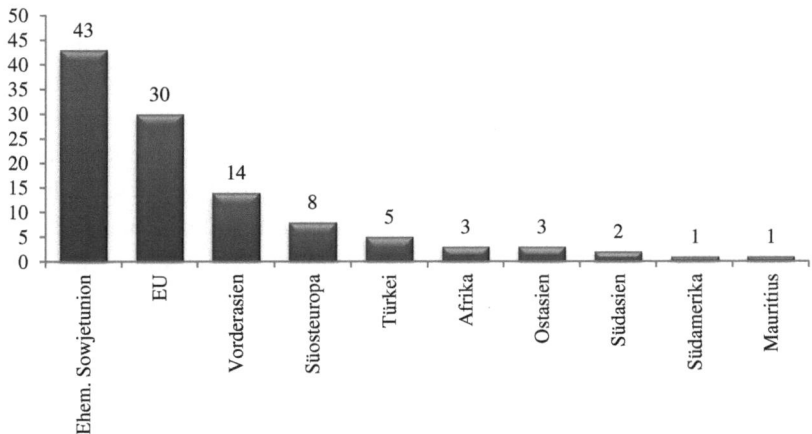

Abbildung 6: Herkunftsregionen der befragten Migrantinnen und Migranten (in absoluten Zahlen).

Während die Herkunft der Befragten sehr heterogen ist, kann für die Qualifikationen ein recht einheitliches Bild konstatiert werden. Alle Migrantinnen und Migranten können entweder eine abgeschlossene Berufsausbildung (N=44; 37%) oder einen Hochschulabschluss (N=80; 67%) vorweisen. Unter ihnen befinden sich zudem zehn Personen (8%), die sowohl eine Berufsausbildung als auch ein Hochschulstudium durchlaufen haben.[111] Darüber hinaus geben gut 60% an, bereits vor ihrer Einreise im erlernten Beruf tätig gewesen zu sein. Sie können zwischen 0,5 und 33 Jahre Berufserfahrung, im Durchschnitt 8,8 Jahre, vorweisen. Rund ein Drittel hat außerhalb Deutschlands noch keine Erfahrungen im erlernten Beruf sammeln können.[112] Im nachfolgenden Abschnitt wird beschrieben, welche (beruflichen) Stationen die Migrantinnen und Migranten zwischen der Einreise nach Deutschland und ihrer aktuellen Tätigkeit durchlaufen haben.

3.2 Ankunft in Deutschland – und dann?

Die Situation nach der Einreise

Die Migrantinnen und Migranten wurden zunächst gefragt, welchen (beruflichen) Tätigkeiten sie in Deutschland seit ihrer Einreise nachgegangen sind. Hierbei konnten mehrere unterschiedliche Stationen angegeben werden, wobei der Reihenfolge keine Bedeutung beigemessen wurde. Aus Tabelle 24 ist ersichtlich, dass nur jeder Fünfte seit der Einreise nach Deutschland einer sozialversicherungspflichtigen Beschäftigung im erlernten Beruf nachgegangen ist. Ebenfalls sozialversicherungspflichtig beschäftigt, aber in einem anderen als dem erlernten Beruf, waren insgesamt 17 Personen (14,3%). Interessant ist, dass bei diesen

---

[111] Somit haben insgesamt 34 Personen eine Ausbildung, aber kein Studium absolviert. Fünf Personen haben nicht angegeben, ob sie eine Ausbildung oder ein Studium absolviert haben.
[112] Über alle 119 Befragten liegt die durchschnittliche Berufserfahrung bei 5,7 Jahren (Median 3 Jahre).

Arten der Beschäftigung nur geringe Unterschiede zwischen Personen mit Hochschulstudium und Berufsausbildung festgestellt werden können. Personen mit abgeschlossenem Studium (als höchstem Bildungsabschluss) scheinen etwas bessere Chancen zu haben, eine sozialversicherungspflichtige Beschäftigung aufzunehmen als Personen, die als höchsten Bildungsabschluss eine abgeschlossene Berufsausbildung nachweisen können. Ein ähnliches Bild ergibt sich für die Ausübung prekärer Beschäftigungsverhältnisse wie Aushilfstätigkeiten und Minijobs. Die Unterschiede zwischen Personen mit beruflicher und hochschulischer Qualifikation sind sehr schwach ausgeprägt. Im Gegensatz hierzu absolvieren Migrantinnen und Migranten mit einer beruflichen Qualifikation bedeutend häufiger ein Praktikum als Akademiker. Während knapp die Hälfte (47%) der Befragten mit Ausbildung angeben, in Deutschland als Praktikant gearbeitet zu haben, liegt der Anteil unter den Akademikern bei weniger als einem Viertel (22,5%). Eine Erklärung hierfür könnte im Verfahren der Anerkennung ausländischer Qualifikationen liegen, im Rahmen dessen Anpassungsqualifizierungen in Form von Praktika durchgeführt werden. Keine Unterschiede lassen sich hingegen beim Arbeitslosigkeitsrisiko feststellen. Insgesamt ein Viertel der Befragten war seit der Einreise bereits arbeitslos oder als arbeitsuchend gemeldet – unabhängig vom Bildungsabschluss. Ein Blick auf die bisherigen Weiterbildungsaktivitäten in Form von Aus- und Weiterbildungen sowie Umschulungen zeigt, dass es vor allem Akademiker sind, die sich in Deutschland fortgebildet haben. Unter ihnen gibt knapp ein Viertel an, an Weiterbildungen teilgenommen zu haben – in der Gruppe der beruflich Qualifizierten ist es hingegen nur jeder Achte bis Neunte.

Tabelle 24: Berufliche Stationen seit der Einreise nach Deutschland nach höchster Qualifikation.

	Hochschulabschluss *N=80* (Mehrfachnennungen)	**Ausbildung** *N=34* (Mehrfachnennungen)	**Gesamt** *N=119** (Mehrfachnennungen)
Im erlernten Beruf (sozialvers.)	18 (22,5%)	5 (14,7%)	24 (20,2%)*
Im fremden Beruf (sozialvers.)	13 (16,3%)	3 (8,8%)	17 (14,3%)*
Nicht sozialvers. beschäftigt[113]	28 (36,3%)	14 (41,2%)	42 (35,3%)
Praktikum	18 (22,5%)	16 (47,1%)	37 (31,1%)*
Arbeitslos/Arbeitsuchend	21 (26,3%)	9 (26,5%)	30 (25,2%)
Aus-/Weiterbildung/Umschulung	19 (23,8%)	4 (11,8%)	24 (20,2%)*
Alternative Rolle[114]	31 (38,8%)	10 (29,4%)	43 (36,1%)*
Selbstständig	8 (10,0%)	2 (5,9%)	10 (8,4%)

* Die Gesamtzahl ist nicht als Summe aus Hochschulabschluss und Ausbildung zu werten. Es handelt sich hierbei um alle N=119 Befragten, also auch Personen, die keine Angabe zu ihrer Ausbildung gemacht haben (N=5).

---

[113] Nicht sozialversicherungspflichtig beschäftigt sind Personen, die eine Aushilfstätigkeit und/oder einen Minijob ausüben.
[114] Unter der „alternativen Rolle" wird die Rolle als Hausfrau/Hausmann verstanden und/oder die Wahrnehmung von Elternzeit.

Aktuelle Erwerbstätigkeit

Von den ursprünglichen 24 Personen, die bereits im Zeitraum nach der Einreise nach Deutschland in ihrem erlernten Beruf tätig waren (vgl. Tabelle 24), sind zum Befragungszeitpunkt noch 16 in ihrem Beruf beschäftigt. Die verbleibenden acht Personen arbeiten in einem anderen Beruf (N=2), sind arbeitslos/arbeitssuchend (N=4) oder haben sich selbstständig gemacht (N=2). Drei Personen, die vormals u. a. als Aushilfe arbeiteten, ein Praktikum absolvierten, arbeitslos waren oder sich in Ausbildung befanden, sind aktuell in ihrem ehemals erlernten Beruf tätig. Insgesamt gehen folglich 19 Personen (16%) zum Zeitpunkt der Erhebung einer sozialversicherungspflichtigen Beschäftigung im erlernten Beruf nach. Ein ähnliches Bild ergibt sich für die Befragten, die seit der Einreise zwar sozialversicherungspflichtig beschäftigt waren, jedoch in einem anderen als ihrem ehemals erlernten Beruf (N=17; vgl. Tabelle 24). Zum Zeitpunkt der Erhebung befinden sich 15 Personen (12,6%) in einer Anstellung, die nicht ihren im Ausland erworbenen Qualifikationen entspricht. Der Anteil an Personen, die sich in prekären Beschäftigungsverhältnissen befinden ist von 35,3% (vgl. Tabelle 24) auf 8,4% (vgl. Tabelle 25) gesunken. Die Arbeitslosigkeitssituation hat sich hingegen verschlechtert. Gaben insgesamt 30 Personen an, seit ihrer Einreise nach Deutschland Phasen der Arbeitslosigkeit erlebt zu haben, sind zum Befragungszeitpunkt 41 (34,5%) der Befragten arbeitslos oder arbeitsuchend. Hierunter befinden sich 20 Personen, die bereits nach ihrer Einreise nach Deutschland Zeiten der Arbeitslosigkeit erlebten. Die Anzahl an Personen, die sich in Aus- und Weiterbildung bzw. Umschulung befinden (10,9%), eine alternative Rolle als Hausfrau/Hausmann einnehmen oder sich in Elternzeit befinden (21%) und eine selbstständige Tätigkeit ausüben (3,4%), sind gesunken (vgl. Tabelle 25).

Tabelle 25: Aktuelle Erwerbstätigkeit.

	Hochschulabschluss N=80 (Mehrfachnennungen)	Ausbildung N=34 (Mehrfachnennungen)	Gesamt N=119* (Mehrfachnennungen)
Sozialversicherungspfl. (erlernter Beruf)	14 (17,5%)	4 (11,8%)	19 (16,0%)*
Sozialversicherungspfl. (fremder Beruf)	8 (10,0%)	7 (20,6%)	15 (12,6%)
Nicht sozialversicherungspfl. beschäftigt	7 (8,8%)	3 (8,8%)	10 (8,4%)
Arbeitslos/Arbeitsuchend	24 (30,0%)	16 (47,1%)	41 (34,5%)*
Aus-/Weiterbildung/Umschulung	7 (8,8%)	5 (14,7%)	13 (10,9%)*
Alternative Rolle	19 (23,8%)	6 (17,6%)	25 (21,0%)
Selbstständig	4 (5,0%)	0	4 (3,4%)

* Die Gesamtzahl ist nicht als Summe aus Hochschulabschluss und Ausbildung zu werten. Es handelt sich hierbei um alle N=119 Befragten, also auch Personen, die keine Angabe zu ihrer Ausbildung gemacht haben (N=5).

Die Ergebnisse verdeutlichen, dass die Migrantinnen und Migranten, die in der vorliegenden Stichprobe ausnahmslos berufliche und/oder akademische Qualifikationen mitbringen, in Deutschland oft viele (berufliche) Stationen durchlaufen. Dauert der Prozess der beruflichen Verortung über einen längeren Zeitraum an, so kann dies einen Verlust der mitgebrachten Qualifikationen zur Folge haben und sich negativ auf eine erfolgreiche Integration in den Arbeitsmarkt auswirken. So zeigen die Auswertungen, dass sich unter den Befragten, die zum Befragungszeitpunkt arbeitslos waren, etliche befinden, die vormals bereits Zeiten der Arbeitslosigkeit erlebt haben. Auch einige Migrantinnen und Migranten, die sich nach ihrer Einreise in der Familienphase befanden, sind zum Befragungszeitpunkt arbeitslos oder auf Arbeitssuche. Nachfolgend wird analysiert, ob sich die formale Anerkennung der im Ausland erworbenen Qualifikationen positiv auf die Chancen einer qualifikationsgerechten Beschäftigung auswirkt. In einem ersten Schritt wird hierzu die Situation der Antragstellung sowie deren Ergebnisse dargestellt.

3.3 Integration in den Arbeitsmarkt – Mehr Chancen durch die formale Qualifikationsanerkennung?

Antragstellung

Von den 119 Befragten geben 91 (76,5%) an, bereits mindestens einen Antrag auf eine Gleichwertigkeitsprüfung ihrer im Ausland erworbenen Qualifikationen gestellt zu haben. Knapp ein Viertel (N=28) hat zum Befragungszeitpunkt (noch) keinen Antrag gestellt. Allerdings geben 24 von ihnen an, zukünftig einen Antrag auf Anerkennung ihrer Qualifikationen stellen zu wollen. Über alle befragten Migrantinnen und Migranten bedeutet dies, dass lediglich vier Personen (3,4%) keinen Antrag gestellt haben und auch in Zukunft nicht planen, einen solchen zu stellen. Als Referenzberufe werden am häufigsten Lehrer[115] sowie Gesundheits- und Krankenpfleger[116] (je N=22; 18,5%) gewählt, gefolgt von den Berufen Erzieher (N=12; 10,1%), Sozialarbeiter/Sozialpädagoge (N=9; 7,6%) und Arzt (N=7; 5,9%). Aus Tabelle 26 geht hervor, dass von den insgesamt 119 befragten Migrantinnen und Migranten 29 (24,4%) eine volle Anerkennung ihrer Qualifikationen vorweisen können. Eine vollwertige Gleichwertigkeit ohne nochmalige Qualifizierung bzw. Prüfung haben 18 Befragte (15,1%) erlangt. Weitere elf Antragsteller erhielten die volle Anerkennung nach Beendigung einer Anpassungsqualifizierung. Eine Teilanerkennung haben 33 Personen (27,7%) erhalten. Gänzlich ohne Anerkennung sind 53 Befragte (44,5%). Die Gründe hierfür liegen in einem ablehnenden Bescheid (N=14), einem noch laufenden Verfahren (N=11) oder dem Verzicht auf eine Antragstellung (N=28).

---

[115] Eingeschlossen sind hierin auch drei Personen, die als Referenzberuf „Pädagoge" angegeben haben.
[116] Eingeschlossen sind hierin auch zwei Personen, die als Referenzberuf „Heilpädagoge" bzw. „OP-Krankenschwester" angegeben haben.

Tabelle 26: Antragstellung und Ergebnis der Prüfung.

Antragstellung	Befragte (N=119)
Volle Gleichwertigkeit	**29 (24,4%)**
• ohne Anpassungsmaßnahme/Prüfung	18 (15,1%)
• nach einer Anpassungsmaßnahme/Prüfung	11 (9,2%)
Teilanerkennung	**33 (27,7%)**
Keine Anerkennung	**53 (44,5%)**
• Antrag negativ beschieden	14 (11,8%)
• Verfahren noch nicht abgeschlossen	11 (9,2%)
• keinen Antrag gestellt	28 (23,5%)
Keine Angabe zum aktuellen Stand der Anerkennung	**4 (3,4%)**

Nachfolgend wird für die Fälle (A) „Keine formale Anerkennung", (B) „Teilanerkennung" und (C) „Volle Anerkennung" der aktuelle Erwerbsstatus am Arbeitsmarkt analysiert und anschließend zusammengefasst.

Fälle A: Keine formale Anerkennung der ausländischen Qualifikationen

Insgesamt 53 Migrantinnen und Migranten können keine formale Anerkennung ihrer ausländischen Qualifikationen nachweisen. Dies entspricht fast der Hälfte (44,5%) der Befragten.[117] Unter ihnen befinden sich 39 Personen mit Hochschulabschluss (73,6%),[118] weitere zehn Personen haben im Gesundheitsbereich und drei Personen im Sozialsektor (Erziehung) eine Ausbildung absolviert. Eine Person hat keine Angabe zu Ausbildung oder Studium gemacht.

Die Analyse des derzeitigen Erwerbsstatus verdeutlicht, dass nur eine sehr geringe Anzahl an Personen ohne formale Anerkennung ihrer Qualifikationen einer sozialversicherungspflichtigen Beschäftigung in ihrem erlernten Beruf nachgeht. Lediglich drei Personen geben an, in ihrem erlernten Beruf tätig zu sein. Es handelt sich hierbei um eine Germanistin, die eine 4-Jährige Berufserfahrung im Herkunftsland nachweisen kann, eine Psychologin (und ausgebildete Sozialarbeiterin) mit einer 5-Jährigen Berufserfahrung und um eine Grundschullehrerin mit einer 3-Jährigen Berufserfahrung, die allerdings ihr Studium in Deutschland abgeschlossen hat. Alle drei waren direkt vor der Einreise nach Deutschland in ihrem erlernten Beruf tätig und haben in Deutschland u. a. auch Aushilfstätigkeiten ausgeführt o-

---

[117] Hierbei handelt es sich um sieben Männer (44% aller Männer in der Stichprobe) und 45 Frauen (45,5% aller Frauen in der Stichprobe).
[118] 22 von diesen hatten keinen Antrag gestellt.

der Praktika durchlaufen. Ebenfalls sozialversicherungspflichtig beschäftigt, aber nicht im erlernten Beruf, sind weitere sechs Personen. Insgesamt befinden sich somit lediglich neun Personen (17%), deren Qualifikationen nicht formal anerkannt sind, in einem sozialversicherungspflichtigen Beschäftigungsverhältnis. Ein Drittel ist hingegen arbeitslos oder auf Arbeitssuche. Unter den 18 Personen (34%) die angeben, Hausfrau bzw. Hausmann zu sein, befinden sich 15 Personen mit einem abgeschlossenen Hochschulstudium. Es handelt sich größtenteils um Lehrer und Ärzte.

Positiv zu beurteilen ist, dass zwei Personen, die bereits nach der Einreise nach Deutschland auf dem Arbeitsmarkt Fußfassen konnten – wenn auch mit Umwegen – aktuell in einem Beschäftigungsverhältnis in ihrem erlernten Beruf stehen. Bei drei Personen, die zeitweise einer Beschäftigung im erlernten Beruf nachgegangen sind, zum Erhebungszeitpunkt jedoch nicht mehr in diesem arbeiten, handelt es sich um einen Arzt und zwei Lehrer. Diese Berufe zählen zu den reglementierten Berufen, die zwingend einer Anerkennung bedürfen. Wie genau diese Personen ohne Anerkennung in ihrem Beruf tätig sein konnten, ist fraglich und kann anhand der Datenlage nicht abschließend geklärt werden. Möglicherweise haben sie die Tätigkeit im Rahmen eines Praktikums (Arzt und 1 Lehrer) oder einer selbstständigen Tätigkeit (Lehrer; bspw. als Nachhilfelehrer) durchgeführt und dies als „im erlernten Beruf tätig" bewertet.

Fälle B: Teilweise formale Gleichwertigkeit der ausländischen Qualifikationen

Eine Teilankerkennung haben 33 der 91 Personen erhalten, die einen Antrag auf Gleichwertigkeitsprüfung gestellt haben.[119] Dies entspricht einem Anteil von 36,3%. Zwei Drittel der Befragten (N=22) dieser Gruppe sind Hochschulabsolventen, zehn (30%) haben eine Ausbildung absolviert und vier Personen (12%) können sowohl eine Ausbildung als auch ein Hochschulstudium vorweisen. Insgesamt acht Befragte sind derzeit in ihrem ehemals erlernten Beruf tätig. Es handelt sich hierbei um drei Lehrer, die ihre Qualifikationen mit denen des Erziehers auf Gleichwertigkeit haben prüfen lassen, um zwei Gesundheits- und Krankenpfleger (gleicher Referenzberuf) sowie um drei Personen, die als Sozialarbeiter tätig sein möchten. Die beiden Gesundheits- und Krankenpfleger geben an, dass sie in Deutschland ein Praktikum durchlaufen haben und aktuell in ihrem erlernten Beruf arbeiten. Es wird vermutet, dass es sich bei dem genannten Praktikum um eine Anpassungsqualifizierung handelt, die letztendlich zu einer vollen Gleichwertigkeitsbescheinigung führt oder führen kann. Da es sich beim Beruf des Gesundheits- und Krankenpflegers um einen reglementierten handelt, kann eine Tätigkeit nicht ohne formal festgestellte Gleichwertigkeit aufgenommen werden. Denkbar ist, dass entweder die formale Gleichwertigkeit vorliegt, ohne dass dies kenntlich gemacht wurde, oder die betreffenden Personen in diesem Bereich auf der Ebene des Helfers eingestellt sind (wobei auch der Gesundheits- und Krankenpflegehelfer einer Reglementierung unterliegt). Gleiches gilt für den Beruf des Erziehers. Drei Personen

---

[119] Unter ihnen befinden sich fünf Männer (31% aller Männer in der Stichprobe) und 27 Frauen (27,3% aller Frauen in der Stichprobe).

haben diesen als Referenzberuf angegeben, ihre eigentliche Qualifikation ist jedoch der Beruf des Lehrers. Beide Berufsfelder müssen formal anerkannt werden, sodass auch hier fraglich ist, inwiefern eine Tätigkeit im erlernten Beruf ohne formale Anerkennung möglich ist. Weiterhin geben sechs Personen (18,2%) an, einer sozialversicherungspflichtigen Beschäftigung nachzugehen, die jedoch nicht ihrer eigentlichen Qualifikation entspricht. Insgesamt sind in dieser Gruppe somit 14 Personen sozialversicherungspflichtig beschäftigt, was an einem Anteil von 42% entspricht. Wenngleich die Chancen auf eine Beschäftigung besser zu sein scheinen als ohne formale Anerkennung, so sind auch in dieser Gruppe über ein Drittel der Befragten aktuell arbeitslos oder auf Arbeitssuche. Der Anteil an Personen, die eine Aus-, Weiterbildung oder Umschulung durchlaufen, ist mit 15% jedoch höher als unter den Personen ohne formale Anerkennung (9%). Dies könnte darauf hindeuten, dass einige der Befragten Anpassungsqualifizierungen durchlaufen, um die volle Gleichwertigkeit zu erhalten und somit ihre Chancen auf dem Arbeitsmarkt zu verbessern.

Fälle C: Vollständige formale Gleichwertigkeit der ausländischen Qualifikationen

Eine vollständige Anerkennung haben insgesamt 29 Personen (24,4%) erlangt.[120] 18 von ihnen auf direktem Weg, elf weitere haben zunächst eine Anpassungsqualifizierung durchlaufen und anschließend die volle Gleichwertigkeit bescheinigt bekommen. Knapp 30% der Befragten geben an, dass sie aktuell einer sozialversicherungspflichtigen Beschäftigung in ihrem erlernten Beruf nachgehen. Weitere 10% sind in einem anderen als dem erlernten Beruf beschäftigt. Obwohl in dieser Gruppe der Anteil an Personen, die in ihrem erlernten Beruf tätig sind, am größten ist, muss konstatiert werden, dass der Anteil an arbeitslosen oder arbeitsuchenden Personen auch hier bei über einem Drittel liegt. Auffällig ist in diesem Zusammenhang, dass die meisten Personen, die aktuell arbeitslos oder arbeitsuchend sind und eine volle Gleichwertigkeit ihrer Qualifikationen erlangt haben, den Erwerbsstatus „arbeitslos/arbeitsuchend" (bzw. den der Hausfrau/des Hausmanns) auch direkt nach der Einreise nach Deutschland angeben. Dies deutet darauf hin, dass sich längere Familienphasen oder Zeiten der Arbeitslosigkeit negativ auf die Integration in den Arbeitsmarkt auswirken können. Zudem zeigt dies, dass die formale Anerkennung zwar eine notwendige, keinesfalls jedoch eine hinreichende Bedingung für die Aufnahme einer sozialversicherungspflichtigen Beschäftigung im erlernten Beruf ist.

---

[120] Unter ihnen befinden sich vier Männer (25% aller Männer in der Stichprobe) und 25 Frauen (25,3% aller Frauen in der Stichprobe).

Zusammenfassung

Tabelle 27: Aktueller Erwerbsstatus nach Stand der Anerkennung (Mehrfachantworten möglich).

	Keine Anerkennung N=53	Teil- anerkennung N=33	Volle Gleichwertigkeit N=29	Gesamt N=119
Sozialversicherungspfl. (erlernter Beruf)	3 (5,7%)	8 (24,2%)	8 (27,6%)	19 (16,0%)
Sozialversicherungspfl. (fremder Beruf)	6 (11,3%)	6 (18,2%)	3 (10,3%)	15 (12,6%)
Nicht sozialversicherungspfl. beschäftigt	5 (9,4%)	3 (9,1%)	2 (6,9%)	10 (8,4%)
Arbeitslos/Arbeitsuchend	17 (32,0%)	12 (36,4%)	10 (34,5%)	40 (33,6%)
Aus-/Weiterbildung/Umschulung	5 (9,4%)	5 (15,2%)	3 (10,3%)	13 (10,9%)
Alternative Rolle	19 (35,8%)	5 (15,2%)	1 (3,4%)	25 (21,0%)
Selbstständig	0	3 (9,1%)	1 (3,4%)	4 (3,4%)

Die Analyse der derzeitigen Erwerbssituation in Abhängigkeit vom Status der Anerkennung der ausländischen Qualifikationen zeigt, dass sich eine volle Gleichwertigkeit positiv auf die Beschäftigung im erlernten Beruf auswirkt. Berücksichtigt man zudem die aufgezeigten Fälle, in denen Personen mit einer Teilanerkennung angeben, im erlernten – reglementierten – Beruf tätig zu sein, unterstreicht dies die Notwendigkeit einer formalen Gleichwertigkeit. Allerdings scheint eine solche keine Auswirkungen auf das Arbeitslosigkeitsrisiko zu besitzen. Über ein Drittel der Migrantinnen und Migranten, denen die volle Gleichwertigkeit beschieden wurde, sind aktuell arbeitslos. Dieses Ergebnis für die vorliegende Stichprobe mit Fokussierung auf den Sozial- und Gesundheitssektor steht nicht im Einklang mit den Ergebnissen einer Studie des IAQ, in der festgestellt wurde, dass Migrantinnen und Migranten, die lediglich eine Teilanerkennung erhalten, doppelt so oft von Arbeitslosigkeit betroffen seien als diejenigen mit voll beschiedener Anerkennung (vgl. Brussig et al., 2013, S. 10). Eindeutig sind hingegen die Ergebnisse für Personen, die keine formale Anerkennung ihrer ausländischen Qualifikationen nachweisen können. Unter ihnen sind nur knapp 6% qualifikationsadäquat in den Arbeitsmarkt integriert. Ein Drittel ist arbeitslos, ein weiteres Drittel gibt an, zu Hause zu sein. Die Potenziale werden in diesen Fällen so gut wie nicht genutzt. Die Ergebnisse sind in Tabelle 27 zusammenfassend dargestellt.

4 Fazit und Implikationen

Alle befragten Migrantinnen und Migranten haben im Ausland eine Ausbildung oder ein Studium (oder sogar beides) in den Bereichen des Sozial- und Gesundheitssektors durchlaufen. Sie reisen folglich als (hoch)qualifizierte Fachkräfte, die zudem in vielen Fällen über eine mehrjährige Berufserfahrung in ihren Bereichen verfügen, nach Deutschland ein. Die Auswertungen der durchlaufenen beruflichen Stationen verdeutlicht, dass die Wege in und auf dem deutschen Arbeitsmarkt für die Befragten in den seltensten Fällen geradlinig verlaufen. Die mitgebrachten Potenziale können sich nicht entfalten und werden keinesfalls optimal genutzt. Neben geringfügigen Beschäftigungsverhältnissen wie Aushilfstätigkeiten und Minijobs weisen ebenso viele Migrantinnen und Migranten Zeiten der Arbeitslosigkeit sowie sozialversicherungspflichtiger Beschäftigungsverhältnisse auf. Gerade in den Sozial- und Gesundheitsbereichen sind überproportional viele Frauen (wie auch in der vorliegenden Stichprobe) beschäftigt. Mit der Einreise nach Deutschland nehmen diese nicht selten zunächst die alternative Rolle der Hausfrau und/oder Mutter als akzeptiertes Lebensmodell an. Je länger diese Phase andauert, umso schwerer wird es, im fremden Land – ohne anerkannten Berufsabschluss – Fuß zu fassen.

Erfolgt eine Gleichwertigkeitsprüfung der ausländischen Qualifikationen mit einem deutschen Referenzberuf und wird eine Gleichwertigkeit beschieden, steigen die Chancen, eine Beschäftigung im erlernten Beruf zu finden. Die formale Anerkennung scheint in Deutschland folglich eine notwendige Bedingung für eine erfolgreiche Integration in den Arbeitsmarkt darzustellen. Als „erfolgreich" kann die Integration dann angesehen werden, wenn „die Zuwanderer im Laufe der Zeit ähnliche Arbeitsmarktergebnisse erzielen wie die übrige Bevölkerung" (OECD, 2005, S. 12). Hierzu gehört nicht nur, dass die Migrantinnen und Migranten ihren Lebensunterhalt selbst bestreiten können, sondern dies mit Tätigkeiten erreichen, die ihren tatsächlichen Qualifikationen entsprechen (vgl. Franken, 2006, S. 16). Im Falle von reglementierten Berufen, die vor allem auch im Sozial- und Gesundheitssektor stark vertreten sind, ist eine formale Anerkennung der ausländischen Qualifikationen daher (derzeit) unabdingbar.

Aber auch innerhalb der Gruppe derer, die eine volle Gleichwertigkeit beschieden bekommen haben, sind über ein Viertel arbeitslos oder suchen aktuell nach einer Beschäftigung. Das Risiko, arbeitslos zu werden, unterscheidet sich scheinbar nicht (ausschließlich) dadurch, ob eine volle Anerkennung vorliegt oder nicht. Hier müssen weitere Faktoren eine Rolle spielen. So verlieren die ehemals erworbenen Qualifikationen mit zunehmender Dauer der Nichtbeschäftigung – durch Familienphasen oder Zeiten der Arbeitslosigkeit – oder der Beschäftigungen in berufsfernen Feldern an Wert.[121] Eine qualifikationsadäquate Integration in den Arbeitsmarkt wird hierdurch immer unwahrscheinlicher. Auch stoßen die Vermittlungsbemühungen der Mitarbeiterinnen und Mitarbeiter in den Arbeitsagenturen und Jobcentern in diesem Fall an ihre Grenzen, da die gesetzlichen Regelungen eine zügige Integra-

---

[121] Dieser „Verlust an Humankapital" beschreibt einen Prozess, der nicht nur Personen mit im Ausland erworbenen Qualifikationen, sondern auch die Personen des Aufnahmelands betrifft.

tion vorsehen (§ 4 SGB III, Vermittlungsvorrang). Diese muss jedoch nicht zwingend den eigentlichen Qualifikationen entsprechen, sondern in erster Linie wahrscheinlich sein und aussichtsreich erscheinen. Hierbei findet eine Orientierung am Zielberuf des Ratsuchenden, dem in jüngster Zeit ausgeübten Beruf, statt. Eine qualifikationsadäquate Nutzung der ausländischen Potenziale kann somit nur dann gewährleistet werden, wenn die Zeiträume zwischen der Einreise nach Deutschland und der Integration sowie Partizipation in den Arbeitsmarkt so kurz wie möglich sind. Es ist somit festzuhalten, dass die formale Anerkennung der ausländischen Qualifikationen zwar eine notwendige, keinesfalls aber eine hinreichende Bedingung für eine gelingende und nachhaltige Integration in den deutschen Arbeitsmarkt darstellt.

In einer früheren Analyse der Erwerbsverläufe von Migrantinnen konnten zwei Handlungsstrategien identifiziert werden, die zu einer erfolgreichen Arbeitsmarktintegration beitragen können (vgl. Mihali, Müller & Ayan, 2012). Dies zeigt sich auch in den vorliegenden Daten: Die Migrantinnen handeln äußerst „pragmatisch" und nehmen eine erneute Ausbildung, Umschulung (hier: 10,9%; vgl. Tabelle 27) bzw. einen Berufswechsel (hier: 12,6%; vgl. Tabelle 27) in Kauf, um eine greifbare berufliche Perspektive zu erlangen, auch wenn hierdurch die mitgebrachten Qualifikationen keinen Mehrwert darstellen. Oder sie schaffen es, durch ein „persistentes Verhalten" und durch die Unterstützung von Mentoren und Wegbegleitern über verschiedene Wege, in ihrem erlernten Beruf eine Erwerbstätigkeit aufzunehmen (vgl. Mihali, Müller & Ayan, 2012). Weiterbildung und der eigene Wille scheinen weitere wichtige Erfolgsfaktoren einer gelingenden Arbeitsmarktintegration darzustellen. Aber auch die Unterstützung durch gut vernetzte Beratungsfachkräfte darf nicht unterschätzt werden (vgl. Müller & Ayan, 2014). Durch ein breit aufgestelltes und aktives Netzwerk können Informationen schneller weitergeleitet und nutzbar gemacht werden.

Dies ist vor allem hinsichtlich vorhandener Anpassungsqualifizierungen zur Erlangung einer vollen Gleichwertigkeit von besonderer Bedeutung. In der vorliegenden Analyse wird ersichtlich, dass sich zum Zeitpunkt der Befragung vor allem Personen in Aus- und Weiterbildungen bzw. Umschulungen befanden, die eine Teilanerkennung ihrer Qualifikationen erhalten haben. Es ist zu vermuten, dass es sich hierbei in vielen Fällen um Anpassungsqualifizierungen zur Erlangung der vollständigen Gleichwertigkeit handelt. Bedenklich ist, dass einige der befragten Migrantinnen und Migranten erwähnen, dass sie keine Informationen darüber erhalten haben, welche Maßnahmen zu ergreifen sind, um doch noch die formale Gleichwertigkeit zu erhalten. Die Informationsweitergabe ist daher ein wichtiger Baustein, um den Anteil an Personen, die sich zwecks Anerkennung qualifizieren möchten, weiter zu erhöhen. Die Antragstellenden müssen die weiteren Schritte kennen und nachvollziehen können. Informationen hierüber erhalten sie meist durch Zwischenbescheide der anerkennenden Stellen. Inwiefern eine inhaltliche Verwertbarkeit und sprachliche Verständlichkeit dieser Verwaltungsdokumente (Anerkennungsbescheide) gegeben ist, wird in diesem Band diskutiert (vgl. hierzu Mihali, & Ayan, 2015 sowie Müller & Ayan, 2015b, Beiträge in diesem Band).

5 Ausblick: Der Weg in die Hochschule zur Nachqualifizierung?

Die vorliegende Studie ist im Rahmen des Projekts „Berufsintegrierte Studiengänge zur Weiterqualifizierung im Sozial- und Gesundheitswesen" – „BEST WSG", entstanden, das seit Oktober 2011 eines der bundesweit 26 geförderten Projekte des Wettbewerbs „Aufstieg durch Bildung – Offene Hochschulen" des Bundesministeriums für Bildung und Forschung ist. Ziel dieses Wettbewerbs ist es, bestehender Hürden innerhalb des deutschen Bildungssystems, vor allem für Nicht-Traditionelle Studierende und weitere besondere Zielgruppen, abzubauen. In Kooperation mit der Fachhochschule der Diakonie (FHdD) konzentriert sich die Hochschule der Bundesagentur für Arbeit (HdBA) auf die Verbesserung der strukturellen Durchlässigkeit zwischen Teilbereichen des beruflichen und hochschulischen Bildungssystems. Der vorliegende Beitrag befasst sich mit der besonderen Zielgruppe der beruflich qualifizierten Migrantinnen und Migranten. Um in reglementierten Berufen des Sozial- und Gesundheitssektors eine volle Gleichwertigkeit mit den im Ausland erworbenen Qualifikationen zu erlangen, sind in vielen Fällen sogenannten Anpassungsqualifizierungen notwendig. Sei es, weil sich die inhaltlichen Schwerpunkte der Ausbildungen zu stark voneinander unterscheiden oder die Anzahl an geleisteten Theorie- oder Praxisstunden nicht dem Niveau oder Umfang der deutschen Ausbildungsinhalte entsprechen. Die nun zu absolvierenden Qualifizierungsmaßnahmen finden bei unterschiedlichen Bildungsanbietern statt und dienen einzig der beruflichen Befähigung für den angestrebten deutschen Referenzberuf. Die Befragung dieser Zielgruppe hat ergeben, dass die Weiterbildungsbereitschaft sowohl unter den Akademikern als auch unter den beruflich Qualifizierten sehr hoch ist. Von den insgesamt 80 Personen, die als höchsten Bildungsabschluss ein Studium vorweisen, ist die Hälfte bereit, in Deutschland erneut ein Studium aufzunehmen. Gleiches gilt auch für die Gruppe der beruflich Qualifizierten. Von den 34 Personen, die als höchsten Bildungsabschluss eine Ausbildung vorweisen können, sind 17 bereit, in Deutschland zu studieren. Bezieht sich die Weiterbildungsaffinität auf die berufliche Weiterbildung, so sind unter den Akademikern sogar 65% an einer Fortbildung im erlernten Beruf interessiert und unter den Personen mit Ausbildung 76%. Es bieten sich nun mehrere Gedankenexperimente an, um auch für diese Zielgruppe die Übergänge in die Hochschulen möglichst niedrigschwellig zu gestalten.

- Gibt es bereits Anpassungsmaßnahmen, die eine ECTS-Relevanz aufweisen?
- Können Anpassungsmaßnahmen zur Erlangung der vollen Gleichwertigkeit mit einem deutschen Referenzberuf derart gestaltet werden, dass sie auf ein späteres Studium anrechenbar sind? Wie durchlässig sind die Bildungssysteme von der beruflichen Aus- und Weiterbildung in die Hochschulen?
- Kann durch eine Qualifizierung an der Hochschule im berufsbegleitenden Studium auch die formale Anerkennung der beruflichen Qualifikation erlangt werden? Wie durchlässig sind die Bildungssysteme von der Hochschule in die berufliche Aus- und Weiterbildung?

Da die Migrantinnen und Migranten in diesen Fällen noch keine formale Gleichwertigkeit ihrer Qualifikationen mit einem deutschen Referenzberuf nachweisen können, werden sie in der Regel auch noch keinen Arbeitgeber im relevanten Berufsfeld gefunden haben. Hier könnten die Hochschulen unterstützen, indem sie bei der Vermittlung bzw. der Suche nach geeigneten Arbeitgebern weiterhelfen. Eine nicht zu vernachlässigende Frage, die sich sowohl Hochschulen als auch Arbeitgeber stellen müssen, ist der Umgang mit (noch) nicht (formal) anerkannten Qualifikationen. Aus Hochschulsicht stellt die fehlende berufliche Anerkennung prinzipiell kein Hindernis dar. Liegt das Ziel der hochschulischen Qualifizierung jedoch auch in der beruflichen Anerkennung, so muss zwingend geklärt sein, ob und inwiefern die hochschulische Ausbildung anrechenbar auf die berufliche Ausbildung ist. Der Studierende mit Migrationshintergrund sollte nach dem Studium oder dem Besuch verschiedener Module auch im beruflichen Kontext Fußfassen können. Aus Arbeitgebersicht muss geklärt werden, inwiefern die Migrantinnen und Migranten ohne formale Qualifikation in den Betrieb eingebunden werden können, sodass dies einer späteren Gleichwertigkeitsprüfung zuträglich ist.

Literatur

Baas, T. (2010). Mehr oder minder - Wer kommt nach Öffnung der Arbeitsmärkte? In Institut für Arbeitsmarkt-und Berufsforschung (IAB) der Bundesagentur für Arbeit (Hrsg.): *Balanceakt. Zuwanderung steuern, Integration fördern.* IAB-Forum, 2, 12-17.

Brücker, H. (2009). Arbeitsmarktwirkungen der Migration. *Aus Politik und Zeitgeschichte, 44,* 6-12.

Brussig, M.; Mill, U. & Zink, L. (2013). Wege zur Anerkennung – Wege zur Integration? Inanspruchnahme und Ergebnisse von Beratung zur Anerkennung von im Ausland erworbenen Berufsabschlüssen. *IAQ-Report 2013-05.* Duisburg.

Bundesagentur für Arbeit (2015). Analyse des Arbeitsmarktes für Ausländer. April 2015. *Analytikreport der Statistik.* Nürnberg.

Bundesregierung, Die (2011). *Nationaler Aktionsplan Integration. Zusammenhalt stärken - Teilhabe verwirklichen.* Berlin.

Bundesministerium für Bildung und Forschung [BMBF] (Hrsg.) (2012). *Arbeitsmarktintegration hochqualifizierter Migrantinnen. Berufsverläufe in Naturwissenschaft und Technik.* Bonn, Berlin.

Englmann, B. & Müller, M. (2007). *Brain Waste – Die Anerkennung von ausländischen Qualifikationen in Deutschland.* Augsburg.

Englmann, B. & Müller-Wacker, M. (2010). *Analyse der bundesweiten Anerkennungsberatung im Modellprojekt Global Competences.* Dokumentation 2008-2009. Herausgegeben von Tür an Tür Integrationsprojekte gGmbH. Integration durch Qualifizierung (IQ). Augsburg.

Franken, S. (2006). Wirtschaftliche Integration als Basis für die Integration von Migranten in die deutsche Gesellschaft. In S. Franken & S. (Hrsg.): *Nutzung des Potenzials junger Akademiker mit Migrationshintergrund für die Bundesrepublik Deutschland. Arbeitsbericht des Forschungsprojektes 2006* (12-19). Köln.

Jungwirth, I. (2012). Eine Frage des Geschlechts – Arbeitsmarktintegration hochqualifizierter Migrantinnen und Migranten. In BMBF (Hrsg.): *Arbeitsmarktintegration hochqualifizierter Migrantinnen. Berufsverläufe in Naturwissenschaft und Technik* (8-14). Bonn, Berlin.

Jurczek, P. & Vollmer, M. (2008). Ausbildung und Migration in Ostmitteleuropa. *Aus Politik und Zeitgeschichte, 35-36,* 26-32.

Maier, R.W. & Rupprecht, B. (2011). Der Regierungsentwurf des Anerkennungsgesetzes. *Zeitschrift für Ausländerrecht und Ausländerpolitik, 7,* 201-205.

Meier-Braun, K.-H. (2013). Einleitung: Deutschland Einwanderungsland. In K.-H. Meier-Braun & R. Weber (Hrsg.): *Deutschland Einwanderungsland. Begriffe – Fakten – Kontroversen.* (15-27). Stuttgart: Kohlhammer.

Mihali, L., Müller, E.M. & Ayan, T. (2012). Erwerbsverläufe von Migrantinnen im Sozial- und Gesundheitswesen. Welche Implikationen ergeben sich für eine migrationsspezifische Beratung? *BIOS - Zeitschrift für Biographieforschung, Oral History und Lebensverlaufsanalysen, 2*, 228-242.

Mihali, L. & Ayan, T. (2015). Inhaltliche Verwertbarkeit der Anerkennungsbescheide für Ratsuchende und potenzielle Arbeitgeber. In: T. Ayan (Hrsg.): *Anerkennung ausländischer Qualifikationen: Forschungsergebnisse und Praxisbeispiele.* (99-121). Köln: Kölner Wissenschaftsverlag.

Müller, E.M. & Ayan, T. (2015a). Ausgewählte Einflussfaktoren der Integration: Wanderungsmotiv, Netzwerke, Sprache. In: T. Ayan (Hrsg.): *Anerkennung ausländischer Qualifikationen: Forschungsergebnisse und Praxisbeispiele.* (169-201). Köln: Kölner Wissenschaftsverlag.

Müller, E.M. & Ayan, T. (2015b). Sprachliche Verständlichkeit von Anerkennungsbescheiden. In: T. Ayan (Hrsg.): *Anerkennung ausländischer Qualifikationen: Forschungsergebnisse und Praxisbeispiele.* (75-98). Köln: Kölner Wissenschaftsverlag.

Müller, E.M. & Ayan, T. (2014). *Beratung von Migrantinnen und Migranten: Herausforderungen, Unterstützungsbedarfe, kulturelle Begegnungen. Eine explorative Analyse der Sichtweisen von Beratern und Ratsuchenden.* Köln: Kölner Wissenschaftsverlag.

Nohl, A.-M.; Ofner, U.S. & Thomsen, S. (2010). Hochqualifizierte BildungsausländerInnen in Deutschland: Arbeitsmarkterfahrungen unter den Bedingungen formaler Gleichberechtigung. In: A.-M. Nohl, K. Schittenhelm, O. Schmidtke & A. Weiß (Hrsg.): *Kulturelles Kapital in der Migration. Hochqualifizierte Einwanderer und Einwanderinnen auf dem Arbeitsmarkt* (67-82). Wiesbaden: VS Verlag für Sozialwissenschaften

OECD (2005). *Die Arbeitsmarktintegration von Zuwanderern in Deutschland.*

Steinhardt, M. Hönekopp, E., Bräuninger, M., Radu, D. & Straubhaar, T. (2005). *Effekte der Migrationssteuerung bei Erwerbstätigen durch das Zuwanderungsgesetz. Expertise im Auftrag des Bundesministerium des Innern.* Herausgeben von Hamburgisches Weltwirtschaftsinstitut (HWWI). Hamburg.

10 Ausgewählte Einflussfaktoren der Integration: Wanderungsmotiv, Netzwerke, Sprache

Eva M. Müller, Türkan Ayan

1	Einleitung	170
2	Methodisches Vorgehen	171
2.1	Stichprobe	171
2.2	Fragebogendesign	171
3	Ergebnisse	175
3.1	Beschreibung der Stichprobe	175
3.2	Einreisegrund und Arbeitsmarktintegration	176
3.3	Soziale Netzwerke und Arbeitsmarktintegration	177
3.4	Sprachkenntnisse und Arbeitsmarktintegration	179
3.5	Der Status am Arbeitsmarkt – Welche Faktoren spielen eine Rolle?	181
4	Fazit	182
	Literatur	184
	Anhang	188

1 Einleitung

Es ist seit längerem bekannt, dass vor allem im Sozial- und Gesundheitswesen der Bedarf an qualifizierten Beschäftigten nicht mit den vorhandenen inländischen Ressourcen gedeckt werden kann (vgl. Bundesagentur für Arbeit, 2011; Afentakis & Maier, 2010; Kolodziej, 2012). Um diesem Fachkräftebedarf auch in Zukunft gerecht werden zu können, ist folglich neben der Förderung des inländischen Potenzials eine Zuwanderung qualifizierter Fachkräfte aus dem Ausland notwendig (vgl. Bundesregierung, 2011, S. 115 f.; Brücker, 2010, S. 4; Kolodziej, 2012, S. 17). Mit Inkrafttreten des „Gesetzes zur Verbesserung der Feststellung und Anerkennung im Ausland erworbener Berufsqualifikationen", kurz Anerkennungsgesetz, zum 1. April 2012, wurden „die Verfahren zur Bewertung ausländischer Berufsqualifikationen im Zuständigkeitsbereich des Bundes vereinfacht, vereinheitlicht und für bisher nicht anspruchsberechtigte Zielgruppen geöffnet" (Bundesinstitut für Berufsbildung [BiBB], 2014; vgl. auch Körtek, 2015, Beitrag in diesem Band) Obgleich sich die Akteure einig darin sind, dass die wichtigste Maßnahme für eine erfolgreiche Arbeitsmarktintegration in der Anerkennung der im Ausland erworbenen Qualifikationen liegt (vgl. Müller & Ayan, 2015a Beitrag in diesem Band; Brussig, Mill & Zink, 2013, S. 10; Englmann & Müller-Wacker, 2010), gibt es auch Faktoren seitens der Migranten selbst, die eine Integration erleichtern oder erschweren können.

Migrationsbiographien sind häufig familiär geprägt (vgl. auch Mihali, Müller & Ayan, 2012), sodass vor allem soziale Netzwerke und Sprachkenntnisse eine Rolle im Integrationsprozess spielen (vgl. Geisen, Studer & Yildiz, 2013, S. 1 f.; Goldenberg & Sackmann, 2014, S. 28; Esser o. J., S. 8, Bundesministerium für Familie, Senioren, Frauen und Jugend [BMFSFJ], 2010, S 10 f.). Grundsätzlich können soziale Netzwerke Migranten „soziale Unterstützung" bieten (Stelzig-Willutzki, 2012, S. 88). Denkbar ist zum Beispiel, dass Migranten durch bestehende ethnische Netzwerke oder Kontakte zu Personen des Aufnahmelands Informationen über den deutschen Arbeitsmarkt, wie sozialversicherungspflichtige Beschäftigungen, Minijobs oder Aus- und Weiterbildungsmöglichkeiten erhalten. Solche Kontakte, Informationen und gegebenenfalls auch finanzielle Unterstützungen können sich positiv auf den Prozess der Arbeitssuche auswirken. Fehlen diese Netzwerke und damit die relevanten Informationen, können Zugangswege zum sozialen Aufstieg verbaut werden (vgl. Nohl, Schittenhelm, Schmidtke & Weiß, 2010, S. 9 f.).

Auch die Relevanz der (Familien-)Sprache ist bei der Integration von Bedeutung. Sie ist darüber hinaus als bildungsbedeutsam zu sehen, da Bildungs- und Lernprozesse hauptsächlich über Sprache geschehen und gesellschaftliche Abläufe über sie organisiert sind (vgl. Schnitzer, 2013, S. 137). Sind die Kenntnisse hier nicht ausreichend, verschlechtern sich gesellschaftliche und berufliche Zugangschancen der Migranten (vgl. Henkelmann, 2010, S. 108; Danzer & Yaman, 2010, S. 20 f.).

Neben diesen Aspekten scheint zudem das Einreisemotiv der Migranten in einem Zusammenhang zur Integration in den Arbeitsmarkt zu stehen. So konnte hinsichtlich des Wanderungsmotivs nachgewiesen werden, dass Wanderungen von Migranten aus Ländern mit einem niedrigen Lohnniveau in Länder mit einem höheren Lohnniveau stattfinden, um ein ökonomisches Gleichgewicht zu erreichen (vgl. Stelzig-Willutzki, 2012, S. 47). Auch im Rahmen einer Befragung des Bundesamts für Migration und Flüchtlinge (BAMF) hat sich gezeigt, dass ökonomische Faktoren zumindest bei hochqualifizierten Zuwanderern generell eine größere Rolle als soziale oder politische Faktoren spielen (vgl. Heß, 2009a, 2009b). Es ist daher zu vermuten, dass sich die berufliche Orientierung hinsichtlich der Einreisemotive zwischen den Migranten unterscheiden wird.

Da die genannten Faktoren einen Einfluss auf die Integration in den Arbeitsmarkt besitzen können, sollen diese in der vorliegenden Studie näher analysiert werden. Hierzu wird im anschließenden zweiten Kapitel zunächst auf das methodische Vorgehen, die Stichprobengewinnung (2.1), und das Fragebogendesign (2.2) eingegangen. Im dritten Kapitel findet die Ergebnisdarstellung statt. Die Arbeit schließt mit einem Fazit (Kapitel 4).

2 Methodisches Vorgehen

2.1 Stichprobe

Die Stichprobe der vorliegenden quantitativen Befragung umfasst 119 Teilnehmer, die einen Bildungs- oder Berufsabschluss im Sozial- oder Gesundheitssektor im Ausland erworben haben, bzw. in Deutschland eine Anerkennung ihrer Qualifikationen in diesen Wirtschaftszweigen anstreben. Die Rekrutierung der Migranten begann im März 2013. In einem ersten Schritt wurden hierfür über 1.000 Anerkennungsberater aus knapp 450 Beratungsstellen personifiziert angeschrieben und um Unterstützung bei der Ansprache der Zielgruppe gebeten. Durch eine anschließende telefonische Nachfassaktion konnten bis November 2013 insgesamt 119 Migranten für die Studie gewonnen werden.

2.2 Fragebogendesign

Um die Teilnahme an der schriftlichen Befragung zu erleichtern, hatten die Befragten die Möglichkeit, den Fragebogen wahlweise in den Sprachen deutsch, englisch, russisch, rumänisch oder bulgarisch auszufüllen. Zudem konnten sie zwischen der klassischen Papier-Bleistift-Variante und einer online-Befragung wählen. Der Fragebogen[122] umfasst die sechs Themenbereiche (1) Sozialisation und soziale Netzwerke, (2) Anerkennungsberatung, (3) Anerkennungsverfahren, (4) beruflicher Werdegang, (5) sprachliche Fähigkeiten und (6) soziodemografische Merkmale. Die Schwerpunkte der vorliegenden Studie bilden die Teilbereiche (1), (4) und (5).[123] Die Operationalisierung der Teilbereiche 1, 4, 5 und 6 wird in den nachfolgenden Abschnitten dargestellt.

---

[122] Vgl. den deutschsprachigen Fragebogen in Anhang.
[123] Für Themenschwerpunkt (2) Anerkennungsberatung vgl. Müller & Ayan, 2015a; für Themenschwerpunkt (3) Anerkennungsverfahren vgl. Müller & Ayan, 2015b, Beitrag in diesem Band.

Zu (1) Sozialisation und soziale Netzwerke
Mit dem Fragenkomplex zur Sozialisation und den sozialen Netzwerken der Migranten soll das Ausmaß der Orientierung an die Herkunfts- bzw. Aufnahmegesellschaft ermittelt werden. Unter sozialen Netzwerken werden in dieser Studie alle Beziehungen zur Familie, der eigenen Ethnie und anderen ethnischen Gruppen verstanden. Hierunter fällt zudem das Motiv der Einreise, da dieses neben einer wirtschaftlichen Orientierung auch auf familiären/sozialen Beweggründen basieren kann.

Migrationsgründe lassen sich gemäß Greis (2005) in harte und weiche unterscheiden. Unter harten Migrationsgründen versteht er ökonomische Faktoren wie Arbeitsmarkt, Lebenshaltungskosten und Wohnraumverfügbarkeit. Weiche Faktoren sind „außerökonomische […] Faktoren, die für das Individuum bzw. den Haushalt das Leben in einer Region bestimmen" (Greis, 2005, S. 62), wie das soziale Umfeld, Kultur- und Freizeitangebote. In der vorliegenden Studie werden die harten (hier: wirtschaftliche Gründe) und weichen Migrationsgründe (hier: persönliche/familiäre Gründe) um die Dimensionen „Spätaussiedler, „politische Gründe" und „Asyl" ergänzt.

Gemäß Haug (2010) zeigt sich die Ausprägung der **sozialen Integration** in unterschiedlichen Beziehungsmustern wie beispielsweise Freundschaften, Kontakte im Alltag und der Partnerwahl (vgl. Haug, 2010, S. 12). Soziale Beziehungen zu Einheimischen können hierbei als Indikatoren der sozialen Integration der Migranten dienen (vgl. Esser, 2001, S. 21; Haug, 2010, S. 14; Maehler, 2012, S. 122), da dieses „soziale Kapital" (vgl. Haug, 2005, S. 196) einen positiven Einfluss auf die persönliche Entwicklung des Einzelnen haben kann. Als Indikator kann die Homogenität bzw. Heterogenität des Beziehungsnetzwerks dienen. Während eher heterogene Netzwerke auf eine gelungene Integration hindeuten, lassen stark ausgeprägte homogene Netzwerke und fehlende Kontakte zu Angehörigen des Aufnahmelandes auf eine Segregation schließen (vgl. Haug, 2000a, S. 211 f.; Haug, 2000b, S. 20; Stelzig-Willutzki, 2012, S. 100). Auch Haug (2010) betont, dass soziale Beziehungen zu Einheimischen einen positiven Effekt auf das Auffinden generalisierbarer Ressourcen – wie beispielsweise einen Arbeitsplatz – besitzen und somit die soziale Integration vorantreiben können (vgl. Haug, 2010, S. 15). Grundlegend für den Aufbau von Freundschaften mit Einheimischen sind jedoch Sprachkenntnisse des Aufnahmelands (vgl. Haug, 2010, S. 17). Neben Freundschaften spielt bei Migranten insbesondere auch der familiäre Kontakt eine wichtige Rolle (vgl. u. a. Nauck & Kohlmann, 1998, S. 215ff.), der sich jedoch nicht immer positiv auf die soziale Integration in das Aufnahmeland auswirkt (vgl. Portes, 1998, S. 15 ff.; Esser, 2001, S. 41; Haug, 2010, S. 14).[124]

---

[124] Dieser Abschnitt ist größtenteils wörtlich entnommen aus Müller & Ayan, 2013, S. 10.

Zu (4) Beruflicher Werdegang
Neben der reinen Anerkennung der beruflichen Qualifikationen interessiert insbesondere auch der derzeitige Status am Arbeitsmarkt, der Aufschluss über den Eingliederungserfolg liefern kann (vgl. Diehl, 2005, S. 15 ff.). Die Migranten wurden daher gebeten, Auskunft über ihre aktuelle berufliche Situation zu geben. Unterschieden wird in der vorliegenden Arbeit zwischen sozialversicherungspflichtigen Beschäftigungsverhältnissen (im erlernten oder nicht erlernten Beruf), prekären Tätigkeiten (Minijobs) und keiner Teilnahme am Erwerbsleben (Arbeitslosigkeit, Arbeitssuche, alternative Rolle).

Zu (5) Sprachliche Fähigkeiten
Neben den Kontakten zu Einheimischen werden auch die sprachlichen Fähigkeiten als Indikator für die Integration in der Aufnahmegesellschaft gesehen.[125] So betont die Bundesregierung, dass – zusätzlich zur beruflichen Qualifikation – „die Beherrschung der deutschen Sprache auf [einem] angemessenem Niveau" eine notwendige Voraussetzung „für [die] erfolgreiche berufliche Integration in den Arbeitsmarkt" darstellt und hat diesbezüglich Anfang 2009 das „Programm zur berufsbezogenen Sprachförderung für Personen mit Migrationshintergrund im Bereich des Bundes" ins Leben gerufen (vgl. Bundesregierung, 2011, S. 109). Neben einer leichteren Integration in die Aufnahmegesellschaft (vgl. Haug, 2008, S. 10) und somit auch in den Arbeitsmarkt (vgl. Esser, 2006, S. 415) kann das Arbeitslosigkeitsrisiko gemindert werden, wenn in der Familie vermehrt deutsch gesprochen wird (vgl. Anger, Erdmann, Plünneke & Riesen, 2010, S. 119 f.). Es ist jedoch zu beachten, dass Sprachkenntnisse allein keine Garantie für eine erfolgreiche Integration darstellen (vgl. Deeke, 2006, S. 48 ff. sowie Deeke, 2007).[126]

Zur Ermittlung ihrer Sprachkenntnisse wurden die Teilnehmer gebeten, diese hinsichtlich mündlichem Ausdrucksvermögen, Leseverständnis, schriftlichem Ausdrucksvermögen und Hörverstehen auf einer Skala von „sehr gut" bis „sehr schlecht" einzuschätzen. Zusätzlich sollten sie das erreichte Niveau des *Europäischen Referenzrahmens für Sprachen* – von A1 (elementare Sprachverwendung) bis C2 (nahezu muttersprachliche Sprachbeherrschung) – angeben, sofern eine entsprechende Einstufung oder Prüfung vorliegt.

Zu (6) Soziodemografische Merkmale
Mit dem Ziel der Stichprobenbeschreibung wurden die soziodemografischen Merkmale Alter, Geschlecht, Familienstand, Herkunftsland und Staatsangehörigkeit erfragt. Diese Daten werden in erster Linie zur Beschreibung und Gruppierung der Stichprobe verwendet.

---

[125] Ein Überblick über Studien zum Zusammenhang zwischen Sprache und Integration findet sich in Maehler (2012, S. 106 f.).
[126] Dieser Abschnitt ist wörtlich entnommen aus Müller & Ayan, 2013, S. 10 f.

Begründung der Schwerpunktsetzung

In einer ersten, qualitativen Studie aus dem Jahr 2012 wurden 30 Migranten mittels eines leitfadengestützten Interviews mit dem Ziel befragt, mögliche Faktoren einer erfolgreichen Eingliederung in den deutschen Arbeitsmarkt zu identifizieren (vgl. Müller & Ayan, 2013). Die damalige Befragung lieferte Hinweise, dass die **Einreisemotive** unterschiedlich auf die spätere Integration in den Arbeitsmarkt wirken. So waren Befragte, die angaben, aus wirtschaftlichen Gründen nach Deutschland immigriert zu sein, verhältnismäßig häufiger in Arbeit als Personen, die aus persönlichen Gründen einwanderten. Eine Unterscheidung zwischen sozialversicherungspflichtigen und geringfügigen Beschäftigungsverhältnissen konnte in der qualitativen Studie nicht vorgenommen werden. Mit der vorliegenden quantitativen Studie besteht nun die Möglichkeit, differenziertere Aussagen mit Blick auf den Erwerbsstatus zu treffen.

Hinsichtlich **sozialer Netzwerke** konnten in der Pilotstudie keine Hinweise zur Wirkung (enger) familiärer Netzwerke auf die Integration in den deutschen Arbeitsmarkt gefunden werden. Zwischen sozialen Netzwerken außerhalb des Familienkontextes, die auch Mitglieder des Aufnahmelandes beinhalten, und der Arbeitsmarktintegration scheint jedoch ein positiver Zusammenhang zu bestehen. Dies würde der These entsprechen, dass heterogen geprägt Netzwerke eher positiv auf die Integration in den Arbeitsmarkt wirken als stark homogen geprägte (vgl. Haug, 2000a, S. 211 f.; Haug, 2000b, S. 20; Stelzig-Willutzki, 2012, S. 100). Dieser Zusammenhang soll mittels der vorliegenden quantitativen Befragung näher analysiert werden.

Sprachkenntnisse scheinen gemäß der Ergebnisse der qualitativen Befragung in Zusammenhang mit der Arbeitsmarktintegration zu stehen. Die Pilotbefragung lässt vermuten, dass ein Zusammenhang zwischen der im Haushalt gesprochenen Sprache (Familiensprache) und der Integration in den Arbeitsmarkt existiert. So war in den Fällen, in denen zumindest zum Teil Deutsch im Haushalt gesprochen wurde, der überwiegende Anteil der Befragten in Arbeit. Da in der qualitativen Befragung keine Aussagen hinsichtlich der erworbenen Sprachkenntnisse – gemäß Europäischem Referenzrahmen – und der Integration in den Arbeitsmarkt getroffen werden konnten, wird dieser Aspekt in der vorliegenden Arbeit näher beleuchtet.

Im nachfolgenden Kapitel 3 werden die Ergebnisse der quantitativen Befragung vorgestellt und analysiert, inwiefern sich die genannten Faktoren auf die Erwerbsbeteiligung auswirken können.

3 Ergebnisse

3.1 Beschreibung der Stichprobe

Geschlecht und Alter

Die Stichprobe umfasst insgesamt 119 Migranten, darunter 99 Frauen (83,2%) und 16 Männer (13,4%).[127] Drei Viertel der Befragten (N=90) sind verheiratet oder leben mit ihrem Partner/ihrer Partnerin zusammen. Lediglich 12% geben an, ledig zu sein und 10% leben vom Partner getrennt, bzw. sind geschieden. Knapp drei Viertel der Befragten haben Kinder. Die Altersgruppe der 30- bis unter 40-Jährgen ist mit gut einem Drittel die am stärksten vertretene Gruppe, gefolgt von den 40- bis unter 50-Jährigen (28,6%) und den 20- bis unter 30-Jährigen (21,8%). Personen im Alter zwischen 50 und unter 60 Jahren (10,1%) sowie die Gruppe der mindestens 60-Jährigen (2,5%) sind hingegen kaum vertreten.

Herkunft

Die Analyse der **Herkunftsländer** der befragten Migranten verdeutlicht die Heterogenität der Zielgruppe. Diese kommen ursprünglich aus insgesamt 33 Ländern. Eine Aggregation auf Regionen verdeutlicht, dass gut ein Drittel der Befragten (N=43) aus Ländern der ehemaligen Sowjetunion, zumeist Russland (N=21) und ein Viertel der Teilnehmer aus EU-Mitgliedsstaaten stammt. Es folgen die Herkunftsregionen Vorderasien, Südosteuropa und die Türkei (vgl. Abbildung 6).

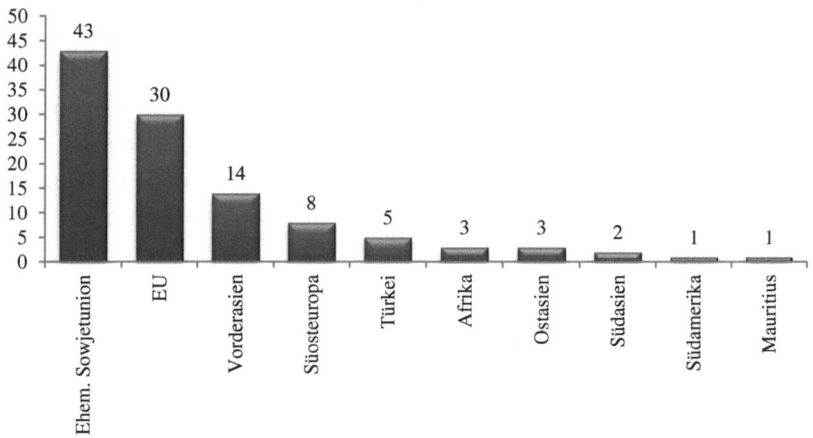

Abbildung 7: Herkunftsregionen der befragten Migranten (in Absolutzahlen; N=119).

---

[127] Vier Personen haben zum Geschlecht keine Angabe gemacht.

Qualifikationen

Alle Migranten können entweder eine abgeschlossene Berufsausbildung (N=44; 37%) oder einen Hochschulabschluss (N=80; 67%) vorweisen. Unter ihnen befinden sich zudem zehn Personen (8%), die sowohl eine Berufsausbildung als auch ein Hochschulstudium durchlaufen haben.[128]

3.2 Einreisegrund und Arbeitsmarktintegration

Motive der Einreise

Befragt nach den Beweggründen ihrer Migration nach Deutschland nennt die Mehrheit (N=76; 63,9%) persönliche bzw. familiäre Motive, gefolgt von wirtschaftlichen (N=26; 21,8%). Als Spätaussiedler sind 19 Befragte (16%) eingereist, sieben (5,9%) haben in Deutschland Asyl beantragt und fünf Personen (4,2%) geben politische Gründe der Migration an. Die Analyse der soziodemografischen Merkmale hat verdeutlicht, dass sich in der Stichprobe ausschließlich gut- bzw. hochqualifizierte Migranten befinden, für die laut Heß (2009a, 2009b) vor allem ökonomische Faktoren relevante Einreisegründe darstellen. In der vorliegenden Stichprobe gibt jedoch der Großteil von über 60% der Befragten als Beweggründe ihrer Einreise persönliche Motive an. Eine mögliche Erklärung hierfür könnte der hohe Anteil an weiblichen Migranten (83%) sein. Ob für diese Gruppe Netzwerkbeziehungen von großer Bedeutung sind, beispielsweise in Form einer Kettenmigration, also Nachzüge zur Familie und Verwandten (vgl. Tilly, 1991), kann mittels der vorliegenden Daten nicht eindeutig nachgewiesen werden. So geben knapp 53% von ihnen an, alleine eingereist zu sein, gut 43% sind mit Verwandten nach Deutschland gekommen und 5% reisten zusammen mit Freunden ein. Ein ähnlich ausgeglichenes Bild ergibt sich hinsichtlich eigener verwandtschaftlicher Beziehungen in Deutschland. Gut ein Drittel (N=26) der Migranten, die aus persönlichen Gründen eingereist sind, hat Verwandte in Deutschland, 29 (38,2%) nicht. In einigen Fällen ist die Einwanderung aus Gründen der Familienzusammenführung somit wahrscheinlich, für die gesamte Gruppe kann dieses Motiv jedoch nicht unterstellt werden.

Arbeitsmarktintegration

In der vorangegangenen qualitativen Befragung (vgl. Müller & Ayan, 2013) wurde ein Zusammenhang zwischen dem Motiv der Einreise und der Integration in den Arbeitsmarkt vermutet. Wie aus Tabelle 28 ersichtlich, befinden sich Personen, die aus persönlichen Gründen nach Deutschland einreisten, aktuell verstärkt in der alternativen Rolle als Hausfrau/Hausmann oder in Elternzeit (30,3%). Eine eindeutige Tendenz zwischen einem persönlichen Wanderungsmotiv und dem Erwerbsstatus lässt sich jedoch nicht erkennen. Liegen die Motive hingegen im wirtschaftlichen Bereich, so scheint die Aufnahme einer sozi-

---

[128] Somit haben insgesamt 34 Personen eine Ausbildung, aber kein Studium absolviert. Fünf Personen haben nicht angegeben, ob sie eine Ausbildung oder ein Studium absolviert haben.

alversicherungspflichtigen Beschäftigung wahrscheinlicher zu sein (42,3%). Die Ergebnisse deuten darauf hin, dass das Motiv der Einreise in Zusammenhang mit der Erwerbsbeteiligung steht.

Tabelle 28: Einreisemotiv und Erwerbsstatus (N=119).

Motive der Migration	Sozialvers. beschäftigt	Minijob/Aus-/ Weiterbildung	Arbeitslos/ Arbeitsuchend	Alternative Rolle	Gesamt
Persönlich	15 (19,7%)	14 (18,4%)	26 (34,2%)	23 (30,3%)	76 (100%)
Wirtschaftlich	11 (42,3%)	2 (7,7%)	7 (26,9%)	2 (7,7%)	26 (100%)
Spätaussiedler	8 (42,1%)	4 (21,1%)	7 (36,8%)	1 (5,3%)	19 (100%)

3.3 Soziale Netzwerke und Arbeitsmarktintegration

Familiäres Netzwerk

Zusätzlich zu den Beweggründen der Migration ist von Interesse, ob die Befragten alleine oder im Familienkontext eingereist sind. Gut die Hälfte (N=66; 55,5%) der Migranten ist zusammen mit der Familie nach Deutschland migriert, 40% (N=48) sind alleine eingereist und nur sechs Personen (5%) geben an, zusammen mit Freunden nach Deutschland gekommen zu sein. Ein ähnliches Bild ergibt sich bei der Frage, ob Verwandte in Deutschland leben. 48 der Befragten (40,3%) bejahen dies, knapp 40% geben an, keine eigenen Verwandten in Deutschland zu haben. In 34 Fällen (28,6%) hat der Partner/die Partnerin Verwandte in Deutschland.

Hinsichtlich der Eingliederung in den Arbeitsmarkt sind Migranten ohne eigene Verwandte in Deutschland etwas häufiger in der Gruppe der sozialversicherungspflichtigen Beschäftigten zu finden als Migranten mit familiärem Anschluss. Letztere geben zudem häufiger an, arbeitslos bzw. arbeitsuchend zu sein (vgl. Tabelle 29). Die Aufnahme einer geringfügigen Beschäftigung oder einer Aus- und Weiterbildung sowie die Rolle als Hausfrau/Hausmann und Mutter/Vater unterscheiden sich hingegen nicht in Bezug auf verwandtschaftliche Netzwerke in Deutschland.

Tabelle 29: Verwandtschaftsverhältnisse und Arbeitsmarktintegration (N=119).[129]

Verwandtschaft	Sozialvers. beschäftigt	Minijob/Aus- Weiterbildung	Arbeitslos/ Arbeitsuchend	Alternative Rolle	Gesamt
Verwandte in D	14 (29,2%)	8 (16,7%)	20 (41,7%)	8 (16,7%)	48 (100%)
Keine Verwandten	17 (37,0%)	8 (17,4%)	10 (21,7%)	9 (19,6%)	46 (100%)

---

[129] Mehrfachantworten waren möglich.

Soziale Netzwerke insgesamt

Neben den rein familiären Netzwerken spielt auch die Zusammensetzung des Freundes- und Bekanntenkreises eine wichtige Rolle bei der (sozialen) Integration (vgl. Haug, 2000a; Haug, 2000b; Stelzig-Willutzki, 2012). Um diesen näher betrachten zu können, wurden die Migranten gebeten, Auskunft über die Zusammensetzung ihres Freundeskreises zu geben. Das soziale Netzwerk kann stark durch Personen des Aufnahmelands geprägt sein, kaum Einheimische beinhalten oder sich auch rein familiär gestalten. Auffällig ist, dass die befragten Migranten in zwei fast gleichstarke Gruppen aufgeteilt werden können: 62 (52,1%) von ihnen haben einen eher heterogenen Freundes- und Bekanntenkreis mit mindestens genauso vielen Deutschen wie ausländischen Personen und 57 (47,9%) Befragte geben an, mit überwiegend oder ausschließlich „Nicht-Deutschen" Bekannten bzw. der Familie in Kontakt zu stehen (vgl. Tabelle 30).

Tabelle 30: Zusammensetzung des sozialen Netzwerkes.

Freundeskreis	Anzahl
Nur Deutsche	4 (3,4%)
Mehr Deutsche als Ausländer	24 (20,2%)
Genauso viele Deutsche wie Ausländer	34 (28,6%)
Mehr Ausländer als Deutsche	41 (34,5%)
Nur Ausländer	10 (8,4%)
Nur Familie	6 (5,0%)
Gesamt	119 (100%)

Die Ergebnisse der vorangegangenen, qualitativen Pilotstudie deuteten darauf hin, dass die Zusammensetzung der sozialen Netzwerke außerhalb des familiären Kontextes in Abhängigkeit zur Integration in den Arbeitsmarkt steht. Auch die vorliegende Untersuchung verdeutlicht diesen Zusammenhang. Aus Tabelle 31 wird ersichtlich, dass sowohl Befragte mit einem heterogenen Freundeskreis als auch Personen, die überwiegend mit Personen des Aufnahmelandes befreundet sind, in den meisten Fällen einer sozialversicherungspflichtigen Beschäftigung nachgehen. Dieses Ergebnis unterstützt die Vermutung eines positiven Zusammenhangs zwischen heterogenen Netzwerken und der Arbeitsmarktintegration. Es ist jedoch zu beachten, dass die Wirkungsrichtung mit den vorliegenden Daten nicht nachgewiesen werden kann. Folglich bleibt offen, ob sich die Zusammensetzung des Freundeskreises positiv auf die Aufnahme einer Beschäftigung auswirkt oder die Aufnahme einer Beschäftigung dazu geführt hat, dass sich ein heterogener Freundeskreis gebildet hat. Jedoch können sich heterogen geprägte Netzwerke, die ebenfalls soziale Beziehungen zu Personen des Aufnahmelandes beinhalten, positiv auf die soziale Integration der Migranten auswirken (vgl. Haug, 2000a, S. 211 f.; Haug, 2000b, S. 20; Stelzig-Willutzki, 2012, S. 100).

Aus Tabelle 31 ist weiterhin ersichtlich, dass die Befragten, die angeben, in ihrem sozialen Netzwerk eher ausländische Bekannte zu haben, vermehrt arbeitslos bzw. arbeitssuchend sind oder eine alternative Rolle als Hausfrau/Hausmann bzw. Mutter/Vater wahrnehmen. Auch in diesen Fällen ist die Wirkungsrichtung mit den vorliegenden Daten nicht nachweisbar. Durch den fehlenden Arbeitsplatz haben die Migranten beispielsweise weniger Möglichkeiten, Einheimische kennenzulernen und sich mit ihnen anzufreunden. Um eine Segregation dieser Personengruppe zu vermeiden, sollte es eine ausreichende Anzahl an Anlaufstellen oder Einrichtungen geben, die die Möglichkeit zur Kontaktaufnahme mit Personen des Aufnahmelandes schaffen.

Tabelle 31: Soziales Umfeld und Erwerbsstatus (N=119).

Freundeskreis	Sozialvers. beschäftigt	Minijob/Aus-Weiterbildung	Arbeitslos/ Arbeitssuchend	Alternative Rolle	Gesamt
Nur Deutsche	1 (25,0%)	1 (25,0%)	3 (75,0%)	1 (25,0%)	4 (100%)
Mehr Deutsche	10 (41,7%)	4 (16,7%)	3 (12,5%)	3 (12,5%)	24 (100%)
Halb/halb	15 (44,1%)	6 (17,6%)	9 (26,5%)	5 (14,7%)	34 (100%)
Mehr Ausländer	7 (17,1%)	7 (17,1%)	18 (43,9%)	10 (24,4%)	41 (100%)
Nur Ausländer	1 (10,0%)	1 (10,0%)	4 (40,0%)	3 (30,0%)	10 (100%)
Nur Familie	0	2 (33,3%)	3 (50,0%)	3 (50,0%)	6 (100%)

3.4 Sprachkenntnisse und Arbeitsmarktintegration

Gute Sprachkenntnisse sind zwar keine Voraussetzung zur Überprüfung der Gleichwertigkeit der im Ausland erworbenen Qualifikationen mit einem deutschen Referenzberuf, wohl aber für die Aufnahme einer Tätigkeit in Deutschland (vgl. u. a. Müller & Ayan, 2014, S. 30). Um einen möglichen Zusammenhang zwischen den (formal) vorhandenen Sprachkenntnissen der Befragten und ihrer Beteiligung am Erwerbsleben zu identifizieren, wurden sie gebeten, die höchste erreichte Niveaustufe gemäß des „Gemeinsamen Europäischen Referenzrahmens für Sprachen" anzugeben. Die Kenntnisse einer Sprache lassen sich in die Niveaustufen: A1, A2, B1, B2, C1 und C2 einteilen, wobei die elementare Sprachverwendung Niveaustufe A, die selbstständige Sprachverwendung Niveaustufe B und die kompetente Sprachverwendung Niveaustufe C entspricht (vgl. Gemeinsamer Europäischer Referenzrahmen für Sprachen, 2015).

Die befragten Migranten haben mehrheitlich (N=56; 47,1%) das Sprachniveau „B" erreicht, 19 Personen (16%) können Niveau „C" nachweisen und 14 Befragte (11,8%) besitzen elementare Kenntnisse der deutschen Sprache (Niveau A).[130] Inwiefern ein Zusammenhang

---
[130] Die restlichen Migranten haben entweder keinen Sprachtest abgelegt (N=4) oder die Frage nicht beantwortet (N=26).

zwischen den Sprachkompetenzen und der Teilhabe am Arbeitsmarkt bestehen könnte, verdeutlicht Tabelle 32.

Tabelle 32: Sprachkenntnisse und Arbeitsmarktintegration (N=119).

Sprachkenntnis	Sozialvers. beschäftigt	Minijob/Aus- Weiterbildung	Arbeitslos/ Arbeitssuchend	Alternative Rolle	Gesamt
Elementar (A)	5 (35,7%)	3 (21,4%)	3 (21,4%)	7 (50%)	14 (100%)
Selbstständig (B)	10 (17,9%)	12 (21,4%)	25 (44,6%)	10 (17,9%)	56 (100%)
Kompetent (C)	12 (63,2%)	2 (10,5%)	1 (5,3%)	2 (10,5%)	19 (100%)

Unter allen Befragten, die elementare Sprachkenntnisse erworben haben, befindet sich die Hälfte zum Zeitpunkt der Befragung in Elternzeit oder ist Hausfrau/Hausmann (alternative Rolle). Die Aufnahme einer sozialversicherungspflichtigen Beschäftigung scheint am wahrscheinlichsten mit dem Erreichen des Sprachniveaus C – kompetente Sprachverwendung. In dieser Gruppe gehen über 63% einer sozialversicherungspflichtigen Beschäftigung nach. Analog zur Auswertung der Netzwerkbeziehungen, kann auch hier die Wirkungsrichtung nicht eindeutig festgestellt werden. So ist anzunehmen, dass sich die Sprachkenntnisse auch durch die Erwerbstätigkeit verbessern. Allerdings wurde in der vorliegenden Befragung nach dem geprüften Sprachniveau gefragt. Eine solche Prüfung wird in der Regel vor der Aufnahme einer Tätigkeit stattfinden – gerade in reglementierten Berufen ist das Erreichen eines bestimmten Sprachniveaus für die Ausübung gesetzlich vorgeschrieben – sodass vermutet werden kann, dass die Sprachkenntnis zu einem nicht unerheblichen Teil maßgeblich für die Aufnahme der Erwerbstätigkeit sein wird.

Deutlich wird dies auch bei der Analyse des Sprachniveaus B. Die meisten Befragten, die dieses Niveau nachweisen können, sind arbeitslos oder arbeitssuchend (44,6%). Unter den 56 Personen mit Sprachniveau B befinden sich über 80% (N=45), die zum Zeitpunkt der Befragung Niveau B1 erreicht haben, also das Niveau, das nach erfolgreichem Durchlaufen eines Integrationskurses erlangt wird (vgl. Bundesamt für Migration und Flüchtlinge [BAMF], 2013). Für die Aufnahme einer Tätigkeit als Erzieher bspw., sind jedoch Sprachkenntnisse auf Niveau C1 gefordert.

Die Ergebnisse deuten darauf hin, dass die Kenntnis der deutschen Sprache eine wichtige Voraussetzung für die Integration in Arbeit darstellt. Es ist weiterhin davon auszugehen, dass eine selbstständige Sprachkompetenz – zumindest auf Niveau B1 – nicht zwingend ausreicht, um in seinem ehemals erlernten Beruf wieder Fuß zu fassen. Je besser die Sprachkenntnis, umso größer scheint die Wahrscheinlichkeit zu sein, eine qualifikationsadäquate Beschäftigung zu finden.

3.5 Der Status am Arbeitsmarkt – Welche Faktoren spielen eine Rolle?

Die deskriptiven Auswertungen der Migrationsgründe, sozialen Netzwerke und Sprachkenntnisse lassen vermuten, dass neben der formalen Anerkennung der im Ausland erworbenen Qualifikationen weitere Faktoren eine Rolle im Prozess der Integration in den Arbeitsmarkt spielen. Um die vermuteten Zusammenhänge statistisch zu überprüfen, werden abschließend die Korrelationen zwischen den zuvor analysierten Faktoren und der Integration in den Arbeitsmarkt berechnet. Tabelle 33 ist zu entnehmen, dass:

- zwischen ökonomischen Einreisemotiven und dem Erwerbsstatus keine statistisch signifikanten Zusammenhänge nachgewiesen werden können,
- der Zusammenhang zwischen persönlichen Einreisemotiven und dem Erwerbsstatus der sozialversicherungspflichtigen Beschäftigung signifikant negativ ist,
- der Zusammenhang zwischen persönlichen Einreisemotiven und der alternativen Rolle signifikant positiv ist,
- zwischen dem sozialen Netzwerk außerhalb der Familie (Freundeskreis) und dem Erwerbsstatus keine signifikanten Zusammenhänge nachgewiesen werden können,
- zwischen dem nachgewiesenen Sprachniveau und der Integration in den Arbeitsmarkt signifikante Zusammenhänge bestehen.

Die Korrelationsanalysen verdeutlichen somit, dass in der betrachteten Stichprobe das **Motiv der Einreise** und die Sprachkenntnisse in einem statistisch signifikanten Zusammenhang zur Integration in den Arbeitsmarkt stehen. So kann für Personen, die aus persönlichen Gründen nach Deutschland einwanderten zum Zeitpunkt der Befragung festgestellt werden, dass sie signifikant seltener in einem sozialversicherungspflichtigen Beschäftigungsverhältnis stehen und signifikant häufiger die alternative Rolle als Hausfrau/Hausmann oder Mutter/Vater wahrnehmen.

Wie die deskriptiven Auswertungen bereits vermuten ließen, steht auch die **Sprachkenntnis** in einem statistisch signifikanten Zusammenhang zur Arbeitsmarktintegration. So ist der Zusammenhang zwischen dem Erwerb elementarer Sprachkenntnisse (Niveau A) und der alternativen Rolle ebenso signifikant positiv, wie der Nachweis fast muttersprachlicher Sprachkenntnisse (Niveau C) und dem Erwerbsstatus der sozialversicherungspflichtigen Beschäftigung.

Tabelle 33: Korrelationen zwischen Erwerbsstatus und möglichen Faktoren der Integration.

Korrelationen	Sozialvers. beschäftigt	Minijob/Aus-/Weiterbildung	Arbeitslos/ Arbeitssuchend	Alternative Rolle
Wanderung				
• ökonomisch	0,161	-0,138	-0,075	-0,173
• persönlich	-0,260**	0,027	0,017	0,302**
Familie				
• Verwandte in D	0,006	-0,024	0,152	-0,076
• keine Verwandten in D	0,144	-0,008	-0,192*	-0,015
Freundeskreis				
• heterogenes Netzwerk[131]	0,023	-0,036	-0,170	-0,023
• weniger/keine Einheimischen	0,006	-0,036	-0,157	-0,014
Sprache				
• Niveau A	0,058	0,036	-0,094	0,260**
• Niveau B	-0,224**	0,094	0,220*	-0,073
• Niveau C	0,334**	-0,081	-0,262**	-0,112

** Die Korrelation ist auf dem Niveau von 0,01 signifikant.
* Die Korrelation ist auf dem Niveau von 0,05 signifikant.

4 Fazit

Mit der vorliegenden Studie wurden die Faktoren „Wanderungsmotiv", „soziale Netzwerke" und „Sprachkenntnisse" im Hinblick auf die Arbeitsmarktintegration näher betrachtet. Das Wanderungsmotiv ist hierbei „ein sehr persönlicher Faktor, der mit Ängsten auf Seiten der Befragten (z. B. die Angst, nicht willkommen zu sein, nicht respektiert bzw. ernstgenommen zu werden) und möglichen Stereotypen oder diskriminierenden Sichtweisen in der Aufnahmegesellschaft (z. B. arbeitsscheu, kriminell oder eine starke Religiosität) verbunden sein kann" (vgl. Müller & Ayan, 2013, S. 31). Die Beweggründe einer Migration sowie die persönliche Situation im Aufnahmeland können bei der beruflichen Integration eine wichtige Rolle spielen. Umso wichtiger ist es, dass Migranten sich willkommen und wertgeschätzt fühlen. Positiv ist in diesem Zusammenhang die Einrichtung von Welcome-Centern zu beurteilen, die für die Migranten als erste Anlaufstelle dienen. Hier können sich die Ratsuchenden zu unterschiedlichen Themen wie Einreise, Aufenthalt, Ausbildung, Wohnungssuche, Kinderbetreuung, Spracherwerb oder kulturelle Angebote informieren und beraten lassen.[132]

Auch wenn mit den vorliegenden Daten kein statistisch signifikanter Zusammenhang zwischen dem sozialen Netzwerk und der Integration in den Arbeitsmarkt nachgewiesen werden konnte, erleichtert ein heterogen zusammengesetzter Freundeskreis die soziale Integra-

---

[131] Diese Kategorie umfasst die Ausprägungen: „mehr Deutsche als Ausländer im sozialen Umfeld" und „genauso viele Deutsche wie Ausländer". Die Kategorie „nur Deutsche" wird aufgrund der geringen Fallzahl und da es sich hierbei um ein homogenes Netzwerk handelt, von der Auswertung ausgeschlossen.
[132] Vgl. beispielsweise die Homepage des Welcome-Centers Stuttgart unter http://www.welcome.stuttgart.de/.

tion im Aufnahmeland. Kontakte zu Einheimischen können sich darüber hinaus positiv auf den Erwerb der deutschen Sprache auswirken, da dieser im sozialen Kontext verbessert und ausgebaut werden kann. Hierzu ist jedoch der Kontakt zu Personen aus dem Aufnahmeland erforderlich, sodass heterogene Netzwerkbeziehungen entstehen können. Wünschenswert wäre daher, dass Berater in den Erstanlaufstellen auch in diesem Punkt Unterstützung wie beispielsweise Verweise auf Einrichtungen oder Angebote leisten. Denkbar sind darüber hinaus regelmäßige Informationsveranstaltungen, die ein Zusammenkommen ermöglichen und fördern. Im Rahmen der Unterstützung von Flüchtlingen hat sich zudem das Konzept der (Familien-)Patenschaft (vgl. Perzlmaier, 2014), bzw. der Begleitung durch ehrenamtliche Helfer als positiv erwiesen (vgl. bspw. Alazar, Kleinekathöfer & Tietja, 2014).

Wenngleich die formale Gleichwertigkeitsprüfung unabhängig von den vorhandenen sprachlichen Fähigkeiten der Antragsteller zu erfolgen hat, sind diese spätestens bei der Arbeitssuche eine notwendige Voraussetzung. Aber auch im Fall von Anpassungsqualifizierungen oder dem Ablegen einer Kenntnisprüfung müssen entsprechende Sprachkenntnisse vorhanden sein. Die Ergebnisse lassen vermuten, dass hierbei das Niveau B1 des Gemeinsamen Europäischen Referenzrahmens für Sprachen nicht unbedingt ausreichend ist. Um die Migranten bestmöglich in den Arbeitsmarkt zu integrieren, sind Sprachkurse bis C1-Niveau unabdingbar. Eine Befragung von Anerkennungsberatern hat zudem verdeutlicht, dass vermehrt berufsbezogene Sprachkurse angeboten werden sollten, um die Ratsuchenden optimal auf das Berufsleben vorzubereiten (vgl. Müller & Ayan, 2015c, S. 142 f., Beitrag in diesem Band).

Die bereits erwähnte notwendige Wertschätzung gegenüber den Migranten gilt nicht nur für die Gesellschaft im Allgemeinen, sondern auch für die zahlreichen Beratungsstellen im Speziellen. Auswertungen zum derzeitigen Erwerbsstatus haben verdeutlicht, dass die Mehrheit der Migranten – obwohl sie alle einen Berufs- und/oder Hochschulabschluss besitzen – nicht qualifikationsadäquat in den Arbeitsmarkt integriert ist und folglich potenzielles Beratungsklientel darstellt (vgl. Müller & Ayan, 2015a in diesem Band). Die Berater müssen neben fachlichem Wissen über Arbeitsmarkt, Anerkennungsprozess, Weiterbildungsmöglichkeiten etc. auch die Migrationsgeschichte, die aktuelle Lebenssituation sowie Ängste und Unsicherheiten des Migranten im Blick behalten. In einer Befragung von Beratungsfachkräften und Ratsuchenden konnten hierbei verschiedene Herausforderungen sowohl im Beratungskontext als auch im Zuge der Arbeitsmarktintegration identifiziert werden, die eine Notwendigkeit spezieller Schulungsmaßnahmen für Migrationsberater verdeutlichen (vgl. Müller & Ayan, 2014). Aus diesem Grund wird sich das vom BMBF geförderte Drittmittelprojekt BEST WSG[133] der HdBA Mannheim in der zweiten Förderphase (April 2015 – September 2017) unter anderem verstärkt mit dem Bereich der migrationssensiblen Schulungen auseinandersetzen.

---

[133] Das Projekt „BEST WSG – Berufsintegrierte Studiengänge zur Weiterqualifizierung im Sozial- und Gesundheitswesen" wird aus Mitteln des Bundesministeriums für Bildung und Forschung und aus dem Europäischen Sozialfonds der Europäischen Union gefördert. Weitere Informationen zum Projekt können Sie der Projekthomepage entnehmen: www.bestwsg-hdba.de.

Literatur

Afentakis, A. & Maier, T. (2010). Projektionen des Personalbedarfs und -angebots in Pflegeberufen bis 2025. *Wirtschaft und Statistik, 11,* 990-1002.

Anger, C., Erdmann, V., Plünneke, A. & Riesen, I. (2010). Integrationsrenditen. Volkswirtschaftliche Effekte einer besseren Integration von Migranten. *IW-Analysen, 66.* Köln.

Alazar, T., Kleinekathöfer, E. & Tietja, I. (2014). Flüchtlinge durch Mentor/inn/en unterstützen!. In M. Gag & F. Voges (Hrsg.). *Inklusion auf Raten. Zur Teilhabe von Flüchtlingen an Ausbildung und Arbeit.* (246-266). Münster: Waxmann

Brücker, H. (2010). Brain Gain oder Brain Drain - Deutschland und Europa fallen im Wettbewerb um die besten Köpfe zurück. In Institut für Arbeitsmarkt-und Berufsforschung (IAB) der Bundesagentur für Arbeit (Hrsg.): *Balanceakt. Zuwanderung steuern, Integration fördern.* IAB-Forum, 2, 4-11. Nürnberg.

Brussig, M., Mill, U. & Zink, L. (2013). Wege zur Anerkennung – Wege zur Integration? Inanspruchnahme und Ergebnisse von Beratung zur Anerkennung von im Ausland erworbenen Berufsabschlüssen. *IAQ-Report 2013-05.* Duisburg.

Bundesagentur für Arbeit (Hrsg.) (2011). *Der Arbeitsmarkt in Deutschland - Arbeitsmarktberichterstattung. Gesundheits- und Pflegeberufe.* Nürnberg.

Bundesamt für Migration und Flüchtlinge [BAMF] (2013). Zertifikat Integrationskurs. Online unter http://www.bamf.de/DE/Willkommen/DeutschLernen /Integrationskurse/Abschlusspruefung/ZertifikatIntegrationsKurs/zertifikatintegrationskurs-node.html ;jsessionid=2048C3394AFD96A1427A533E3836CEF4 .1_cid359 (zuletzt abgerufen am 20.05.2015).

Bundesinstitut für Berufsbildung [BiBB] (Hrsg.) (2014). Anerkennung in Deutschland, http://www.anerkennung-in-deutschland.de/html/de/anerkennungsgesetz_des_bundes.php (zuletzt abgerufen am 03.06.2015).

Bundesministerium für Familie, Senioren, Frauen und Jugend (2010). *Ehe, Familie, Werte – Migrantinnen und Migranten in Deutschland.* Monitor Familienforschung. Berlin.

Bundesregierung, Die (2011). *Nationaler Aktionsplan Integration. Zusammenhalt stärken - Teilhabe verwirklichen.* Berlin.

Danzer, A & Yaman, F. (2010). Ethnic Concentration and Language Fluency of Immigrants. *IAB-Discussion Paper, 10.* Nürnberg.

Deeke, A. (2006). Berufsbezogene Sprachförderung für Arbeitslose mit Migrationshintergrund. Erste Ergebnisse aus der Begleitforschung zum ESF-BA-Programm. *IAB-Forschungsbericht, 21.* Nürnberg.

Deeke, A. (2007). Arbeitslose mit Migrationshintergrund. Sprachförderung allein greift häufig zu kurz. *IAB Kurzbericht, 3.* Nürnberg.

Diehl, C. (2005). Der Integrationssurvey des Bundesinstituts für Bevölkerungsforschung. In S. Haug & C. Diehl, (Hrsg.): *Aspekte der Integration. Eingliederungsmuster und Lebenssituation italienisch- und türkischstämmiger junger Erwachsener in Deutschland* (11-22). Wiesbaden: VS Verlag für Sozialwissenschaften.

Englmann, B. & Müller-Wacker, M. (2010). *Analyse der bundesweiten Anerkennungsberatung im Modellprojekt Global Competences.* Dokumentation 2008-2009. Herausgegeben von Tür an Tür Integrationsprojekte gGmbH. Integration durch Qualifizierung (IQ). Augsburg.

Esser, H. (2001). Integration und ethnische Schichtung. *Arbeitspapiere – Mannheimer Zentrum für Europäische Sozialforschung, 40.*

Esser, H. (2006). *Sprache und Integration. Die sozialen Bedingungen und Folgen des Spracherwerbs von Migranten.* Frankfurt/Main & New York: Campus Verlag.

Esser, H. (o. J.). Sprache und Integration: Konzeptionelle Grundlagen und empirische Zusammenhänge. *Working Paper der Österreichischen Akademie der Wissenschaften, 7.* Wien.

Geisen, T., Studer, T. & Yildiz, E. (2013). Migration und Familie im Kontext von Bildung, Gender und Care. In T. Geisen, T. Studer & E. Yildiz (Hrsg.). *Migration, Familie und soziale Lage. Beiträge zu Bildung, Gender und Care.* (1-12). Wiesbaden: VS Verlag für Sozialwissenschaften.

Gemeinsamer Europäischer Referenzrahmen für Sprachen (GER) (2015). Gemeinsamer Europäischer Referenzrahmen für Sprachen. Zugriff am 16.04.2015 unter http://www.europaeischer-referenzrahmen.de/

Goldenberg, O. & Sackmann, R. (2014). *Arbeitsmarktzugänge von Migranten und ausländischen Fachkräften in ländlichen Regionen.* Halle an der Saale: Universitätsverlag Halle-Wittenberg.

Greis, M. (2005). *Migration in Deutschland. Interregionale Migrationsmotivatoren.* Wiesbaden: Deutscher Universitäts-Verlag.

Haug, S. (2000a). *Soziales Kapital und Kettenmigration. Italienische Migranten in Deutschland.* Opladen: Leske + Budrich.

Haug, S. (2000b). Soziales Kapital, Migrationsentscheidungen und Kettenmigrationsprozesse. Ein Beispiel der italienischen Migranten in Deutschland. *Arbeitsbericht des Instituts für Soziologie Leipzig Nr. 13.*

Haug, S. (2005). Zur Erklärung ethnischer Unterschiede in der Partnerwahl und im generativen Verhalten. In S. Haug & C. Diehl (Hrsg.): *Aspekte der Integration. Eingliederungsmuster und Lebenssituation italienisch- und türkischstämmiger junger Erwachsener in Deutschland* (195-226). Wiesbaden: VS Verlag für Sozialwissenschaften.

Haug, S. (2010). Interethnische Kontakte, Freundschaften, Partnerschaften und Ehen von Migranten in Deutschland. *Integrationsreport Teil 7.* Working Paper der Forschungsgruppe des Bundesamtes, Nr. 33. Nürnberg.

Henkelmann, Y. (2010). Mehrsprachigkeit zahlt sich aus! Multi-legitimes Sprechen akademisch qualifizierter MigrantInnen in Deutschland und Kanada. In A. Nohl, K. Schittenhelm, O. Schmidtke & A. Weiß (Hrsg.), *Kulturelles Kapital in der Migration. Hochqualifizierte Einwanderer und Einwanderinnen auf dem Arbeitsmarkt* (108-122). Wiesbaden: VS Verlag für Sozialwissenschaft.

Heß, B. (2009a). Zuwanderung von Hochqualifizierten aus Drittstaaten nach Deutschland – Ergebnisse einer schriftlichen Befragung. In: Bundesamt für Migration und Flüchtlinge (Hrsg.): *Working Paper der Forschungsgruppe des Bundesamtes, 28.* Nürnberg.

Heß, B. (2009b). Bleiben Hochqualifizierte Zuwanderer in Deutschland? Befragungsergebnisse des Bundesamtes für Migration und Flüchtlinge, in: *Migration und ethnische Minderheiten* 2009/2, S. 11-30.

Kolodziej, D. (2012). Fachkräftemangel in Deutschland. Statistiken, Studien und Strategien. In Deutscher Bundestag (Hrsg.): *Infobrief*, WD 6 - 3010-189/11.

Maehler, D.B. (2012). Akkulturation und Identifikation bei eingebürgerten Migranten in Deutschland. *Internationale Hochschulschriften*, Band 558. Münster: Waxmann Verlag GmbH.

Mihali, L., Müller, E.M. & Ayan, T. (2012). Erwerbsverläufe von Migrantinnen im Sozial- und Gesundheitswesen. Welche Implikationen ergeben sich für eine migrationsspezifische Beratung? *BIOS - Zeitschrift für Biographieforschung, Oral History und Lebensverlaufsanalysen, 2*, 228-242.

Müller, E.M. & Ayan, T. (2013). Die Anerkennung im Ausland erworbener Qualifikationen im Sozial- und Gesundheitswesen. Eine hypothesengenerierende Pilotstudie unter Migranten, in: T. Ayan (Hrsg.): *Einsteigen, Umsteigen, Aufsteigen. Personenbezogene uns strukturelle Rahmenbedingungen für Berufe und Bildungschancen im Sozial- und Gesundheitssektor.*(1-40). Köln: Kölner Wissenschaftsverlag.

Müller, E.M. & Ayan, T. (2014). *Beratung von Migrantinnen und Migranten: Herausforderungen, Unterstützungsbedarfe, kulturelle Begegnungen – Eine explorative Analyse der Sichtweisen von Beratern und Ratsuchenden.* Köln: Kölner Wissenschaftsverlag.

Müller, E.M. & Ayan, T. (2015a). Arbeitsmarktchancen in Abhängigkeit vom Anerkennungsstatus von im Ausland erworbenen Qualifikationen – Eine Analyse am Beispiel des Sozial- und Gesundheitssektors. In: T. Ayan (Hrsg.): *Anerkennung ausländischer Qualifikationen: Forschungsergebnisse und Praxisbeispiele.* (151-168). Köln: Kölner Wissenschaftsverlag.

Müller, E.M. & Ayan, T. (2015b). Empathie, Sprache und Beraterkompetenz als Einflussfaktoren auf Zufriedenheit in der Anerkennungsberatung – eine Befragung von Ratsuchenden in Deutschland. *Migration und Soziale Arbeit, 2/2015,* 170-177. Weinheim: Beltz.

Müller, E.M. & Ayan, T. (2015c). Das Anerkennungsgesetz – Erfahrungen und Einschätzungen von Beratern. In: T. Ayan (Hrsg.): *Anerkennung ausländischer Qualifikationen: Forschungsergebnisse und Praxisbeispiele.* (125-149). Köln: Kölner Wissenschaftsverlag.

Nauck, B. & Kohlmann, A. (1998). Verwandtschaft als soziales Kapital. Netzwerkbeziehungen in türkischen Migrantenfamilien. In M. Wagner & Y. Schütze (Hrsg.), *Verwandtschaft. Sozialwissenschaftliche Beiträge zu einem vernachlässigtem Thema* (203-236). Der Mensch als soziales und personales Wesen, Band 14, Stuttgart: Enke.

Nohl, A., Schittenhelm K., Schmidtke, O. & Weiß, A. (2010). Zur Einführung: Migration, kulturelles Kapitel und Statuspassagen in den Arbeitsmarkt. In Nohl, A., Schittenhelm K., Schmidtke, O. & Weiß, A. (Hrsg.), *Kulturelles Kapital in der Migration. Hochqualifizierte Einwanderer und Einwanderinnen auf dem Arbeitsmarkt* (9-38). Wiesbaden: VS Verlag für Sozialwissenschaft.

Perzlmaier, C. (2014). Schwarz auf Weiß ... Potentiale von Patenschaften mit Familien aus sub-saharischen Ländern und deutschen Ehrenamtlichen. *Forum Gemeindepsychologie, 1.*

Portes, A. (1998). Social Capital: Its Origins and Applications in Modern Sociology. *Annual Review of Sociology, 24*, 1-24.

Schnitzer, A. (2013). Sprich mit mir – zur Rolle der Sprache für die Integration von Familien mit Migrationshintergrund. In Geisen, T., Studer, T. & Yildiz, E. (Hrsg.). *Migration, Familie und soziale Lage. Beiträge zu Bildung, Gender und Care.* (125-144). Wiesbaden: VS Verlag für Sozialwissenschaften.

Stelzig-Willutzki, S. (2012). *Soziale Beziehungen im Migrationsverlauf. Brasilianische Frauen in Deutschland.* Wiesbaden: VS Verlag für Sozialwissenschaften.

Tilly, C. (1991). Transplanted Networks. In: V. Yans-McLaughlin (Hrsg.): *Immigration Reconsidered; History, Sociology, and Politics.* New York: Oxford University Press.

Anhang

Ihr soziales Netzwerk in Deutschland
1. **Wann sind Sie nach Deutschland eingereist?**   Jahr: _____   Monat: _____

2. **Was waren Ihre Gründe für die Einreise nach Deutschland?**
(Mehrere Antworten sind möglich.)
 	
    ☐ Persönliche/familiäre Gründe (z.B. Studium, Nachzug zur Familie, …).
    ☐ Wirtschaftliche Gründe (z.B. Bessere Arbeitsmöglichkeiten; Arbeitsvertrag, …).
    ☐ Ich bin Spätaussiedler/in.
    ☐ Politische Gründe.
    ☐ Ich habe in Deutschland Asyl beantragt.

3. **Nach Deutschland sind Sie…**
(Mehrere Antworten sind möglich.)
 	
    ☐ … alleine eingereist.
    ☐ … zusammen mit Verwandten (Kinder/Partner(in)/Eltern…) eingereist.
    ☐ … zusammen mit Freunden eingereist.

4. **Leben Verwandte von Ihnen und/oder Ihrem Partner in Deutschland?**
(Mehrere Antworten sind möglich.)
 	
    ☐ Ja, ich habe Verwandte in Deutschland.
    ☐ Ja, mein Partner hat Verwandte in Deutschland.
    ☐ Nein, es leben keine Verwandten von mir/uns in Deutschland. ➔ **Bitte weiter zu Frage 6.**

5. **Wie oft sehen Sie Ihre Verwandten/die Verwandten Ihres Partners in Deutschland?**
 	
    ☐ Sehr oft (mehrmals pro Woche).
    ☐ Oft (mehrmals im Monat).
    ☐ Selten (mehrmals im Jahr).
    ☐ Sehr selten (ca. 1-2 Mal im Jahr oder weniger).
    ☐ Bisher noch gar nicht.

6. **Welche Sprachen sprechen Sie die <u>meiste Zeit</u> in Ihrer Familie?**

   ☐ Meistens deutsch.

   ☐ Meistens nicht deutsch (Welche Sprache(n)?): _____.

   ☐ Halb deutsch und halb nicht deutsch (Welche Sprache(n)?):_____.

7. **In Ihrem Freundes- und Bekanntenkreis sind…**

   ☐ …nur Deutsche (ohne Migrationshintergrund).

   ☐ …mehr Deutsche als Ausländer/Personen mit Migrationshintergrund.

   ☐ …genauso viele Deutsche wie Ausländer/Personen mit Migrationshintergrund.

   ☐ …mehr Ausländer/Personen mit Migrationshintergrund als Deutsche.

   ☐ …nur Ausländer/Personen mit Migrationshintergrund.

   ☐ …nur Familienmitglieder. (Ich habe keine Freunde/Bekannten in Deutschland.)

Die Anerkennungsberatung

8. **Haben Sie sich von einer Beratungsstelle zum Thema „Anerkennung Ihres im Ausland erworbenen Bildungs- oder Berufsabschlusses" beraten lassen?**

   ☐ Ja, ich habe mich zum Thema „Anerkennung" beraten lassen.

   ☐ Nein. → **Bitte weiter zu Frage 18.**

9. **Durch welche Stelle(n) haben Sie sich beraten lassen?**
   (<u>Mehrere Antworten</u> sind möglich.)

   ☐ Migrationsberatungsstellen (MBE) (z.B. AWO, Diakonie, Caritas,…).

   ☐ Jugendmigrationsdienst (JMD).

   ☐ Bildungsberatung/Otto-Benecke Stiftung.

   ☐ Agentur für Arbeit (früher Arbeitsamt).

   ☐ Jobcenter (früher ARGE).

   ☐ ZAV (Zentrale Auslands- und Fachvermittlung der Agentur für Arbeit).

   ☐ Beratungsstelle des Förderprogramms IQ (Integration durch Qualifizierung).

   ☐ Telefonhotline des Bundesamtes für Migration und Flüchtlinge.

   ☐ Lokale Migrantenorganisation (MO).

10. Wie fand die Beratung <u>überwiegend</u> statt?

☐ Persönlich.

☐ Telefonisch.

☐ Schriftlich (per Post/Fax).

☐ Via e-Mail.

11. Wie oft hatten Sie insgesamt Kontakt zu der/den Beratungsstelle(n)?

☐ 1 Mal.   ☐ 2-5 Mal.   ☐ Mehr als 5 Mal.

12. Wie hat Ihnen die Beratung geholfen?
(<u>Mehrere Antworten</u> sind möglich.)

☐ Meine Fragen zur Anerkennung konnten geklärt werden.

☐ Ich weiß jetzt, welche Chancen ich auf dem Arbeitsmarkt in Deutschland habe.

☐ Ich weiß jetzt, wie ich meine Chancen auf dem Arbeitsmarkt verbessern kann.

☐ Ich habe Informationen über finanzielle Unterstützungen erhalten.

☐ Sonstige (bitte nennen): _____.

☐ Die Beratung hat mir nicht geholfen.

13. Was ist das Ergebnis der Beratung mit Blick auf die Anerkennung ihres Berufsabschlusses?
(<u>Mehrere Antworten</u> sind möglich.)

☐ Ich wurde ermutigt, einen Antrag auf Anerkennung zu stellen.

☐ Mir wurde abgeraten einen Antrag auf Anerkennung zu stellen (Warum?): _____

☐ Mir wurden Alternativen zur Antragstellung empfohlen (Welche?): _____

☐ Ich wurde an die zuständige Stelle verwiesen. (Bitte nennen Sie den Grund): _____

14. Zu welchen Themen haben Sie sich noch beraten lassen?
(<u>Mehrere Antworten</u> sind möglich.)

☐ Qualifizierung/Weiterbildung.

☐ Sprachkurse.

☐ Arbeitsmarktchancen/Entwicklungsmöglichkeiten.

☐ Finanzielle Unterstützung .

☐ Kinderbetreuung.

☐ Sonstige (bitte nennen): _____.

☐ Keinen. Ich habe mich nur zur Anerkennung beraten lassen.

15. Wie hat Ihnen die Beratung insgesamt gefallen?

☐ Sehr gut — ☐ Gut — ☐ Mittel — ☐ Schlecht — ☐ Sehr schlecht

16. In den Beratungsgesprächen …

(Stufen Sie bitte jede Eigenschaft auf einer Skala von „stimmt" bis „stimmt nicht" ein. Falls Sie es nicht beurteilen können, dann wählen Sie bitte die Alternative „Kann ich nicht sagen".)

	Stimmt	Stimmt teilweise	Stimmt nicht	Kann ich nicht sagen
… war man hilfsbereit.	☐	☐	☐	☐
… war man verständnisvoll.	☐	☐	☐	☐
… war man freundlich.	☐	☐	☐	☐
… war man geduldig mit mir.	☐	☐	☐	☐
… hat man mich ernst genommen.	☐	☐	☐	☐
… hat man verständlich gesprochen.	☐	☐	☐	☐
… wurde langsam genug gesprochen.	☐	☐	☐	☐
… war meine Kultur bekannt.	☐	☐	☐	☐
… wurden mir Lösungswege aufgezeigt.	☐	☐	☐	☐
… war man gut informiert.	☐	☐	☐	☐
… wurde ich motiviert.	☐	☐	☐	☐
… zeigte man mir meine Stärken.	☐	☐	☐	☐

17. Was könnte in der Beratung besser gemacht werden?

(Mehrere Antworten sind möglich.)

☐ Man könnte geduldiger sein.
☐ Es sollte besser zugehört werden.
☐ Man sollte mich ernst nehmen.
☐ Man sollte mich mehr motivieren.
☐ Man sollte mir meine Stärken besser zeigen.
☐ Es sollte langsamer gesprochen werden.
☐ Man sollte mir beim Ausfüllen der Dokumente (mehr) helfen.
☐ Ich hätte gerne noch mehr Informationen.
☐ Man sollte sich mit meiner Kultur besser auskennen.
☐ Sonstige (bitte nennen):_____.

Das Anerkennungsverfahren

18. Haben Sie einen Antrag auf Anerkennung Ihres im Ausland erworbenen Berufsabschlusses gestellt?

☐ Ja, ich habe bisher genau **einen Antrag** auf Anerkennung gestellt.

☐ Ja, ich habe bereits **mehrere Anträge** auf Anerkennung gestellt.

☐ Nein. ➔ **Bitte weiter zu Frage 29.**

19. In welchem Beruf möchten Sie in Deutschland arbeiten?

(Bitte geben Sie die deutsche Bezeichnung des Berufs an, mit dem sie Ihren ausländischen Abschluss vergleichen lassen möchten (Referenzberuf)).

_____

20. Wann haben Sie den (ersten) Antrag auf Anerkennung Ihres Abschlusses gestellt?

Jahr: _____ Monat: _____

21. Wie lange hat das Anerkennungsverfahren vom Antrag bis zur Entscheidung gedauert?

(Wenn Sie bereits mehrere Anträge gestellt haben, dann nennen Sie bitte die Dauer des letzten Verfahrens.)

☐ Weniger als 3 Monate.

☐ Zwischen 3 und unter 6 Monaten.

☐ Zwischen 6 und unter 12 Monaten.

☐ 12 Monate und länger.

☐ Das Verfahren ist noch nicht abgeschlossen. ➔ **Bitte weiter zu Frage 29.**

22. Wurde Ihr ausländischer Abschluss in Deutschland anerkannt?

☐ Ja, mein Abschluss wurde **ohne** weitere Qualifizierung/Prüfung als gleichwertig anerkannt.

➔ **Bitte weiter zu Frage 29.**

☐ Mein Abschluss wurde anerkannt bzw. kann anerkannt werden, nachdem ich eine Qualifizierung/Prüfung erfolgreich abgeschlossen habe.

☐ Mein Abschluss wurde teilweise anerkannt.

☐ Nein, mein Abschluss wurde nicht anerkannt.

☐ Das kann ich nicht beurteilen, da ich das Ergebnis nicht verstehe.

23. Aus welchen Gründen wurde Ihr Abschluss nicht (vollständig) anerkannt?
(Mehrere Antworten sind möglich.)

☐ Zu wenig praktische Ausbildungseinheiten.

☐ Studienabschluss nicht vergleichbar (inhaltliche/fachliche Unterschiede).

☐ Mangel an vorgelegten Unterlagen.

☐ Ausbildungsdauer zu kurz.

☐ Studiendauer zu kurz.

☐ Sonstige Begründung (bitte nennen): _____.

☐ Die Anerkennungsstelle hat dies nicht begründet.

24. Haben Sie Informationen bekommen, wie Sie eine volle Anerkennung Ihres ausländischen Abschlusses erhalten können?

☐ Ja.   ☐ Nein.

25. Haben Sie an einer Qualifizierungsmaßnahme (Anpassungsqualifizierung) teilgenommen?

☐ Ja.   ☐ Nein. ➔ **Bitte weiter zu Frage 27.**

26. Haben Sie durch die Teilnahme an der Maßnahme eine vollständige Anerkennung Ihres ausländischen Abschlusses erreicht?

☐ Ja. ➔ **Bitte weiter zu Frage 33.**   ☐ Nein. ➔ **Bitte weiter zu Frage 29.**

27. Welche Gründe haben für Sie persönlich gegen eine Teilnahme an einer Maßnahme gesprochen?
(Mehrere Antworten sind möglich.)

☐ Ich wusste nicht, wo ich solch eine Maßnahme finden kann.

☐ In meinem Umkreis wurde keine entsprechende Maßnahme angeboten.

☐ Die Maßnahme war zu teuer.

☐ Eine Teilnahme ist mit meiner derzeitigen Tätigkeit nicht vereinbar.

☐ Eine Teilnahme ist mit meiner familiären Situation nicht vereinbar.

☐ Sonstige Gründe (bitte nennen): _____

28. Würden Sie an einer Qualifizierung (Anpassungsqualifizierung) teilnehmen, wenn Sie diese (zumindest teilweise) von zu Hause aus durchführen können? (Bspw. online basiert)?

☐ Ja. ☐ Nein.

29. Wären Sie grundsätzlich bereit, ein Studium in Deutschland zu absolvieren, um Ihre Chancen auf dem Arbeitsmarkt zu verbessern?

☐ Ja. ☐ Nein. → **Bitte weiter zu Frage 31.**

30. Welche Faktoren sind für die Aufnahme eines Studiums für Sie entscheidend?
(<u>Mehrere Antworten</u> sind möglich.)

☐ Kinderbetreuung.
☐ Online-Studiengang (zeitlich und örtlich flexibel studieren).
☐ Wechsel aus Präsenzphasen und Online-Phasen im Studium.
☐ Studium neben dem Beruf (berufsbegleitendes Studium).
☐ Kommilitonen im gleichen Alter.
☐ Finanzielle Unterstützung.
☐ Sonstige (bitte nennen): _____.

31. Werden Sie in Zukunft einen Antrag auf Anerkennung Ihres Abschlusses stellen?

☐ Ja. → **Bitte weiter zu Frage 33.** ☐ Nein.

32. Warum möchten Sie keinen Antrag auf Anerkennung Ihres Berufsabschlusses stellen?
(<u>Mehrere Antworten</u> sind möglich.)

☐ Das Verfahren dauert zu lange.
☐ Es ist zu teuer.
☐ Zu viel Bürokratie.
☐ Ich glaube nicht, dass dies etwas bringt, weil _____.
☐ Ich habe eine Arbeit gefunden, die mir Spaß macht.
☐ Sonstige Gründe (bitte nennen): _____.

Ihr beruflicher Werdegang

33. In welchem Land haben Sie Ihren Abschluss erworben?
_____

34. Welchen Abschluss haben Sie in Ihrem Heimatland erworben?
(Bitte geben Sie die deutsche Bezeichnung/deutsches Äquivalent Ihres Berufs- und/oder Hochschulabschlusses an.)

- ☐ Berufsausbildung (welcher Abschluss?): _____.
- ☐ Hochschulabschluss (welcher Abschluss?): _____.
- ☐ Doktorprüfung (Dr.) (welches Fach?): _____.
- ☐ Keinen.

35. Was haben Sie unmittelbar vor der Einreise nach Deutschland beruflich gemacht (letzte Tätigkeit außerhalb Deutschlands)?

- ☐ Gearbeitet im erlernten Beruf. (Wie viele Jahre/Monate?): _____.
- ☐ Gearbeitet, aber **nicht** im erlernten Beruf. (Wie viele Jahre/Monate?): _____.
- ☐ Arbeitslos. (Wie viele Jahre/Monate?): _____.
- ☐ Familienphase. (Wie viele Jahre/Monate?): _____.
- ☐ Sonstiges (bitte nennen): _____.

36. Wie lange haben Sie insgesamt in Ihrem <u>erlernten</u> Beruf vor der Einreise nach Deutschland gearbeitet?

_____ Jahre   _____ Monate

37. Haben Sie eine Arbeitserlaubnis in Deutschland?

☐ Ja.   ☐ Nein. → **Bitte weiter mit Frage 42.**

38. Beschreiben Sie bitte Ihre bisherige berufliche Situation in Deutschland (seit der Einreise).
(Bitte kennzeichnen Sie <u>alle für Sie passenden</u> Stationen. Die Reihenfolge ist hierbei nicht wichtig.)

- ☐ Praktikum.
- ☐ Aushilfstätigkeiten.
- ☐ Mini Job (400-Euro Job bzw. 450-Euro Job).
- ☐ Sozialversicherungspflichtig beschäftigt im erlernten Beruf.
- ☐ Sozialversicherungspflichtig beschäftigt, aber nicht im erlernten Beruf.
- ☐ Arbeitslos.

- ☐ In Aus- und Weiterbildung.
- ☐ Hausfrau / Hausmann.
- ☐ In Elternzeit.
- ☐ Ich habe mich selbstständig gemacht.

39. Wie ist Ihre momentane berufliche Situation?
(<u>Mehrere Antworten</u> sind möglich.)

- ☐ Sozialversicherungspflichtig beschäftigt im erlernten Beruf.
- ☐ Sozialversicherungspflichtig beschäftigt, aber nicht im erlernten Beruf.
- ☐ Mini Job (400-Euro Job bzw. 450-Euro Job).
- ☐ Arbeitslos.
- ☐ Arbeitssuchend gemeldet.
- ☐ In Aus- und Weiterbildung/Umschulung.
- ☐ Hausfrau/Hausmann.
- ☐ In Elternzeit.
- ☐ Selbstständig.

40. Welche finanziellen Leistungen von Behörden erhalten Sie zurzeit?

- ☐ Arbeitslosengeld I (vom Arbeitsamt).
- ☐ Arbeitslosengeld II (vom Jobcenter; „Hartz IV").
- ☐ Aufstockung (zusätzlicher Bezug von ALG II trotz Erwerbseinkommen oder ALG I).
- ☐ Erwerbsunfähigkeitsrente.
- ☐ Altersrente.
- ☐ Keine.

41. Sind Sie an einer Weiterbildung in Ihrem erlernten Beruf interessiert?

- ☐ Ja, ich würde gerne eine Weiterbildung machen (auch **ohne finanzielle** Unterstützung)
- ☐ Ja, ich würde gerne eine Weiterbildung machen, benötige jedoch finanzielle Unterstützung.
- ☐ Nein, an einer Weiterbildung bin ich **momentan** nicht interessiert.
- ☐ Nein, an einer Weiterbildung bin ich **grundsätzlich** nicht interessiert.

42. Was wünschen Sie sich für Ihre Zukunft?
(Mehrere Antworten sind möglich.)

☐ Ich möchte in meinem erlernten Beruf arbeiten.
☐ Einen unbefristeten Arbeitsvertrag.
☐ Ein angemessenes Gehalt.
☐ Ich wünsche mir, dass mich die Leute mehr akzeptieren.
☐ Dass es so weiter geht wie bisher – Ich bin zufrieden!

Ihre sprachlichen Fähigkeiten

43. Wie schätzen Sie persönlich Ihre Deutschkenntnisse auf der Skala von „sehr gut" bis sehr „schlecht" ein?

	Sehr gut	*Gut*	*Mittelmäßig*	*Schlecht*	*Sehr schlecht*
Sprechen (Mündlich)	☐	☐	☐	☐	☐
Lesen	☐	☐	☐	☐	☐
Schreiben	☐	☐	☐	☐	☐
Hörverstehen	☐	☐	☐	☐	☐

44. Wurden Ihre Deutschkenntnisse im Rahmen einer Prüfung oder eines Tests bewertet?

☐ Ja.
☐ Nein. → Bitte weiter zu Frage 48.

45. Welches Niveau des Europäischen Referenzrahmens haben Sie erfolgreich abgeschlossen?

☐ A1 ☐ A2 ☐ B1 ☐ B2 ☐ C1 ☐ C2

☐ Diesen Test habe ich nicht gemacht.

46. Haben Sie die Deutsche Sprachprüfung für den Hochschulzugang (DSH) gemacht und bestanden?

☐ Ja, ich habe die DSH gemacht und bestanden.
☐ Ja, ich habe die DSH gemacht aber **nicht** bestanden.
☐ Ich habe die DSH nicht gemacht.

47. Welches Niveau des TestDaF (Test Deutsch als Fremdsprache) haben Sie erfolgreich <u>abgeschlossen</u>?

☐ Niveaustufe 3 (TDN 3)   ☐ Niveaustufe 4 (TDN 4)   ☐ Niveaustufe 5 (TDN 5)

☐ Diesen Test habe ich nicht gemacht.

48. Wünschen Sie sich Sprachschulungen?

☐ Ja.

☐ Nein. → **Bitte weiter mit Frage 50.**

49. In welchen Bereichen benötigen Sie am meisten eine Sprachschulung?
(Bitte wählen Sie die <u>drei</u> wichtigsten Bereiche für sich!)

☐ Wortschatz.

☐ Grammatik.

☐ Phonetik/Aussprache.

☐ Texte schreiben.

☐ Behörden-Deutsch.

☐ Leseverständnis.

☐ Hörverständnis.

☐ Berufsbezogenes Deutsch.

☐ Alltagsdeutsch.

Allgemeine Angaben zu Ihrer Person

50. Ihr Geschlecht:

☐ Männlich.

☐ Weiblich.

51. Ihr Alter liegt…

☐ …unter 20 Jahren.

☐ …zwischen 20 und unter 30 Jahren.

☐ …zwischen 30 und unter 40 Jahren.

☐ …zwischen 40 und unter 50 Jahren.

☐ …zwischen 50 und unter 60 Jahren.

☐ …bei mindestens 60 Jahren.

52. Wie ist Ihr Familienstand?

☐ Verheiratet/mit dem Partner zusammenlebend.

☐ Ledig/Single.

☐ Getrennt lebend/geschieden.

53. Haben Sie Kinder?

☐ Ja, ich habe _____ Kinder (bitte Zahl der eigenen Kinder angeben).

☐ Nein.

54. In welchem Land sind Sie geboren?

_____

55. Ich besitze ...

☐ …die deutsche Staatsangehörigkeit und/oder

☐ …eine andere/eine weitere Staatsangerhörigkeit (bitte angeben): _____.

Wir danken Ihnen vielmals für Ihre Unterstützung!

Das Anerkennungsgesetz ist noch sehr jung. Daher möchten wir diese Befragung in **9-12 Monaten** noch einmal durchführen. Wir würden uns sehr freuen, wenn Sie uns hierbei wieder helfen.

Falls wir Sie für eine zweite Befragung kontaktieren dürfen, teilen Sie uns bitte Ihre E-Mail Adresse oder Kontaktdaten mit.

Ihre Daten werden selbstverständlich anonym ausgewertet und streng vertraulich behandelt!

E-Mail: _____

O D E R

Adresse:
Name: _____
Straße & Hausnummer: _____
PLZ & Ort: _____

11 Berufsorientierte Integrationsberatung für Erwachsene mit Zuwanderungsgeschichte am Beispiel der AWO Düsseldorf

Cornelia Jacobi

Unter der Mitarbeit von Lucia Mihali

1 Berufsorientierte Integrationsberatung für Erwachsene 202
    1.1 Integrationskurse wichtig, aber nicht ausreichend 202
    1.2 Das Beratungskonzept - ein ganzheitlicher Ansatz 203
2 Herausforderungen im Anerkennungsprozess für Ratsuchende und Berater – Fallbeispiele 208
    2.1 Anerkennung zur Erzieherin: Fehlende einheitliche Vorgehensweise für Abschlüsse aus dem EU-Raum 208
        2.1.1 Fallbeispiel 1 – Frau U. [Zeitraum Juli 2012 – Juli 2013] 208
        2.1.2 Fallbeispiel 2 – Frau G. [Zeitraum November 2013 – Januar 2014] ... 211
        2.1.3 Stellungnahme aus der Beratungspraxis 213
    2.2 Anerkennung zum Arzt: Migration aus einem Drittstaat 214
        2.2.1 Die Migrationsgeschichte des Herrn N. [Zeitraum 2008 – Februar 2013] ... 214
        2.2.2 Der Unterstützungsprozess im Rahmen des BIB-Projektes [April 2013 – Januar 2015] 217
3 Fazit und Empfehlungen 221
Literaturverzeichnis 225

1 Berufsorientierte Integrationsberatung für Erwachsene

1.1 Integrationskurse wichtig, aber nicht ausreichend

Ausgangspunkt

Das hier vorgestellte Praxisprojekt Berufsintegrierte Integrationsberatung (BIB) wurde im Jahr 2009 von der AWO Düsseldorf initiiert und durch die Stadt Düsseldorf mit einer Laufzeit von zunächst drei Jahren gefördert. Die Laufzeit ist inzwischen zwei Mal, zuletzt bis 2018, verlängert worden. Ausgangspunkt des Projektes war der von der AWO Düsseldorf festgestellte Handlungsbedarf zur Integration von Menschen mit Migrationshintergrund. Die Situation dieser Personengruppe stellte sich laut der unveröffentlichten „Produkt- und Aufgabenbeschreibung zum Rahmenvertrag vom 23. August 2007 und Einzelvertrag", die die AWO Familienglobus GmbH im Jahr 2009 an die Stadt Düsseldorf richtete, wie folgt dar:

- Die Erwerbstätigkeit von Menschen mit Zuwanderungsgeschichte ist geringer als die von Deutschen und lag 2006 in NRW bei 65,9%. Im Vergleich dazu waren 73,4% der Menschen ohne Zuwanderungsgeschichte erwerbstätig (vgl. MGFFI NRW, 2008, S. 199).
- Überdurchschnittlich viele Migrantinnen und Migranten sind auf Leistungen zur Sicherung des Lebensunterhaltes nach dem SGB II angewiesen, mit steigender Tendenz (85% der arbeitslosen Ausländer waren im Juni 2008 dem SGB II-Bereich zugeordnet. Der Anteil aller Arbeitslosen mit SGB II- Leistungsbezug lag zu diesem Zeitpunkt bei 75,2%. (ebd.)
- Die Anerkennung beruflicher Abschlüsse auf dem lokalen Arbeitsmarkt ist langwierig.
- Ein zunehmender Bedarf an beruflicher Orientierung und Qualifizierung der Migrantenbevölkerung ist zu verzeichnen.
- Der Bedarf und der Qualitätsanspruch an migrationsspezifischen Dienstleistungen steigen.

Integrationskurse

Die AWO-Migrationsberatung für Erwachsene (MBE) richtet seit November 2008 den Schwerpunkt auf Beratung und Vermittlung in Integrationskurse für schon länger in Deutschland lebende Erwachsene mit Migrationshintergrund. Die verpflichtenden Integrationskurse schließen mit einer B1-Sprachprüfung ab, womit der Auftrag der MBE endet. Es hat sich jedoch gezeigt, dass viele Migrantinnen und Migranten danach wenig Kontakt zur deutschen Sprache haben, so dass die gewonnene Sprachkompetenz verloren geht. Der Integrationskurs ist insbesondere dann nachhaltig, wenn die neue Sprache täglich trainiert und verbessert wird. Dies geschieht insbesondere an Arbeitsplätzen, an denen täglich mit Kollegen und Kunden kommuniziert werden kann. Viele Migrantinnen und Migranten kommen zwar mit guten Qualifikationen (z. B. Arzt, Betriebswirt, Erzieher etc.) nach Deutschland, können allerdings aufgrund der fehlenden Anerkennung nicht in ihren Berufen arbeiten. Ohne eine Anerkennung ihrer mitgebrachten Abschlüsse werden Migrantinnen und Migranten oftmals auf wenige Arbeitsbereiche reduziert. Wenn sie Arbeit finden, dann meistens in Reinigungs-, Hotel- und Gaststättengewerbe als angelernte Reinigungskräfte, Zimmermädchen oder Roomboy, Küchenhelfer o. ä. An diesen Arbeitsplätzen findet jedoch kaum fördernde Kommunikation in deutscher Sprache statt. Um aussichtsreiche Chancen auf dem deutschen Arbeitsmarkt zu erlangen, ist somit neben dem Erwerb der deutschen Sprache die Anerkennung der ausländischen Qualifikationen in Deutschland notwendig.

Neue Beratungswege der AWO Düsseldorf
Aufgrund der dargestellten Situation und um die Nachhaltigkeit vorhandener AWO-Angebote zu sichern, schien es erforderlich, die Migrantinnen und Migranten auch nach erfolgreicher Beendigung eines Integrationskurses weiter zu unterstützen. Mit einem neu entwickelten Beratungsangebot sollte die Integration in Arbeit leichter gelingen: Durch das BIB-Projekt findet nicht nur Beratung zur Anerkennung statt, sondern erfolgt bei Bedarf die Begleitung der Ratsuchenden bei der Arbeitssuche bzw. bis zum Stelleneintritt.

Der nachfolgend dargestellte Beratungsansatz verfolgt das Ziel, die Arbeitsmarktchancen der Migrantinnen und Migranten zu erhöhen, wobei gleichzeitig die Bedürfnisse dieser Personengruppe berücksichtigt werden.

1.2 Das Beratungskonzept - ein ganzheitlicher Ansatz

Zielgruppe
Die Zielgruppe des BIB-Projektes sind Teilnehmende von Integrationskursen und Personen, die einen Integrationskurs erfolgreich abgeschlossen haben. Das Familienbildungswerk der Arbeiterwohlfahrt (AWO) Düsseldorf bietet als anerkannter Träger Integrationskurse mit Kinderbetreuung an. Diese Kurse werden demnach überwiegend von Frauen mit kleinen Kindern besucht. Da die AWO auch B2 Sprachkurse anbietet, sucht die zuständige Beraterin nicht nur die Integrationskurse auf, sondern auch die B2 Sprachkurse, um das BIB-Angebot vorzustellen. Ferner wird das Projekt auch bei anderen Sprachkursanbietern vorgestellt, um auch verstärkt männliche Integrationskursteilnehmer zu erreichen.

Ziele
Die Ziele des BIB-Beratungsprojektes sind aus der visionären Zielsetzung des gesamtstädtischen Integrationskonzepts abgeleitet, in dessen Rahmen das Projekt eingebettet ist. Ein Oberziel des Integrationskonzeptes lautet:
„Zuwanderinnen und Zuwanderer haben einen gleichberechtigten Zugang zum Arbeitsmarkt und bestreiten ihren Lebensunterhalt aus eigenen Mitteln."

Die daraus entwickelten Zwischenziele der AWO lauten wie folgt:

- „Durch eine berufsorientierte Beratung und Begleitung der ehemaligen Integrationskursteilnehmer wird die Auseinandersetzung mit individuellen Chancen, Stärken und Hemmnissen der beruflichen Integration angesprochen. Der Weg in den Arbeitsmarkt wird geebnet, der Bezug von SGB II Leistungen nimmt ab und der Anteil der arbeitslosen Migranten sinkt."
- „Kompetenzprofile schärfen den Blick für die beruflichen Möglichkeiten, die in der Kooperation mit ARGE und Bildungsberatung individuell zugeschnitten werden können." (Aus der unveröffentlichten Produkt und Aufgabenbeschreibung zum Rahmenvertrag vom 23. August 2007 und Rahmenvertrag, 2009)

Daraus abgeleitet ergeben sich für das BIB-Konzept folgende sechs Handlungs- bzw. Beratungsfelder:

Handlungsfeld 1: Unterstützung bei der Antragstellung zur Anerkennung von im Ausland erworbenen Abschlüssen.
Mit den Kundinnen und Kunden wird zu Beginn geklärt, welcher Abschluss anerkannt werden kann. Dabei ist es wichtig, folgende Fragen zu klären:

- Welcher Schul-, Studien- oder Berufsabschluss wurde im Heimatland erworben?
    - Bei Schulabschluss: Welcher Schulabschluss kann beantragt werden und welche Bezirksregierung ist dafür zuständig?
    - Bei Studienabschluss: Handelt es sich um ein Studium mit mindestens einer dreijährigen Dauer und ist die Universität in Deutschland anerkannt?
    - Bei Berufsabschluss: Handelt es sich um einen reglementierten oder nicht reglementierten Beruf?
- Welches berufliche Ziel verfolgt der Kunde?

Für die Anerkennung beruflicher Abschlüsse gibt es im Rahmen der BIB-Beratung Unterstützung, wenn es sich um reglementierte Berufe handelt. Für nicht reglementierte Abschlüsse bietet die IHK Düsseldorf seit 2012 Anerkennungsberatung an.
Die Antragsformulare für Anerkennungsverfahren oder Gleichwertigkeitsprüfungen können mit Hilfe der BIB-Beraterin/Berater ausgedruckt oder bei der Zentralstelle für ausländisches Bildungswesen (ZAB) über das Internet beantragt werden. Die dafür notwendigen Dokumente werden in der Beratung besprochen. Im günstigsten Fall, d. h. wenn die Migrantin oder der Migrant bereits alle Dokumente mitgebracht hat, wird der Antrag gemeinsam vor Ort ausgefüllt. In den meisten Fällen liegen die notwendigen Dokumente jedoch nicht vor und müssen teilweise aus dem Ausland organisiert werden. Folgetermine werden dann vereinbart und die Kunden bis zum Abschluss des Anerkennungsverfahrens begleitet.

Handlungsfeld 2: Entwicklung von Kompetenzprofilen
Möchten die ratsuchenden Personen nicht nur die Anerkennung oder Gleichwertigkeitsprüfung beantragen, stehen ihnen weitere Unterstützungsangebote zur Verfügung. Um kompetent beraten zu können, werden wichtige (persönliche) Daten und Kompetenzen von der ratsuchenden Person erfragt:

- Familienstand: Ist die ratsuchende Person verheiratet oder ledig? Hat sie Kinder und wenn ja, wie viele und in welchem Alter? Wie ist die Kinderbetreuung organisiert?
- Lebensunterhalt: Bestreitet sie ihren Lebensunterhalt selbst oder erhält sie Arbeitslosengeld oder steht sie im Hartz IV Bezug?
- Sprachkenntnisse: Welche deutschen Sprachkenntnisse kann sie nachweisen? Über welche sonstigen Sprachkenntnisse verfügt sie zusätzlich?
- Computer(Kenntnisse): Besitzt sie einen Computer? Hat sie Zugang zum Internet? Verfügt sie über Computerkenntnisse? Wenn ja, in welchem Bereich und von welcher Qualität?
- Welche beruflichen Erfahrungen und/oder weiteren fachlichen, persönlichen und sozialen Kompetenzen sind vorhanden?

Anhand dieser Daten wird ein Kompetenz- und Verfügbarkeitsprofil erstellt, das für die Planung weiterer Schritte, wie z. B. für die Berufsorientierung und die Erarbeitung individueller Förderpläne erforderlich ist.

Handlungsfeld 3: Berufsorientierung
Bei Bedarf werden weiterführende Gespräche über die beruflichen Perspektiven geführt. Oft wissen die Migrantinnen und Migranten nicht, welche Möglichkeiten sie mit den mitgebrachten Qualifikationen und Kompetenzen in Deutschland haben.
Sind die ratsuchenden Personen auf beruflicher Ebene völlig orientierungslos und müssen sich aus unterschiedlichsten Gründen beruflich neu aufstellen, ist nicht selten ein langwieriger Orientierungsprozess notwendig. Für diesen Entwicklungsprozess steht eine psychologische Beraterin als ehrenamtliche Mitarbeiterin zur Verfügung, die diesen Prozess professionell begleitet und unterstützt. So fand Ende 2014 unter gemeinsamer Leitung mit der ehrenamtlichen Mitarbeiterin ein 2-tägiger Gruppenworkshop zur beruflichen Orientierung für Migrantinnen statt, der von den Teilnehmerinnen positiv beurteilt worden ist. Hier wurde den Teilnehmerinnen in einem ersten Schritt anhand migrantensensibler, weniger sprachzentrierter Methoden, der Zugang zu ihren eigenen Stärken ermöglicht. Mithilfe von Erfahrungsübungen und von Berufslisten/-bildern konnten sie dann die Fragen „Was interessiert mich gar nicht?" und „Was interessiert mich?" beantworten und somit ihre beruflichen Interessen herausfinden.

Handlungsfeld 4: Erarbeitung individueller Förderpläne
Auf Basis der Kompetenzprofile und nach Abgleich mit den beruflichen Interessen und Möglichkeiten werden die Förderbedarfe ermittelt und individuelle Förderpläne erarbeitet. Die Sprachförderung spielt hier oft eine zentrale Rolle. In vielen Fällen reichen die B1 Sprachkenntnisse für eine Ausbildung oder für die Ausübung eines qualifizierten Berufes nicht aus und den Migrantinnen und Migranten wird empfohlen, einen B2 Sprachkurs zu belegen. In anderen Fällen fehlen Computerkenntnisse oder ein IT Ingenieur ist nicht mehr auf dem aktuellen Stand der Computerentwicklung. Der Bedarf an individuellen Förderungen ist vielfältig, die passenden Angebote sind jedoch nicht immer vorhanden.

Für die Suche nach Weiterbildungsangeboten stehen verschiedene Datenbanken sowie die Bildungsberatungsstelle der Stadt Düsseldorf zur Verfügung.

An dieser Stelle soll noch das besondere Angebot der ehrenamtlichen Sprachpaten genannt werden. Die AWO vermittelt bei Bedarf ehrenamtliche Sprachpaten, die sich wöchentlich mit den Migrantinnen und Migranten treffen, um ihre Deutschkenntnisse zu erhalten und zu verbessern. Einige dieser Sprachpaten unterstützen auch sehr erfolgreich durch Nachhilfeunterricht bei Ausbildungen und Umschulungen.

Handlungsfeld 5: Kommunikations- und Bewerbungstraining
Bewerbungen stellen eine große Herausforderung für ausländische Mitbürger dar. Auch nach einer entsprechenden Qualifizierungsmaßnahme des Jobcenters oder der Arbeitsagentur sind die meisten Migrantinnen und Migranten nicht in der Lage, ein angemessenes Bewerbungsschreiben zu formulieren und die dazugehörigen Bewerbungsunterlagen zu erstellen.

Den ratsuchenden Personen werden Standards vermittelt, die in Deutschland für Bewerbungen und Bewerbungsverfahren üblich sind und/oder Bewerbungen werden gemeinsam geschrieben. Unterstützung findet vor allem in den folgenden Bereichen statt:

- Den Migrantinnen und Migranten wird bei Bedarf angeboten, ihre Bewerbungsunterlagen zu sichten und zu korrigieren.
- Bewerbungen werden u. a. nach erfolgter Anerkennung und wenn Bewerbungsfristen für eine Ausbildung eingehalten werden müssen gemeinsam erstellt.
- Bei Bedarf wird der Zugang zu den Jobbörsen vermittelt.
- In einigen Fällen werden Vorstellungsgespräche besprochen und eingeübt.

Handlungsfeld 6: Netzwerkarbeit mit anderen Diensten/Institutionen
Für eine kompetente Beratung und ggf. Vermittlung der Klienten in entsprechende weiterführende Bildungs- und Qualifizierungsmaßnahmen besteht ein kontinuierlicher Austausch mit entsprechenden Stellen wie MBE, Jobcenter, Agentur für Arbeit, Bildungsberatung, Integrationskursträger etc.

Die Migrationsberatung (MBE) der AWO Düsseldorf ist im selben Gebäude wie das BIB Projekt vertreten. Hier findet eine gute Zusammenarbeit mit monatlichen gemeinsamen Teambesprechungen statt. Da die Mitarbeiterinnen der MBE ebenfalls zur Anerkennung von Schul-, Studien- und Berufsabschlüssen beraten, greifen sie in komplizierten Fällen gerne auf das Know-how des BIB-Projektes zurück.

Die Zusammenarbeit mit dem Jobcenter Düsseldorf gestaltet sich im Vergleich zu anderen Behörden und Diensten als schwierig. Eine Anfrage im Jahr 2010, das BIB Projekt dort vorstellen zu dürfen, blieb unbeantwortet. Da die Berater des Jobcenters sehr häufig wechseln, kann eine kontinuierliche Zusammenarbeit nicht stattfinden. Nachdem im Jahr 2014 ein Gerichtsurteil die Mitarbeiter des Jobcenters verpflichtete, ihre dienstlichen Kontaktdaten an andere Behörden und mitwirkende Stellen herauszugeben, ist eine Liste dieser Ansprechpartner nun verfügbar. Die Aktualität dieser ist jedoch nicht immer gegeben.

In besonderen Fällen werden die Kunden des BIB Projekts zum Jobcenter oder auch zur Agentur für Arbeit begleitet. Dabei ist deutlich geworden, dass viele Mitarbeiter dieser Institutionen die Möglichkeit der Anerkennungsberatung nicht kennen. Erfahren sie bei solchen Begegnungen von dieser Möglichkeit, sind sie jedoch erfreut, zukünftig ihre Kunden in die Anerkennungsberatung schicken zu können.

Öffentlichkeitsarbeit, Werbung für das Beratungsangebot

Die Anerkennungsberatung ist im Internet auf der Seite der Arbeiterwohlfahrt zu finden. Die Fachstelle Integration in Düsseldorf gibt jährlich einen Wegweiser für Migrantinnen und Migranten heraus – Leben in Deutschland – in dem das BIB Beratungsangebot verzeichnet ist. Ebenfalls wird das Projekt in den Integrationskursen einiger Bildungsträger vorgestellt. Im Netzwerk Kompetenzzentrum „Frau und Beruf Düsseldorf und Kreis Mettmann" (Competentia) findet außerdem regelmäßig einen Austausch mit anderen Trägern statt, die die berufliche Integration von Frauen fördern.

Mittlerweile hat sich das Beratungsangebot unter vielen Migrantinnen und Migranten herumgesprochen und viele finden durch Mund-zu-Mund-Propaganda zur BIB-Beratung. Die in den letzten Jahren stark gestiegenen Beratungszahlen, mit Wartezeiten für einen Beratungstermin von bis zu vier Monaten in 2014, lassen auf einen gestiegenen Bedarf für dieses Beratungsangebot schließen. Die Ratsuchenden sind Bürgerinnen und Bürger aus Düsseldorf, kommen aus allen Ländern der Erde und haben in ihrer Heimat unterschiedlichste Ausbildungen absolviert bzw. Berufe ausgeübt. In den letzten zwei Jahren ist jedoch ein Anstieg der Anzahl ratsuchender Personen mit einem abgeschlossenen Hochschulstudium zu beobachten.

2 Herausforderungen im Anerkennungsprozess für Ratsuchende und Berater – Fallbeispiele

2.1 Anerkennung zur Erzieherin: Fehlende einheitliche Vorgehensweise für Abschlüsse aus dem EU-Raum

Die folgenden Fallbeispiele fokussieren die Beratung zur Anerkennung der im Ausland erworbenen Abschlüsse, da dies der erste Schritt zu einer qualifikationsgerechten Arbeitsmarktintegration ist. Berufliche Ziele und Möglichkeiten werden ferner zu Beginn der Beratung überprüft bzw. besprochen und weitere Maßnahmen zur Arbeitsmarktintegration parallel eingeleitet.

Die Fallbeispiele werden in Form eines Protokolls der Beratungstermine dargestellt, um den Prozess besser zu veranschaulichen. Hierbei ist anzumerken, dass die Inanspruchnahme der BIB Beratung freiwillig ist und die Abstände zwischen den Terminen verschiedene Gründe haben, wie u. a. Bearbeitungszeiten von zuständigen Stellen, Beschaffungsaufwand für notwendige Dokumente, Bedürfnisse der Ratsuchenden etc.. Bei Bedarf werden im Anschluss an die Beratungsgespräche Zielvereinbarungen getroffen.

2.1.1 Fallbeispiel 1 – Frau U. [Zeitraum Juli 2012 – Juli 2013]

Frau U. besuchte den AWO-Integrationskurs und stand kurz vor der B1 Sprachprüfung. Im Sprachkurs hatte sie vom Beratungsangebot des BIB Projektes erfahren, das dort durch die Beraterin vorgestellt worden war.

Beratungsdokumentation vom 10.07.2012:

Frau U. kommt in die Beratung, um ihren in Ungarn erworbenen Studienabschluss als Erzieherin in Deutschland anerkennen zu lassen. Mithilfe einer Datenbank ist die zuständige Bezirksregierung, der Ansprechpartner und das Antragsformular mit den Informationen zu notwendigen Dokumenten schnell zu finden. Das Telefonat mit der Bezirksregierung in Detmold ergibt, dass eine Anerkennung als Erzieher innerhalb der EU nicht mehr notwendig sei. Frau U., die das Telefonat über Lautsprecher mithört, könne sich also direkt bewerben.

Bei diesem Beratungsgespräch wird Frau U. zusätzlich über die Möglichkeit informiert, die Gleichwertigkeitsprüfung ihres Studiums bei der Zentralstelle für ausländisches Bildungswesen (ZAB) zu beantragen.[134] Hier können alle Studiengänge inhaltlich geprüft werden, ob sie einem Studienabschluss in Deutschland gleichgestellt sind. Frau U. wird eine Liste mit den hierfür benötigten Dokumenten besprochen und ausgehändigt.

Da Frau U. noch keine Berufserfahrung in Deutschland hat, möchte sie sich zunächst für ein dreiwöchiges Praktikum als Ergänzungskraft in einer Kindertagesstätte (Kita) bewerben. Es werden Stellenangebote der AWO-Einrichtungen gesucht, ausgedruckt und ausgehändigt.

---

[134] Dies wäre zu dem Zeitpunkt für eine Gebühr in Höhe von 100 EUR möglich gewesen.

Frau U. wird zudem empfohlen, den B2 Sprachkurs zu besuchen, um ihre Sprachkenntnisse zu verbessern.

Zielvereinbarung:
- Bewerbungsfoto erstellen,
- Entscheidung über die Gleichwertigkeitsprüfung bei der ZAB treffen,
- Unterlagen aus Ungarn organisieren.

Beratungsdokumentation vom 19.02.2013:
Erneutes Telefonat mit der Bezirksregierung in Detmold im Beisein von Frau U.. Es wird von der zuständigen Person bestätigt, dass die in der EU abgeschlossene Ausbildung in Deutschland anerkannt ist. Nach Zusendung der Unterlagen werde ein schriftlicher Bescheid erstellt. Es müssen folgende Dokumente eingereicht werden: Lebenslauf und Diplom mit Noten- und Fächerverzeichnis in ungarischer Sprache und in deutscher Übersetzung. Die Übersetzungen müssen von einem öffentlich ermächtigten Übersetzer angefertigt und alle Kopien beglaubigt werden. Der Antrag, der im Anschluss mit Frau U. ausgefüllt wird, ist kostenlos.
Frau U. erhält die Adresse einer Stelle, wo sie kostengünstig fremdsprachige Kopien beglaubigen lassen kann.

Zielvereinbarung
- Frau U. bereitet die Unterlagen vor.

Beratungsdokumentation vom 11.03.2013:
Die Unterlagen werden in der Beratung überprüft.

Zielvereinbarung
- Frau U. verschickt Antrag zusammen mit den angeforderten Unterlagen.

Beratungsdokumentation vom 08.04.2013:
Frau U. bringt den von der Bezirksregierung erhaltenen Anerkennungsbescheid mit. Die Bewertung des ausländischen Bildungsnachweises beinhaltet folgenden Text:

„[...] den Abschlüssen von staatlich anerkannten Erzieherinnen und Erziehern sowie von staatlich anerkannten Heilpädagoginnen und Heilpädagogen in Nordrheinwestfalen sind **entsprechende** *in EU Mitgliedstaaten erworbene Abschlüsse, gemäß §36a der Anlage E der APO-BK (Verordnung über die Ausbildung und Prüfung in Bildungsgängen des Berufskollegs), gleich gestellt.*
Einer gesonderten behördlichen Anerkennung Ihrer Ausbildung bedarf es in diesen Fällen nicht. Ob die Voraussetzungen der Gleichwertigkeit vorliegen, entscheidet die jeweils zu-

ständige Personalstelle der Einrichtung in der Sie tätig werden möchten, ggf. auf der Grundlage eines Gutachters der Zentralstelle für ausländisches Bildungswesen bei der Kultusministerkonferenz in Bonn.
Ich empfehle Ihnen, eine Kopie dieses Schreibens zusammen mit Ihrer Bewerbung vorzulegen."

Frau U. entscheidet sich gegen eine Gleichwertigkeitsprüfung ihres Studienabschlusses durch die ZAB, da sie eine Anerkennung durch die Bezirksregierung für ausreichend hält.

Beratungsdokumentation vom 15.04.2013:
Kitas werden telefonisch kontaktiert.
Mehrere Bewerbungen werden zusammen mit Fr. U. geschrieben und verschickt.

Beratungsdokumentation vom 07.05.2013:
Frau U. hat Feedback von den Kitas erhalten, dass ihre Bewerbungen bearbeitet werden.
Frau U. bekommt eine Bewerbungsliste ausgehändigt, mit deren Hilfe sie ihre Bewerbungsaktivitäten dokumentieren und somit den Überblick über Bewerbungen und Rückmeldungen behalten kann.
Eine Initiativbewerbung wird ebenfalls verfasst.

Zielvereinbarung
- Frau U. bewirbt sich initiativ und führt die Bewerbungsliste weiter.
- Falls sie innerhalb von zwei Wochen keine Rückmeldung von den Einrichtungen bekommt, ruft sie an und fragt nach.

Beratungsdokumentation vom 10.06.2013:
Gemeinsam mit Frau U. werden Bewerbungen an mehrere Kitas geschrieben.
Ein Vorstellungsgespräch wird eingeübt.

Beratungsdokumentation vom 15.07.2013:
Frau U. teilt per E-Mail mit, dass sie in der Kita L. sozialversicherungspflichtig als Erzieherin eingestellt wird. Sie wird die Beratung nicht mehr in Anspruch nehmen.

Stand Januar 2015: Bei einer zufälligen Begegnung mit Fr U. berichtet diese, dass die Einarbeitungszeit in der Kita L. für sie sehr schwierig gewesen sei. Sie begründet die Anfangsschwierigkeiten mit den zu geringen Sprachkenntnissen (B1–Niveau) und die unterschiedliche Arbeitsweise in der deutschen Einrichtung im Vergleich zu ungarischen Kindergärten. Am Ende ihrer Probezeit habe sie deshalb in eine andere Kita gewechselt, in der sie heute noch als Erzieherin eine sozialversicherungspflichtige Beschäftigung hat.

2.1.2 Fallbeispiel 2 – Frau G. [Zeitraum November 2013 – Januar 2014]

Frau G. hatte ebenfalls bei einer Vorstellung des BIB Projekts beim Sprachkursträger über das Beratungsangebot zum Thema Anerkennung erfahren. Sie wollte ihren durch die Bezirksregierung Düsseldorf erstellten Anerkennungsbescheid besprechen. Es wurde ein Termin zur Beratung vereinbart.

Beratungsdokumentation vom 06.11.2013:

Frau G. hatte bei der Bezirksregierung Düsseldorf einen Antrag auf Gleichwertigkeitsprüfung ihrer in Griechenland durchlaufenen Ausbildung zur Kindergartenpädagogin mit dem deutschen Referenzberuf der Erzieherin gestellt. Der erhaltene Bescheid hat folgenden Inhalt:

„[...] Unter der Berücksichtigung der mir nun vorliegenden gutachterlichen Stellungnahme der Zentralstelle für ausländisches Bildungswesen in Bonn ist Folgendes festzustellen:
Sie haben Ihr Abschlusszeugnis der Pädagogischen Fakultät (Stadt) der staatlichen Universität (Name) in der Fachrichtung Vorschulpädagogik vom (Datum) vorgelegt. Mit diesem Nachweis haben Sie den ordnungsgemäßen und erfolgreichen Abschluss eines regulär vierjährigen Studiums der Vorschulpädagogik an einer griechischen Universität nachgewiesen. In beruflicher Hinsicht ist die von Ihnen dokumentierte Ausbildung in Griechenland unmittelbar berufsbefähigend.
Die Tätigkeiten, zu denen dieser Abschluss in Griechenland befähigt sind denen einer deutschen Erzieherin gleichartig.
Aus schulfachlicher Sicht kommt eine Gleichstellung mit dem deutschen Abschluss der »staatlichen Erzieherin« in Betracht, sofern anhand einer Feststellungsprüfung die erforderlichen berufsrechtlichen Kenntnisse nachgewiesen werden.
Bitte melden Sie sich schriftlich oder telefonisch bei mir, wenn Sie eine Feststellungsprüfung ablegen möchten. Ich würde dann ein geeignetes Berufskolleg mit der Durchführung der Prüfung beauftragen. [...]"

Im Telefonat mit einem Berufskolleg wird geklärt, dass die Prüfung mündlich ist und etwa eine halbe Stunde dauert. In dieser Zeit werden anhand eines Fallbeispiels die fachliche und die sprachliche Kompetenz geprüft. Als Fachliteratur zur Prüfungsvorbereitung wird „Kein Kinderkram", Band 1 und 2, vom Westermann Verlag empfohlen.

Beratungsdokumentation vom 14.11.2013:

Das Telefonat mit der zuständigen Bezirksregierung im Beisein von Frau G. ergibt, dass ein formloser Antrag zur Durchführung der Feststellungsprüfung gestellt werden muss. Außerdem werden Lebenslauf, Zeugnisse und Arbeitsnachweise benötigt. Das C1 Sprachniveau muss vorhanden sein.

Beratungsdokumentation vom 16.12.2013:
Um schnell offene Fragen zu klären, bspw. warum bei diesem EU-Abschluss §36a der Anlage E der APO-BK keine Anwendung findet (s. Fallbeispiel Frau U.), wird gemeinsam mit Frau G. ein Besuch bei der Bezirksregierung abgestattet. Da jedoch vorab keinen Termin vereinbart worden war, kann lediglich ein kurzes Gespräch über das Haustelefon stattfinden, bei dem offene Fragen unbeantwortet bleiben.

Beratungsdokumentation vom 17.12.2013:
Trotz wiederholter Anfragen bei der Bezirksregierung, warum die Bezirksregierungen in Düsseldorf und Detmold Anerkennungsanträge von Erzieherinnen aus der EU unterschiedlich behandeln, gibt es keine zufriedenstellende Antwort. Es wird eine Klage in Betracht gezogen. Laut Verwaltungsgericht können hierbei hohe Kosten auf die Kläger zukommen, daher wird die Idee wieder verworfen.
Ein Antrag auf Gleichwertigkeitsprüfung des Bachelorabschlusses in Erziehungswissenschaften kann bei der ZAB nicht gestellt werden, da die Unterlagen von Frau G. der Bezirksregierung vorliegen.[135]

Beratungsdokumentation vom 18.12.2013:
Der Abteilungsdirektor der Bezirksregierung und die Schulaufsichtsbehörde werden schriftlich um Stellungnahme gebeten, warum die Europaklausel aus § 36a der Anlage E der APO-BK keine Berücksichtigung in Düsseldorf findet.

Beratungsdokumentation vom 06.01.2014:
Der Abteilungsdirektor der Bezirksregierung teilt in seiner Antwort mit, dass der Vorgang an die zuständige Person weitergeleitet worden sei, von dort würde diese an die Rechtsstelle der Schulaufsichtsbehörde weiter verschickt werden. Man werde unaufgefordert über das Ergebnis informiert.

Dokumentation zum Abschluss des Beratungsfalls:
Frau G. ist nach dem letzten Termin nicht mehr in die Beratung gekommen. Obgleich die BIB Beratung freiwillig ist, wird bei Frau G. nachgefasst und in Erfahrung gebracht, dass sie eine Arbeitsstelle hat. Diese wird allerdings nicht konkret genannt.
Auf die Nachfrage bei der Bezirksregierung am 02. Juni 2014, ob es in der Zwischenzeit ein Ergebnis gibt, ist die Antwort negativ. Die Rechtsabteilung habe die Angelegenheit an das Schulministerium zur Prüfung weitergeleitet (Januar 2014). Der Fall ist bis heute ungeklärt. Beim Netzwerktreffen Competentia am 04. November 2014 kann dieser bei Fachexperten platziert werden. Der Frage, weshalb Bezirksregierungen unterschiedliche Bescheide schreiben bzw. warum EU-Abschlüsse für Erzieher ungleich behandelt werden, soll geklärt

---

[135] Antrag auf Gleichwertigkeit des Bachelorabschlusses kann erst erfolgen, wenn die Originalunterlagen zurück erhalten werden.

werden. Man wolle sich dafür einsetzen, dass die Bezirksregierungen zu einheitlichen Vorgehensweisen kommen.
Trotz intensiver Kontaktaufnahme zur Bezirksregierung Düsseldorf gibt es hinsichtlich Anerkennung von Erzieherabschlüssen aus Griechenland noch viele offene Fragen:

- Ist die Feststellungsprüfung verpflichtend?
- Darf eine griechische Erzieherin als Fachkraft im Kindergarten arbeiten?
- Dürfen griechische Erzieherinnen und Erzieher auch ohne Feststellungsprüfung als Gruppenleiterinnen und Gruppenleiter im Kindergarten eingesetzt werden?
- Warum muss die griechische Erzieherin eine Feststellungsprüfung machen und die ungarische Erzieherin nicht bzw. warum werden EU-Abschlüsse unterschiedlich behandelt?

2.1.3 Stellungnahme aus der Beratungspraxis

Die Beantwortung der oben genannten Fragen ist dringlich und wichtig, da das letzte Fallbeispiel kein Einzelfall ist. Über eine private Sprachschule kommen immer wieder griechische Erzieherinnen und Erzieher in die Anerkennungsberatung von BIB. Durch Kontakte untereinander wird das Beratungsangebot weiter empfohlen.
Die Beratungspraxis zeigt, dass griechische Erzieher die Feststellungsprüfung meiden. Dies ist dadurch zu erklären, dass der Rahmen und manche Inhalte dieser Prüfung unbekannt sind. Es gibt keine offizielle Orientierungshilfe, sondern lediglich einen Verweis auf eine umfangreiche Fachliteratur, die hilfreich sei. Auch eine Unterstützung für Migranten z. B. in Form von Kursen, die sie auf die Feststellungsprüfung vorbereiten, ist nicht existent.
Angesichts der Tatsache, dass viele griechische Erzieher im vergangenen Jahr nach Deutschland gekommen sind, besteht hier Handlungsbedarf. Einige diese Zuwanderer sind Rückkehrer, d. h., sie sind in Deutschland aufgewachsen und sprechen sehr gut Deutsch. Nach einem Studium in Griechenland kommen sie entweder auf Grund der wirtschaftlichen Krise zurück oder vielleicht weil Deutschland auch ein Stück Heimat bedeutet. Hier besteht ein großes Potenzial, das vor dem Hintergrund des hohen Fachkräftemangels in dem Bereich genutzt werden kann. Ein Anpassungslehrgang, der spezifische Kenntnisse vermittelt, wäre sicherlich eine gute Möglichkeit, den Erziehern den Einstieg in Deutschland zu erleichtern.
In der BIB Beratung wird für die griechischen Erzieher derweil eine Gleichwertigkeitsprüfung des Studienabschlusses „Bachelor in Erziehungswissenschaften" bei der ZAB beantragt. Mit einem anerkannten Bachelorabschluss können sie zunächst als Fachkräfte arbeiten. So werden in der Vereinbarung zu den Grundsätzen über die Qualifikation und den Personalschlüssel nach § 26 Abs. 3 Nr. 3 des Gesetzes zur frühen Bildung und Förderung von Kindern (Kinderbildungsgesetz KiBiz) vom 26. Mai 2008 in der Fassung vom 1. Januar 2015 unter §1 folgende Personengruppen als *Fachkräfte* anerkannt:

"Absolventinnen und Absolventen von Diplom-, Bachelor- und Master-Studiengängen der Erziehungswissenschaften, der Heilpädagogik sowie Studiengängen der Fachrichtung Soziale Arbeit, Kindheitspädagogik sowie Sozialpädagogik, wenn sie einen Nachweis über eine insgesamt mindestens sechsmonatige Praxiserfahrung in einer Kindertageseinrichtung oder in Kindertagespflege (Kindertagesbetreuung) erbringen."

Seit Januar 2015 gilt in der Personalvereinbarung des nordrheinwestfälischen Kinderbildungsgesetzes (KiBiz), dass die Fachkräfte ein sechsmonatiges Praktikum absolvieren müssen. Die griechischen Erzieherinnen und Erzieher wurden am Anfang teilweise als Ergänzungskräfte beschäftigt, bis sie ausreichend Berufserfahrung haben, um als Fachkräfte eingestellt zu werden. Das hat für die Betroffenen den Vorteil, dass sie von Beginn an gemäß Tarif vergütet werden und aus unqualifizierten Jobs herauskommen.

2.2 Anerkennung zum Arzt: Migration aus einem Drittstaat

Im folgenden Beispiel wird die Arbeitsmarktmigration eines Arztes aus Mittelamerika auf dem Weg zur staatlichen Zulassung in Deutschland beschrieben. Herr N. stammt aus einem sog. Drittstaat, d. h. aus einem Nichtvertragsstaat der EU und des Abkommens über den Europäischen Wirtschaftsraum (EWR). In seiner Heimat arbeitete er nach Abschluss seines Medizinstudiums (sechs Jahre) drei Jahre als Assistenzarzt in einem Krankenhaus auf der Gynäkologischen Station und in der Geburtshilfe.

2.2.1 Die Migrationsgeschichte des Herrn N. [Zeitraum 2008 – Februar 2013]

Herr N. kam 2008 das erste Mal aus privaten Gründen als Tourist nach Deutschland. Bei dieser Gelegenheit und mit der Absicht, nach Deutschland zu migrieren, informierte er sich bei der Bezirksregierung Düsseldorf über die Bedingungen, als ausländischer Arzt in Deutschland arbeiten zu dürfen: Der Beruf des Arztes ist ein reglementierter Beruf, dessen Ausübung der Approbation bedarf. Um in Düsseldorf arbeiten zu können, müsse Herr N. die Approbation bei der Bezirksregierung Düsseldorf beantragen. Vor der Approbation müssten die Inhalte seines Studiums durch einen Gutachter geprüft und mit denen eines Medizinstudiums in Deutschland verglichen werden.

Für Antragsteller aus Drittstaaten bestand bis 2012 nur im besonderen Einzelfall die Möglichkeit, sich in Deutschland approbieren zu können. So hieß es im Merkblatt vom 26.11.2008 der Bezirksregierung Düsseldorf

"[Sie haben] keinen Rechtsanspruch auf die Erteilung der Approbation, sondern nur einen Anspruch auf eine fehlerfreie Ermessensentscheidung." Außerdem war ein Antrag auf Ap-

probation an der Bedingung geknüpft, dass Antragssteller „[...] *im Besitz einer unbefristeten Aufenthaltserlaubnis oder im Besitz einer Aufenthaltsberechtigung [...]*" sind.[136]

Für den Antrag auf Erteilung der Erlaubnis zur vorübergehenden Ausübung des ärztlichen Berufes gemäß §10 Bundesärzteordnung wurde u. a. die „*[a]mtlich beglaubigte Kopie der Studienbücher (fremdsprachige Dokumente bedürfen der Übersetzung einer in der Bundesrepublik Deutschland gerichtlich ermächtigten Person) [...].*" (ebd.) verlangt. Da das Studienbuch von Herrn N. 195 Seiten umfasst, lag der günstigste Kostenvoranschlag für deren Übersetzung bei 10.000 EUR. Eine finanziell nicht tragbare Summe für Herrn N..

Herr N. kam 2009 nach Deutschland und erhielt einen befristeten Aufenthaltstitel und eine Arbeitserlaubnis auf Grund von Familienzusammenführung.[137] Er informierte sich erneut bei der Bezirksregierung Düsseldorf über die Möglichkeit der Zulassung als Arzt, ohne neue Erkenntnisse zu erlangen.

Der Besuch eines Integrationskurses, der für Zuwanderer seit 2005 verpflichtend ist, und für dessen Finanzierung Zuschüsse vom Bundesamt für Migration und Flüchtlinge (BAMF) möglich waren, endete mit dem Bestehen der B1 Sprachprüfung.

Im Jahr 2010 bestritt Herr N. mit Musizieren in Gaststätten, Erteilen von Spanischunterricht, Arbeiten im Messebau und als Gärtner seinen Lebensunterhalt. Er bekam seinen ersten Minijob-Arbeitsvertrag als Spüler in einem spanischen Hotel.

Trotz allem verfolgte er weiterhin sein Ziel, in Deutschland als Arzt zu arbeiten. So nahm er hierfür u. a. Kontakt mit dem VIA Institut – dem Ärzte-Integrations-Zentrum - in Nürnberg auf und informierte sich über Qualifizierungsmaßnahmen zur Vorbereitung ausländischer Ärzte auf die Approbation. Auf dem Infotag erfuhr er, dass die Teilnahme an einer Qualifizierungsmaßnahme mit einem Bildungsgutschein von der Agentur für Arbeit möglich sei. Parallel müsse er einen B2 Sprachkurs besuchen. Seine Anfrage bei der Arbeitsagentur in Düsseldorf wurde mit der Begründung abgelehnt, dass der Kurs in einem anderen Bundesland stattfindet.

Anfang 2011 nahm Herrn N. am Orientierungskurs[138] teil und bestand ihn. Ab Mai bekam er eine Vollzeitstelle als Portier und Rezeptionist, eine Stelle bei der er seine deutschen Sprachkenntnisse vertiefen konnte.

Es erfolgte eine erneute Kontaktaufnahme mit der Bezirksregierung. Da mindestens Deutschkenntnisse auf Kompetenzniveau B2 als Voraussetzung für die Approbation verlangt werden, besuchte Herr N. den B2 Sprachkurs als Selbstzahler. Laut Informationsblatt zum Antrag auf Erteilung der Erlaubnis zur vorübergehenden Ausübung des ärztlichen Berufs gem. §10 Bundesärzteverordnung (BÄO) sind die Sprachkenntnisse durch „*[...] eine Bescheinigung eines Sprachinstituts, sofern mindestens Kenntnisse der Mittelstufe B2 nach-*

---

[136] Durch die Bezirksregierung zusammengestellte Informationsblätter vom 06.11.2008.
[137] Er lebte in eheähnlicher Gemeinschaft mit seiner deutschen Partnerin und seinem neugeborenem Kind zusammen.
[138] Der siebte und letzte Kursabschnitt des Integrationskurses heißt Orientierungskurs. Er dauert 60 Stunden. Wesentliche Themen im Orientierungskurs sind die deutsche Rechtsordnung, Geschichte und Kultur sowie Werte, die in Deutschland wichtig sind, zum Beispiel Religionsfreiheit, Toleranz und Gleichberechtigung.

gewiesen werden (eine Teilnahmebescheinigung an einem Sprachkurs reicht nicht aus)[...]" darzulegen.

Das erste Angebot von Seiten eines Arztes, ein Praktikum im Krankenhaus durchzuführen, konnte Herr N. nicht annehmen, da er die Berufserlaubnis[139] noch nicht beantragt hatte. Dafür fehlten ihm noch die Unterlagen. Zudem ging er weiterhin davon aus, dass er sein Studienbuch für ihn nicht tragbare 10.000 EUR übersetzen lassen müsste.
Im Jahr 2012 besuchte Herr N. weiterhin den B2 Sprachkurs und nahm im September erfolgreich an der Prüfung teil. Im selben Jahr erhielt er eine unbefristete Aufenthaltsberechtigung, die Niederlassungserlaubnis.
Herr N. nahm am 18. September 2012 wieder Kontakt mit der Bezirksregierung auf und erfuhr, dass seit Inkrafttreten des Anerkennungsgesetzes (BQFG) am 01. April 2012 die Approbation unabhängig von seiner Staatsangehörigkeit beantragt werden kann. Außerdem hieß es, dass seine bei einem privaten Sprachkursträger bestandene B2 Sprachprüfung von der Bezirksregierung nicht akzeptiert wird. Eine Sprachprüfung nach dem Europäischen Referenzrahmen bzw. ein TELC Sprachenzertifikat (The European Language Certificates) sei notwendig.
Nach Besuch eines Vorbereitungskurses bestand Herr N. auch die TELC-Prüfung und begann mit dem C1 Sprachkurs. Jeder Sprachkurs kostete 450 EUR.
Herr N. hatte wiederholten Kontakt zum Direktor des VIA Instituts in Nürnberg und bekam ein Stipendium in Aussicht gestellt. Voraussetzung war die Berufserlaubnis. Aus berufsperspektivischen Gründen erwog Herr N. nach Nürnberg zu ziehen, obwohl er dort keinerlei Kontakte besaß.
Im Oktober des Jahres 2012 verlor Herr N. seinen Arbeitsplatz als Portier und Rezeptionist aufgrund von Personalreduzierung. Er meldete sich zum ersten Mal bei der Agentur für Arbeit Düsseldorf arbeitslos. Beim Berufsberatungsgespräch reichte er sein übersetztes Arztdiplom ein und stellte mündlich einen Antrag auf einen Bildungsgutschein für eine Vorbereitungsmaßnahme auf die Approbation am VIA Institut in Nürnberg. Der Antrag wurde abgelehnt. Laut Eingliederungsvereinbarung sollte er sich um eine Arbeit als Portier bewerben. Ferner wurden ihm die Teilnahme an einem „Integrationskurs oder berufsbezogenen Sprachkurs" bei einem privaten Bildungsträger und eine Weiterbildungsmaßnahme im Hotel- und Gaststättengewerbe angeboten.
Da Herr N. bereits die B2 TELC-Sprachprüfung bestanden hatte und als Arzt arbeiten wollte, informierte er sich beim Bildungsträger und lehnte diese aus seiner Sicht nicht zielgerichteten Maßnahmen ab. Er fand das Beratungsergebnis sehr enttäuschend und hatte den Eindruck, dass die Agentur für Arbeit (AA) kein Interesse hatte, ihn zielgerecht zu fördern.

---

[139] Die Berufserlaubnis wird erteilt, wenn die Voraussetzungen für die Approbation noch nicht erfüllt sind. Diese gilt daher „[…] für eine nicht selbständige, nicht leitende Tätigkeit zur praktischen Vorbereitung auf die Gleichwertigkeitsprüfung […]" und wird „auf die prüfungsrelevanten Bereiche »Innere Medizin« und »Chirurgie« beschränkt." (Quelle: : http://www.brd.nrw.de/gesundheit_soziales/Approbation/PDF/Merkblaetter/Merkblatt-nicht-EU-Aerzte-Approbation--_neu-_.pdf).

Nach dreimonatiger Arbeitslosigkeit hatte Herr N. Anfang Februar 2013 eine neue Vollzeitarbeitsstelle als Küchenhelfer an.

2.2.2 Der Unterstützungsprozess im Rahmen des BIB-Projektes [April 2013 – Januar 2015]

Herr N. hatte durch Mund-zu-Mund-Propaganda von der Anerkennungsberatung der AWO in Düsseldorf erfahren. Er nahm im Frühjahr 2013 Kontakt auf und erhielt einen ersten Termin.

Beratungsdokumentation vom 16.04.2013:
Bei diesem ersten Termin kann durch ein Telefonat mit einer Beraterin des Jugendmigrationsdienstes geklärt werden, dass Herr N. sein **vollständig** übersetztes Studienbuch nicht einreichen muss. Das Fächer- und Notenverzeichnis seines Studiums, das wesentlich kürzer ist und etwa zehn Seiten umfasst, reiche aus. Weiterhin wird mit der Bezirksregierung geklärt, welche Dokumente durch die Heimatbehörden legalisiert werden müssen[140]. Es erfolgt eine erste telefonische Kontaktaufnahme mit dem mibeg-Institut[141] in Köln, das ausländische Ärzte auf die Approbation vorbereitet.

Beratungsdokumentation vom 08.05.2013:
Gemeinsam mit Herr N. wird eine komplette Liste aller Dokumente angefertigt, die für den Antrag auf die Approbation benötigt werden. Fragen, die sich daraus ergeben, werden telefonisch und per E-Mail mit der Bezirksregierung Düsseldorf geklärt.

Beratungsdokumentation vom 04.06.2013:
Der gemeinsame Besuch einer Informationsveranstaltung des mibeg-Instituts in Köln ist eine gute Gelegenheit, weitere Informationen bzgl. Vorbereitung ausländischer Ärzte auf die Approbation zu sammeln.
Herr N. berichtet über seine Bemühungen, die noch fehlenden Unterlagen aus seinem Heimatland zu beschaffen. Dazu war eine Vollmacht für seinen Bruder notwendig, die er von der entsprechenden Botschaft in Berlin persönlich beglaubigen lassen musste. Die Kosten für Reise und Gebühr betrugen 282 EUR.

Beratungsdokumentation vom 09.07.2013:
Herr N. ruft an und berichtet, dass die Vollmacht, anstatt an seinen Bruder, versehentlich nach Spanien und dann zurück nach Deutschland verschickt worden sei und die Ankunft der Dokumente sich somit verzögerten.

---

[140] Dies ist für manche Drittländer vorgeschrieben, um die Einreichung gefälschter Dokumente zu verhindern.
[141] Das mibeg-Institut bietet Weiterbildung für Mediziner, Ökonomen und Juristen an. U. a. werden hier ausländische Ärzte, Gesundheits- und Krankenpfleger und Angehörige anderer Heilberufe auf die Prüfungen zur Anerkennung in NRW vorbereitet.

Eine weitere Nachricht ist, dass er aufgrund der rückgängigen Auftragslage seine Arbeit als Küchenhelfer erneut verloren hat. Herrn N. bittet um Begleitung zur Agentur für Arbeit. Nach seiner ersten Erfahrung geht er davon aus, dass seine Qualifikation als Arzt in Zweifel gezogen wird.

Beratungsdokumentation vom 19.08.2013:
Der Termin bei der Arbeitsagentur verläuft erfolgreich, was vermutlich u. a. der „offiziellen" Begleitung zu verdanken ist. So erhält Herr N. neben der Arbeitslosengeldbestätigung eine Zusage zur Übernahme der Gutachterkosten, die für die Approbation anfallen werden.

Beratungsdokumentation vom 22.08.2013:
Ein Beratungstermin bei der Bezirksregierung wird in Vorbereitung auf den Approbationsantrag gemeinsam mit Herrn N. wahrgenommen.

Beratungsdokumentation 10.09.2013:
In den Wochen vor diesem Termin waren die Unterlagen aus dem Herkunftsland eingetroffen und konnten übersetzt werden. Die Übersetzungskosten betrugen insgesamt 600 EUR und wurden von Herrn N. getragen, der dadurch 9.400 EUR „gespart" hat.
Der Antrag auf Approbation wird vorbereitet und Herr N. reicht ihn bei der Bezirksregierung ein.

Beratungsdokumentation vom 15.10.2013:
Hr. N erhält von der Bezirksregierung das Gutachten infolge der Gleichwertigkeitsprüfung: Seine Ausbildung weise im Vergleich zu einer ärztlichen Ausbildung in Deutschland Defizite auf. Es wird ihm empfohlen, einen Anpassungslehrgang zur Vorbereitung auf die Approbation zu besuchen oder mit Berufserlaubnis ein Jahr – davon ein halbes Jahr Innere Medizin und ein halbes Jahr Chirurgie - in einem Krankenhaus zu arbeiten.
Herr N reicht das Gutachten bei der Agentur für Arbeit ein, die die hierfür entstandenen Kosten in Höhe von 428,40 € übernimmt.

Beratungsdokumentation vom 17.09.2013:
Herr N bewirbt sich beim mibeg-Institut für einen Anpassungslehrgang für ausländische Ärzte.

Beratungsdokumentation vom 22.10.2013:
Bei einem weiteren gemeinsamen Termin bei der Agentur für Arbeit und infolge der schriftlichen Mitteilung durch das mibeg-Institut in Köln, dass Herr N. für den Anpassungslehrgang aufgenommen wird, erhält er einen Bildungsgutschein hierfür. Neben der Finanzierung des Anpassungslehrgangs werden die Fahrkosten zum Bildungsinstitut sowie die weiteren Bearbeitungsgebühren in Höhe von 210 EUR, die die Bezirksregierung erhoben hatte, eben-

falls übernommen. Der in Deutschland beklagte Ärztemangel könnte eine Rolle für diese positive Entwicklung gespielt haben.

Beratungsdokumentation vom 04.11.2013:
Herr N. startet an diesem Tag den Anpassungslehrgang für Ärzte am mibeg-Institut.

Beratungsdokumentation vom 12.02.2014:
Für die Beantragung der Berufserlaubnis fordert die Bezirksregierung von Herrn N. ein polizeiliches Führungszeugnis aus seiner Heimat. Es kann geklärt werden, dass dieses der Bezirksregierung bereits vorlag.

Beratungsdokumentation vom 14.02.2014:
Durch eine ehrenamtliche Sprachpatin der AWO bekommt Herr N. einmal wöchentlich ein Sprachtraining in Deutsch.

Beratungsdokumentation vom 19.02.2014:
Begleitung von Herrn N. zum Termin bei der Agentur für Arbeit: Er kann bis zum 31.07.2014 mit Arbeitslosengeld I gefördert werden. Sollte er über diesen Termin hinaus finanzielle Unterstützung benötigen, müsse er beim Jobcenter Arbeitslosengeld II beantragen.
Herr N. benötigt für seine Tätigkeit im Krankenhaus zwei Impfungen gegen Hepatitis A und B. Die Kosten hierfür in Höhe von etwa 300 EUR werden von seiner Krankenkasse nicht übernommen. Sie können eventuell durch die Agentur für Arbeit übernommen werden, wenn die Notwendigkeit dieser Impfungen von Krankenhaus und mibeg-Institut schriftlich bescheinigt wird.

Beratungsdokumentation 20.02. - 15.04.2014:
In dieser Zeit organisiert Herr N. die notwendigen Dokumente für den Antrag auf Zulassung zur Kenntnisstandprüfung sowie für den Antrag auf eine Berufserlaubnis, Erlaubnis die er für die Aufnahme eines Praktikums benötigt. Während für den Anpassungslehrgang zur Vorbereitung auf die Kenntnisprüfung ein dreimonatiges Praktikum vorgesehen ist, setzt die Erteilung der Berufserlaubnis hingegen einen Vertrag für eine einjährige Tätigkeit in einem Krankenhaus voraus.[142] Dies führt dazu, dass die Praktikumssuche sich äußerst schwierig gestaltet, auch wenn Herr N. im Rahmen der BI-Beratung bei den Bewerbungen unterstützt wird. Insgesamt verschickt Herr N. sechsundzwanzig Bewerbungen im Raum Düsseldorf.[143]

---

[142] Laut eines Auszugs aus der Berufserlaubnis, ist diese eine "Erlaubnis zur vorübergehenden Ausübung des ärztlichen Berufes im Bereich Innere Medizin und Allgemeine Chirurgie (jeweils sechs Monate) unter Aufsicht, Anleitung und Verantwortung von approbierten Ärztinnen und Ärzten […]".
[143] Da die Approbation bei der Bezirksregierung Düsseldorf beantragt worden ist, muss das Praktikum im Raum Düsseldorf durchgeführt werden.

Beratungsdokumentation vom 16.04.2014:
Herr N. erhält die Zusage für ein sechsmonatiges unbezahltes Praktikum in einem Düsseldorfer Krankenhaus.

Beratungsdokumentation vom 29.04.2014:
Eine schwierige Situation muss geklärt werden: Herr N. hatte erst kurz vor Ostern den Praktikumsplatz erhalten. Der zuständige Sachbearbeiter im Krankenhaus vergaß den Praktikumsvertrag und ging in Urlaub. Ohne Praktikumsvertrag gibt es keine Berufserlaubnis, sodass das mibeg-Institut Herrn N. kündigt und die Agentur für Arbeit entsprechend darüber informiert. Im Rahmen der Beratung wird telefonisch mit dem mibeg-Institut und der Agentur für Arbeit vermittelt. Herr N. bemüht sich intensiv um den Vertrag und die Berufserlaubnis. Beide werden am 29.04.2015 ausgestellt. Die Kündigung des Vertrages durch das mibeg-Institut wird zurückgezogen.

Beratungsdokumentation vom 02.05.2014:
Herr N. beginnt das unbezahlte Praktikum in der Chirurgie eines Düsseldorfer Krankenhauses. Die Betriebsärztin des Krankenhauses gibt Herrn N. die benötigten Impfungen, ohne ihm diese in Rechnung zu stellen.

Beratungsdokumentation von 14.07.und 16.07.2014:
Da sein Anspruch auf Arbeitslosengeld zum 01.08.14 endet, wird Herr N. zu Terminen im Jobcenter begleitet. Es wird ein Antrag zum Arbeitslosengeld II gestellt, sodass Herr N. übergangslos Leistungen vom Jobcenter beziehen kann. Der Anpassungslehrgang ist beendet und Herr N. führt nun das Praktikum weiter.

Beratungsdokumentation vom 18.07.2014:
Herr N. bekommt einen Bescheid von der Bezirksregierung, dass er zur Kenntnisstandprüfung zugelassen wird und diese voraussichtlich im Dezember 2014 stattfindet.

Beratungsdokumentation vom 26.09.2014:
Die Bezirksregierung Düsseldorf teilt mit, dass die Kenntnisprüfung am 19.11.2014 in der Uniklinik in Bonn durchgeführt wird.

Beratungsdokumentation vom 18.10.2014:
Als Inhaber einer Berufserlaubnis wird Herr N. als Mitglied der Ärztekammer Nordrhein begrüßt.

Beratungsdokumentation vom 19.11.2014:
Herr N. nimmt an der Kenntnisprüfung teil, es gelingt ihm aber nicht, diese zu bestehen. Bis zur Wiederholung in einem halben Jahr wird er sein Praktikum im Krankenhaus in der Inneren Medizin fortführen.

Es ist hier anzumerken, dass Ärzte aus Drittstaaten, anders als Ärzte aus der EU, eine viel umfangreiche Prüfung absolvieren müssen. So heißt es hierzu in den Erläuterungen zum BQFG:

„[...] *Es wird eine Kenntnisprüfung abgenommen, die sich auf den Inhalt der staatlichen Abschlussprüfung bezieht. Dies bedeutet, dass die Prüfung aus allen Inhalten der Staatsprüfung bestehen kann und nicht nur auf die festgestellten Defizite beschränkt ist. Allerdings ist in der Gesetzesbegründung klargestellt, dass die Kenntnisprüfung keine vollständige Abschlussprüfung der Ausbildung umfasst. Sie soll aber sicherstellen, dass die Antragsteller zur umfassenden Ausübung des Berufs in der Lage sind.*" (BMBF, 2012, S. 37)

Beratungsdokumentation vom 01.01.2015:
Herr N. kann sein Krankenhauspraktikum in der Abteilung Innere Medizin für drei Monate verlängern. Weil er dafür keinen finanziellen Ausgleich erhält, führt dies zu Schwierigkeiten mit dem Jobcenter. Dieses fordert eine Bescheinigung der Bezirksregierung, dass unentgeltliche Praktika für ausländische Ärzte möglich sind. Die Bezirksregierung stellt jedoch eine solche Bescheinigung nicht aus, da dies allein die Entscheidung des Krankenhauses ist. Die Krankenhäuser verfügen allerdings über keine Planstellen für ausländische Ärzte mit Berufserlaubnis. Auch in dieser Problematik wird im Rahmen der BIB Beratung vermittelt.

Eine weitere Schwierigkeit ist die Verlängerung der Berufserlaubnis für Herrn N., die Ende April 2015 ausläuft. Sein Praktikumsvertrag geht nur bis Ende März und es ist nicht sicher, ob das Krankenhaus seinen Vertrag erneuern wird.

Herr N. bewirbt sich um einen neuen Praktikumsplatz. Er macht sich Sorgen, dass eine Unterbrechung der Arzttätigkeit seine Chancen mindern wird, die Kenntnisprüfung zu bestehen.

3 Fazit und Empfehlungen

Verbesserter Zugang zu Informationen
Über die Datenbank „Anerkennung in Deutschland" sind die Informationen zu den entsprechenden Anerkennungsstellen für alle Referenzberufe zugänglich, d. h. auch für akademische Heilberufe in NRW. Der Online-Auftritt der Bezirksregierung Düsseldorf hat sich erheblich verbessert. Alle notwendigen Informationen, das Antragsformular, das Merkblatt und die Ansprechpartner sind leicht zu finden. Hilfreiche Verbesserungen wären die Auflistung der Unterlagen, die im Heimatland legalisiert[144] werden müssen und die Verfügbarkeit

---

[144] In diesem Fall u. a. Diplom und Geburtsurkunde, deren Echtheit durch die Legalisierung bestätigt werden muss.

aller Informationen auch in englischer Sprache. Diese Verbesserungen würden gleichzeitig zur Entlastung der Mitarbeiter der Bezirksregierung führen.

Im letzten Beispiel wird ersichtlich, dass das BQFG eine wesentliche Verbesserung für Ärzte aus Drittstaaten bringt, da der Antrag auf Approbation jetzt unabhängig vom Aufenthaltsstatus beantragt werden kann. Der frühzeitige Zugriff auf Informationen, d. h. deren Verfügbarkeit in mehreren Sprachen, wäre hierbei sehr hilfreich. Dies würde die rechtzeitige Beschaffung von Dokumenten ermöglichen, da hierfür in einigen Ländern das persönliche Erscheinen notwendig ist. Mitunter müssen Verwandte gefunden werden, die zu den Behörden in der Heimat persönlichen Kontakt aufnehmen, um diese Dokumente zu beschaffen. Da in vielen Fällen die entsprechenden Behörden weit entfernt von den Wohnorten der Verwandten sind, kann es sich hierbei um einen langwierigen Prozess handeln.

Das Ziel muss aber sein, den Prozess von der ersten Information bis zum Eintritt in den erlernten Beruf zu verkürzen.

Verbesserung der Kommunikation mit Behörden

In der Kommunikation zwischen Behörden und Antragstellern bestehen oft Hürden. Das Behördendeutsch bleibt oft unverständlich und die Strukturen in Deutschland sind Migrantinnen und Migranten nicht bekannt. Sie benötigen Zeit und Energie, um sich im „Dschungel der Behörden" zurechtzufinden. Die BIB Beraterin sieht sich daher in vielen Fällen als Vermittlungsinstanz.

Beispielsweise hatte der Ratsuchende aus dem zuletzt dargestellten Fallbeispiel die für Antragstellung auf Approbation erforderlichen Dokumente nach und nach der Bezirksregierung zukommen lassen, anstatt diese gebündelt mit dem Antrag zu versenden. Die Sachbearbeiterin wurde darüber ungehalten, da sie sich stets von neuem dem Vorgang widmen musste. Dies spiegelte sich auch in der Beziehung zum Antragssteller wider, der sich das veränderte Verhalten der Sachbearbeiterin nicht erklären konnte. Ein anderes Mal hatte eine sehr freundliche Mitarbeiterin des Jobcenters einem ausländischen Kunden einen Termin vorgeschlagen. Da er diesen Termin mit der AWO Beraterin koordinieren wollte, änderte er ihn dreimal. Die Mitarbeiterin des Jobcenters musste ihn folglich daran erinnern, dass er als Kunde des Jobcenters zwingend für Termine zur Verfügung stehen muss. Die AWO Beraterin vermittelte.

Der Beratungsprozess mit ausländischen Kundinnen und Kunden braucht demnach mehr Zeit. Dem wird in den Behörden zu wenig Rechnung getragen. Für diesen Personenkreis steht genau so „viel" Zeit zur Verfügung wie für deutschsprachige Kundschaft. Eine Reduzierung der Fallzahlen bei der Agentur für Arbeit und im Jobcenter wäre notwendig. Briefe von Behörden werden unabhängig vom Inhalt nur unzureichend verstanden. Insbesondere Anerkennungsbescheide müssen für die Zielgruppen verständlich formuliert sein.

Qualifikation der Behördenmitarbeiter
Fortbildungen in interkultureller Kompetenz sollten für Mitarbeiterinnen und Mitarbeiter von Behörden, die viel Kontakt mit ausländischer Kundschaft haben, verpflichtend sein. Sie sollten dadurch für die Kommunikation und den Umgang mit Migranten qualifiziert werden. Langsam und deutlich sprechen und geduldig und aktiv zuhören sollte u. a. in der Kommunikation mit Migranten selbstverständlich sein. Der Beratungsalltag sieht jedoch anders aus. Unterstützung durch Sprach- und Kulturmittler wäre zudem zu empfehlen. Z. T. können Mitarbeiter mit Migrationshintergrund diese Rolle übernehmen.

Ferner wäre es eventuell sinnvoll, dass das Jobcenter selbst eine Anerkennungsberatung durchführt, da hier in den nächsten Jahren mit stetigen Veränderungen zu rechnen ist. Kompetente Mitarbeiter, die sich in diesen Themenbereich einarbeiten, könnten ihre Kollegen unterstützen.

Anforderungen an das Sprachniveau, Sprachkurse und Finanzierung
Laut der *Erläuterungen zum Anerkennungsgesetz des Bundes* „[…] sind für einzelne reglementierte Berufe die Anforderungen an das für die Berufsausübung erforderliche Sprachniveau in den Fachgesetzen explizit geregelt […]" (BMBF, 2012, S. 13). Die Anforderungen an das Sprachniveau können nur durch zusätzliche auf dem verpflichtenden Integrationskurs aufbauende Sprachkurse zu erfüllen.

Die Förderung weiterführender Sprachkurse[145] durch die Agentur für Arbeit und das Jobcenter gestaltet sich schwierig, da es sich hierbei um „Kann-Leistungen" handelt. Oft wird die Übernahme der Kosten für diese Kurse abgelehnt, sodass die Migrantinnen und Migranten die Kosten selbst tragen müssen. Zudem kann es vorkommen, dass sie vom Jobcenter in eine weniger effektive Maßnahme vermittelt werden, sodass sie den selbstfinanzierten Sprachkurs abbrechen müssen.

Die Agentur für Arbeit und das Jobcenter sollten die benötigten Sprachkurse bis B2 und bei Bedarf, z. B. für Lehrerinnen und Lehrer, auch C1 oder C2 finanzieren. Ferner sollte eine finanzielle Förderung der notwendigen Sprachkurse auch für Migrantinnen und Migranten möglich sein, die nicht im Leistungsbezug stehen.

Verbesserung des Angebots für Anpassungsmaßnahmen am Beispiel Erzieher
Es gibt insgesamt noch zu wenige Anpassungsmaßnahmen. Für Erzieherinnen und Erzieher gibt es z. B. in Düsseldorf zurzeit keinen Anpassungslehrgang.

Die Anpassungsmaßnahmen werden in der Regel von privaten Bildungsanbietern durchgeführt. Hier lernen die Migrantinnen und Migranten die Fachsprache und die spezifische Dokumentation kennen sowie die in Deutschland für den jeweiligen Beruf relevanten Gesetze, sie werden fachlich ausgebildet. Diese Anpassungslehrgänge werden für reglementierte Berufe angeboten, münden in eine Praktikumsphase und schließen mit einer Prüfung ab. Die

---

[145] Gefördert werden lediglich Integrationskurse, die mit eine B1 Sprachprüfung abschließen. Ab B2 Sprachniveau geht es um weiterführende Kurse.

Erfahrung zeigt jedoch, dass viele Teilnehmer die Prüfung nicht bestehen. Die Qualität der Anpassungslehrgänge reicht oft nicht aus und die Gründe dafür sind vielfältig.

In Düsseldorf arbeitet die Zeitarbeitsfirma START mit der Pflegefachschule des Evangelischen Krankenhauses an einem neuen Konzept für einen Anpassungslehrgang für Gesundheits- und Krankenpflegepersonal zusammen. Die Migranten mit einschlägiger Ausbildung werden hier ab August 2015 das dritte Ausbildungsjahr durchlaufen und mit einer Prüfung abschließen. Es ist zu erwarten, dass die Erfolgsquote wesentlich höher ausfallen wird, da die benötigten Kompetenzen der Lehrkräfte und das Fachwissen hier vorhanden sind.

Statusklärung für Ärzte mit Berufserlaubnis

Eine unerwartete Schwierigkeit stellte die Praktikumssuche für Herrn N. aus dem letzten Praxisbeispiel dar. Trotz Ärztemangel war es problematisch, einen Praktikumsplatz zu finden. Dies liegt u. a. daran, dass für ausländische Ärzte keine Planstellen verfügbar sind. Es herrscht Unklarheit darüber, ob und wie ausländische Ärzte bezahlt werden müssen, die sich in der Vorbereitung auf die Approbation befinden. Deren Status ist ungeklärt - ist er Kollege, ist er Praktikant? – und dies kann die Kolleginnen und Kollegen im Krankenhaus verunsichern.

Für ausländische Ärzte mit Berufserlaubnis müssen demnach Planstellen eingerichtet werden. Der Status, den diese Ärzte im Krankenhaus innehaben, muss klar definiert werden. Angesichts der knappen Haushalte in Krankenhäusern bleibt zu klären, wie diese Stellen bezahlt werden können. Hierfür braucht es gesetzliche Grundlagen, da das neue Mindestlohngesetz allein nicht ausreichend ist.

Vernetzung der Anerkennungsberater

Für die Anerkennungsberatung gibt es das IQ Netzwerk, das sowohl telefonisch informiert als auch in einigen Städten Beratungsstellen zur persönlichen Beratung unterhält. Weitere Stellen, die auch Anerkennungsberatung durchführen, sind die Migrationsberatungen, manche Bildungs- und Weiterbildungsberatungsstellen und der Jugendmigrationsdienst.

Es wäre zu begrüßen, wenn eine Vernetzung der Berater zwecks Erfahrungsaustauschs zum Thema Anerkennung erfolgen würde. So könnte z. B. die vermutlich wenig bekannte Information, dass die Gleichwertigkeitsprüfung der Erzieherausbildung über die ZAB bessere Chancen bietet, für breitere Beraterkreise zugänglich gemacht werden. Erzieher, die eine Anerkennung in Düsseldorf bei der Bezirksregierung stellen, erhalten auf Grund ihres Bescheides oft keine Anstellung.

Literaturverzeichnis

Bundesamt für Migration und Flüchtlinge (BAMF) (2014). Entscheiderbrief Informations-Schnelldienst 06/2014. Zugriff am 27.05.2015 unter http://www.bamf.de/SharedDocs/Anlagen/DE/Publikationen/Entscheiderbrief/2014/entscheiderbrief-06-2014.pdf?__blob=publicationFile

Bundesministerium für Bildung und Forschung (BMBF)(2012). Erläuterungen zum Anerkennungsgesetz des Bundes. Gesetz zur Verbesserung der Feststellung und Anerkennung im Ausland erworbener Berufsqualifikationen.

Ministerium für Generationen, Familie, Frauen und Integration des Landes Nordrhein-Westfalen (MGFFI NRW) (2008). Nordrhein-Westfalen: Land der neuen Integrationschancen. 1. Integrationsbericht der Landesregierung. Zugriff am 27.05.2015 unter http://mais.nrw.de.

Autorenverzeichnis (alphabetisch geordnet)

Prof. Dr. Türkan Ayan ist seit September 2007 Professorin für Psychologie an der HdBA. Im Frühjahr 2011 hat Türkan Ayan für das Verbundvorhaben BEST WSG die inhaltliche Antragstellung an der Hochschule der Bundesagentur für Arbeit (HdBA) übernommen. Seit Oktober 2011 zählt die HdBA im Verbund mit der Fachhochschule der Diakonie (FHdD) zu den 15% geförderten Projektnehmern. Frau Ayan leitet das Teilvorhaben an der HdBA, welches schwerpunktmäßig die drei Themenfelder Qualifikationsanerkennung, berufliche Weiterbildung und Potenzialentfaltung im Sozial- und Gesundheitssektor abdeckt.

Dr. Julia Behrens ist Mitarbeiterin im Programmbereich Bildung bei der Bertelsmann Stiftung. Als promovierte Erziehungswissenschaftlerin beschäftigt sie sich vorrangig mit den Themen Digitalisierung der Bildung, Bildungs- und Arbeitsmarktpolitik und Migration. Dabei verfügt sie über profunde Erfahrungen in der wissenschaftlichen Arbeit ebenso wie in der Begleitung politischer Reformprozesse. Derzeit arbeitet sie bei der Bertelsmann Stiftung an einem Pilotprojekt zur kompetenz- und potenzialorientierten Bildungsberatung von Menschen mit Migrationshintergrund, die keinen formalen Berufsabschluss haben.

Dr. Ottmar Döring ist seit 2007 stellvertretender Geschäftsführer des Forschungsinstituts Betriebliche Bildung (f-bb), einem der großen Forschungsinstitute zur beruflichen Aus- und Weiterbildung in Deutschland. Als Leiter des Projektbereichs Weiterbildung bilden seine Arbeitsschwerpunkte unter anderem die Themen Personal- und Organisationsentwicklung von Bildungsdienstleistern, betriebliche Weiterbildung, Internationalisierung der Berufsbildung, Anerkennung ausländischer Berufsabschlüsse und Qualifizierung von Menschen mit Migrationshintergrund und Kompetenzfeststellung und -messung.

Sara Hauck hat einen Master of Arts in Interkultureller Bildung, Migration und Mehrsprachigkeit. Sie befasst sich seit Februar 2013 als wissenschaftliche Mitarbeiterin am Forschungsinstitut Betriebliche Bildung (f-bb) in Nürnberg mit den Themen Arbeitsmarktintegration von Menschen mit Migrationshintergrund und migrationsspezifische Beratung. Ihr derzeitiger Arbeitsschwerpunkt im Kontext des Projekts „IQ-Fachstelle Beratung und Qualifizierung", welches im bundesweiten Förderprogramm „Integration durch Qualifizierung (IQ)" angesiedelt ist, bildet die Konzeption und Umsetzung von Professionalisierungsmaßnahmen für Beratungsfachkräfte.

Jana Hoffmann ist Diplom-Sozialwirtin mit den Schwerpunkten Arbeitsmarktsoziologie und -politik sowie Sozialpsychologie und Arbeitsrecht und seit September 2011 als wissenschaftliche Mitarbeiterin am Forschungsinstitut Betriebliche Bildung (f-bb) in Nürnberg tätig. Im Kontext des Projekts „IQ-Fachstelle Beratung und Qualifizierung", das im bundesweiten Förderprogramm „Integration durch Qualifizierung (IQ)" angesiedelt ist, ist sie verantwortlich für das Monitoring des Förderprogramms und befasst sich darüber hinaus schwerpunktmäßig mit dem Thema Qualitätsentwicklung in der Anerkennungs- und Qualifizierungsberatung von Menschen mit im Ausland erworbenen Berufsqualifikationen.

Cornelia Jacobi, Diplom Sozialarbeiterin, ist seit Dezember 2009 Beraterin und Coach der Arbeiterwohlfahrt in Düsseldorf und arbeitet in dem Projekt „Berufsorientierte Integrationsberatung für Migranten und Migrantinnen". Der Schwerpunkt ihrer Arbeit ist die Antragstellung von Anerkennungen, Gleichwertigkeitsprüfungen und Approbationen. Besonders hervorzuheben ist die Begleitung während der Prozesse und die Unterstützung bei der Vermittlung in qualifizierte Arbeitsverhältnisse. Zuvor war sie zehn Jahre in der Jugendberufsbildung tätig. Danach arbeitete Sie in verschiedenen Projekten mit Migrantinnen und Migranten. Durch ihre Tätigkeit im Arbeitgeberservice der Agentur für Arbeit ist ihr Blick auf die Erwartungen der Arbeitgeber geschärft.

Prof. Dr. Yasemin Körtek ist seit April 2011 Professorin für Rechtswissenschaften, Schwerpunkt Sozialrecht, an der HdBA. Ihre Forschungsschwerpunkte liegen neben der Grundsicherung für Arbeitsuchende insbesondere im Bereich des Europäischen Sozialrechts und des türkischen Systems der sozialen Sicherheit. Zudem ist sie als Rechtsanwältin, Fachanwältin für Sozialrecht, in einer Kanzlei in Bayreuth tätig.

Lucia Mihali ist Diplom Arbeitswissenschaftlerin und Diplom Soziologin und arbeitet seit 2011 im BEST WSG-Projekt an der Hochschule der Bundesagentur für Arbeit in Mannheim, zuerst als wissenschaftliche Hilfskraft und seit Oktober 2014 als wissenschaftliche Mitarbeiterin. Sie befasst sich schwerpunktmäßig mit der Zielgruppe der Anschlussstudierenden mit Migrationshintergrund bzw. mit dem Themenfeld Qualifikationsanerkennung. Die Erforschung und Entwicklung von Möglichkeiten zur Optimierung struktureller Rahmenbedingungen, die eine Bildungs- und Arbeitsmarktintegration der Migrantinnen und Migranten begünstigen, bleiben weiterhin Schwerpunkte ihrer Projekttätigkeit.

Dr. Eva Müller ist promovierte Volkswirtin und arbeitet seit August 2012 als wissenschaftliche Mitarbeiterin im BEST WSG-Projekt an der Hochschule der Bundesagentur für Arbeit in Mannheim. Ihre Forschungsschwerpunkte liegen in der Analyse struktureller und personeller Hürden, die eine Integration in den Arbeitsmarkt für Migrantinnen und Migranten erschweren oder erleichtern können. Zudem beschäftigt sie sich mit dem Aufstieg leitungsinteressierter Frauen im Sozial- und Gesundheitssektor. Seit Februar 2014 ist sie stellvertretende Projektleitung im Mannheimer Teilprojekt BEST WSG.

Martin Peuckert ist Absolvent der Hochschule der Bundesagentur für Arbeit (HdBA), Studiengang „Beschäftigungsorientierte Beratung und Fallmanagement". Seit September 2014 ist er im Jobcenter Berlin Friedrichshain-Kreuzberg tätig. Sein Aufgabengebiet liegt im Bereich der Arbeitsvermittlung unter 25 jähriger. Innerhalb dieses Aufgabengebietes übernimmt er die Fachfunktion als „Arbeitsvermittler für Schüler". Derzeit ist er als Mitglied einer Arbeitsgruppe am Einführungsprozess der Jugendberufsagentur Berlin (JBA) beteiligt.

If you have any concerns about our products,
you can contact us on
ProductSafety@springernature.com

In case Publisher is established outside the EU,
the EU authorized representative is:
**Springer Nature Customer Service Center GmbH
Europaplatz 3, 69115 Heidelberg, Germany**

Printed by Libri Plureos GmbH
in Hamburg, Germany